Georg Haberstroh

Erinnerungen an Krieg und Gefangenschaft

Georg Haberstroh

Erinnerungen an Krieg und Gefangenschaft

August 1939 bis Januar 1950

Impressum:

Armin Haberstroh (Hrsg.), Georg Haberstroh
Erinnerungen an Krieg und Gefangenschaft
August 1939 bis Januar 1950

1. Auflage 2017

ein Imprint der Westarp Verlagsservicegesellschaft mbH
Kirchstr. 5
39326 Hohenwarsleben
www.westarp.de

ISBN: 978-3-86460-625-0

Druck und Bindung: Druckerei Kühne & Partner GmbH & Co. KG
www.unidruck7-24.de

Printed in Germany.

= Widmung =

Diese „Erinnerungen an Krieg und Gefangenschaft“ widme ich meinem Sohn Armin Haberstroh.

Vorwort

Die folgenden Berichte habe ich erst 34 Jahre nach Ausbruch des Zweiten Weltkrieges und 23 Jahre nach meiner Rückkehr aus meiner Gefangenschaft aufgezeichnet. Da ich keinerlei Unterlagen mehr besaß, habe ich naturgemäß nur das berichtet, was mir im Gedächtnis haften geblieben ist. Es ist auch möglich, dass da und dort die Schilderungen der einzelnen Begebenheiten vielleicht zeitlich nicht richtig eingeordnet sind; aber darauf kommt es letzten Endes nicht an, vielmehr sollen die Berichte einen Überblick über meine Erlebnisse auf den einzelnen Kriegsschauplätzen und dem Leben in der Gefangenschaft geben.

Dazu einen Gesamtüberblick mit meinen Personalien:

Name:	Georg Haberstroh, geb. am 26. 3. 1906 in Kosmütz, Kreis Ratibor, jetzt Tschechoslowakei
Dienstgrad im Krieg:	zuletzt Leutnant d. Res. (seit 20. 4. 1942)
Beruf:	Im Jahre 1939 Studienassessor an der Aufbauschule in Bad Ziegenhals/ Schlesien, jetzt Glucholazy,
Heute:	1973 Studiendirektor a. D. in Umkirch bei Freiburg/Brsg.
Einberufung zum Wehrdienst:	26. 8. 1939
Einmarsch in Polen:	1. 9. 1939
Polenfeldzug:	Sept./Okt. 1939
Im Rheinland:	Okt. 1939/ Mai 1940

Einmarsch in Belgien:	9. 5. 1940
Teilnahme am Frankreichfeldzug:	Mai/Sept. 1940
Dienst im Heimatkriegsgebiet:	Okt. 1940 bis Mai 1942
Teilnahme am Russlandfeldzug:	Juni 1942 bis Jan. 1943
Eingekesselt bei Stalingrad:	19. 11. 1942
In Gefangenschaft bei Stalingrad:	31. 1. 1943
Gefangenschaft sieben Jahre:	Jan. 1943 bis Jan. 1950
Die Stationen:	Begetowka, Jelabuga, Krischin, Perewoloki, Kusnezk, Skopin, Stalinogorsk, Entlassungslager
Abfahrt in Richtung Deutschland:	19. 12. 1949
Ankunft Frankfurt/Oder:	30. 12. 1949
Entlassung in Morchendorf bei Hof/Bayern:	2. 1. 1950
Wieder bei der Familie:	6. 1. 1950

Zusätzliche Erläuterungen zu diesem Buch

Nach dem Tode meines Vaters bin ich von Seiten unseres Freundes- und Bekanntenkreises angesprochen worden, diese von meinem Vater niedergeschriebenen „Erinnerungen an Krieg und Gefangenschaft" doch zu veröffentlichen. Als Begründung wurde immer wieder darauf hingewiesen, dass es sich hier um wertvolle Aufzeichnungen handle, die völlig emotionslos die tatsächlichen Gegebenheiten beschreiben und damit auch noch für Folgegenerationen interessant sein dürften. Eine andere Bedeutung der Veröffentlichung sähe man darin, dass die Verluste insgesamt in Stalingrad mit ca. 300.000 Mann angegeben werden, 108.000 Soldaten in sowjetische Gefangenschaft gerieten, aus der bis 1956 nur etwa 6.000 Überlebende in ihre Heimat zurückkehrten (Quelle: www.kriegsberichterstattung.com) und es wohl kaum jemanden gäbe, der diese Zeit der Gefangenschaft schriftlich fixiert habe.

Hier noch einige Details für den Leser:

Mein Vater hat während der Gefangenschaft unermüdlich versucht, mit seiner Familie Kontakt aufzunehmen und hat dazu Verwandte, Freunde und Bekannte angeschrieben, was aber ohne Erfolg war. Auch wusste mein Vater nicht, dass meine Mutter mit mir (im Alter von drei Jahren) von Bad Ziegenhals über Niklasdorf, Tabor (CSSR) nach Ruhpolding/Obb. geflohen war. Hier erhielt sie auch die Todesnachricht (s. Schreiben S. 11). Ich habe meine Mutter heute noch im Ohr als sie immer wieder sagte, dass sie nicht daran glaube, und sie das feste Gefühl habe, dass ihr Mann lebe. Dadurch, dass sie diese Nachricht nie offiziell hat anerkennen lassen und damit auf eine ihr zustehende Pension verzichtete, mussten wir mit einer Sozialhilfe von monatlich 36 DM leben, wovon die Miete allein 13 DM ausmachte.

Das eigentlich erste Lebenszeichen von meinem Vater war das Telegramm vom 31. 12. 1949 aus Frankfurt/Oder (s. S. 270), sowie eine Karte vom 23. 12. 1949 aus der Kriegsgefangenschaft, die uns aber erst nach einigen Monaten erreichte (s. S. 277).
Da mein Vater seine Aufzeichnungen mit der Schreibmaschine geschrieben hat, habe ich mich entschlossen, die gesamte Arbeit nochmals abzutippen, um sie auf den jetzigen Stand der Orthographie zu bringen. Dabei habe ich darauf geachtet, dass inhaltlich und sprachlich möglichst nicht verändert wurde.
Im Nachhinein muss ich meiner Mutter ein großes Lob aussprechen, mit welcher Beharrlichkeit, Kraft und Zuversicht sie diese schwere Nachkriegszeit durchgestanden hat. Aus diesem Grund möchte ich auch ihr posthum diese Arbeit widmen. Zudem ist es mir ein Anliegen, genauso, wie mir mein Vater diese „Erinnerungen an Krieg und Gefangenschaft" gewidmet hat, meinem Sohn Julian die von mir überarbeitete Version seines Großvaters zu widmen.

Dr. Armin Haberstroh, March im Juni 2015

O.U. 21.4.43

Sehr verehrte gnädige Frau!

Bei den schweren Abwehrkämpfen im Raume von Stalingrad war auch Ihr Gatte mit den ihm unterstellten Einheiten hervorragend beteiligt. Durch einen von Ihm gegebenen Funkspruch am 15.1. erfuhren wir von der [illegible] Lage, daß aber die Verluste bisher noch gering waren und daß er und seine Männer sehr zuversichtlich seien. Diese Mitteilung läßt etwas Hoffnung auf ein Wiedersehen zu.

Trösten Sie sich, verehrte gnädige Frau, mit dem Gedanken, daß Ihr Gatte seine Pflicht für das Vaterland bis zum letzten Augenblick erfüllt hat.

Wir alle nehmen Anteil an seinem Schicksal und werden Ihren Gatten als guten Kameraden in bester Erinnerung behalten. Ich persönlich will Ihnen mit Rat und Tat soweit es in meinen Kräften steht, beistehen, um über das Schicksal Ihres Gatten sowie seiner Männer etwas Näheres zu erfahren.

Ihr ergebener

R. Finke

Abteilungskommandeur.

(L.S.) Feldpost L 18 0..

L 01 2 4(

Inhaltsübersicht

Einberufung zur Wehrmacht

Schon lange hatte ich die Absicht, meine Erlebnisse während des 2. Weltkrieges irgendwie zu Papier zu bringen. Gescheitert ist dies aber an der vielen Arbeit, die ich während meiner beruflichen Tätigkeit hatte. Jetzt wo ich pensioniert bin, habe ich mehr Zeit und Ruhe und will nun versuchen, über die Ereignisse und Begebenheiten zu berichten, die mir noch im Gedächtnis geblieben sind. Ich bitte aber nicht zu sehr auf stilistische Feinheiten zu achten, weil ich diese Berichte zunächst auf Band gesprochen habe und nun dies schriftlich fixiere, wobei ich ohne Konzept gearbeitet habe, also aus dem Stehgreif gesprochen habe. Es werden also einige Unzulänglichkeiten auftreten und bitte daher, Nachsicht zu üben.

Beginnen möchte ich mit den letzten Tagen im August 1939, wo das Leben in Deutschland sehr bewegt war. Die Flucht der Volksdeutschen aus der Tschechoslowakei und die Maßnahmen der Regierung ließen schon erkennen, dass irgendetwas ganz Besonderes vorlag. Die Bestimmung der Kommunalverwaltung von Bad Ziegenhals, auch nachts die Haustüren nicht abzuschließen, deutete darauf hin, dass eine kriegerische Auseinandersetzung unmittelbar bevorstand. Diese Vermutung sollte sich auch schnell als richtig erweisen, denn am 26. August 1939 hörten wir nachts um vier Uhr schwere Männerschritte die Stufen zu unserer im ersten Stock gelegenen Wohnung heraufkommen. Es klingelte und als ich öffnete, stand ein Polizist vor der Tür, der mir die schriftliche Einberufung zum Wehrdienst nach Neiße überreichte, wo ich mich beim Artillerie-Regiment 44 am gleichen Tage zu melden hatte. Obwohl ich ja nicht aktiv gedient hatte, gehörte ich zu den Ersten, die einberufen wurden, weil ich, dummer- oder glücklicherweise – das kann man nehmen, wie man will, wenn man die späteren Ereignisse berücksichtigt - also weil ich mich dummer- oder glücklicherweise bereit erklärt hatte, in Ohlau beim A.R.64 (Artillerie-Regiment 64) in den Jahren vorher einige militärische Übungen zu machen, bei denen ich es bis zum Gefreiten und gleichzeitig zum ROA (Reserve-Offizier-Anwärter) gebracht hatte und somit Reservist war. Dabei handelte es sich um zwei Übungen, ich mitgemacht hatte, die dritte Übung an Ostern 1939 musste ich absagen, weil an der Schule in Bad Ziegenhals gerade Abitur war und mich mein damaliger Chef, Direktor Hantke, nicht beurlaubt hatte. Auf diese Weise gehörte ich nun zu den Ersten, die zum Wehrdienst einberufen wurden. Mein erster Weg um acht Uhr früh war nun in die Schule, wo ich mich abmelden musste und Direktor Hantke meinen Einberufungsbefehl überreichte. Gleichzeitig bat ich ihn, mir einen Schüler, den Martin Mitschke, auszuleihen, um mich per Motorrad nach Neiße zu bringen zu lassen, wo ich mich ja beim A.R.44 stellen musste. Und dort geschah zunächst gar nichts. Ich lief zwei Tage herum, ohne dass sich jemand um mich kümmerte. Am Ende des zweiten Tages verpasste man mir eine Uniform und das Übliche, was dazu gehörte. Am nächsten Tag ging es dann gleich ab und zwar nach Schönwald bei Gleiwitz O/S, wo ich dann zu meiner Truppe stieß, die schon bereits einige Tage vorher unmittelbar an der Grenze Stellung bezogen hatte. Wie groß aber war mein Erstaunen, als ich bei der Truppe auf zwei ehemalige Schüler stieß, die beide bereits Unteroffiziere waren und vor denen ich als Gefreiter „Männchen machen“ musste. Es waren dies die Unteroffiziere Hubert Fietz und Erwin Adler. Als mich die beiden sahen, gab es eine stürmische Begrüßung und man merkte nichts von einem Vorgesetztenverhältnis. Am gleichen Abend, als wir in einer Scheune in Schönwald übernachteten, gesellte sich noch ein dritter Schüler hinzu, dessen Name mir bekannt vorkam. Es war der Uff. Heinz Lehmann, den ich anlässlich einer zweimonatigen Tätigkeit in Oppeln als Schüler hatte. Auf diese Weise habe ich schnell Kontakt bei der mir unbekannten Truppe gefunden, und wir vier haben dann in der gesamten Zeit sehr gut harmoniert, worüber ich dann im Folgenden noch ausführlich berichten werde. Wir blieben noch ein oder zwei Tage in Schönwald liegen. Am 1. September 1939 erfolgte dann morgens um vier Uhr der Einmarsch in Polen.

Der Polenfeldzug

Es ist schon ein eigentümliches Gefühl, wenn man so plötzlich in Feindesland einrücken muss. Wie ich schon erwähnte, war ich beim A.R.44, bei einer Batterie, die über schwere Geschütze vom Kaliber 15 cm verfügte. Die Batterie hatte vier Geschütze, deren offizielle Bezeichnung FSH 18 (Schwere Feldhaubitze 18) war, die bespannt war und in zwei Lasten, Lafette und Rohr gefahren wurde. Jede Last wurde von sechs Pferden gezogen. Auch die Granate bestand aus zwei Teilen, der Kartusche und dem Geschoß. Beim Schießen musste deshalb zunächst das Geschoß in das Rohr eingeführt werden und dann die Kartusche, in die je nach der Entfernung des Zieles ein bis fünf Beutel mit Pulver hineingelegt wurden. Beim Beschuss wurde durch einen Abzug der Schlagbolzen gelöst, der auf das Zündplättchen schlug, das wiederum das Pulver in der Kartusche entzündete, und so trieben die entstandenen Pulvergase das Geschoß durch das gedrehte Rohr. Der Rückschlag bewirkte, dass das Rohr etwa einen Meter zurücklief und sich dann wieder automatisch nach vorne bewegte. Ich selbst wurde beim Einmarsch als Bremser auf einem der Munitionswagen eingeteilt. Diese Wagen hatten die für den Einsatz notwendige Munition geladen, also die Kartuschen und Geschosse, die, wie ich schon erwähnte, das Kaliber 15 cm hatten. Ich saß also als Bremser auf einem Munitionswagen und hatte darauf zu achten, dass der Wagen bei abschüssigen Straßen nicht unkontrolliert ins Laufen kam. Komischerweise wurden wir als bespannte Einheit immer auf die schlechtesten Wege geführt. Es ging über Wege mit etwa 30 cm hohen Sandschichten, bergauf und bergab, so dass die sechs Pferde es häufig nicht schafften, und wir bei Bergfahrten oft ein oder zwei Paar Pferde noch zusätzlich vorspannen mussten, um so jedes

Geschütz einzeln auf die Anhöhe zu bringen, was natürlich mit großem Zeitverlust verbunden war. Eine Verschnaufpause gab es nicht, es ging Tag und Nacht vorwärts, immer nur vorwärts. Hinzu kam noch, dass dadurch viel Staub aufgewirbelt wurde, den wir schlucken mussten. Die motorisierten Einheiten hatten es in dieser Hinsicht besser. Sie fuhren die festen Straßen, die asphaltierten Wege und kamen auch wesentlich schneller vorwärts.

Gleich einige Kilometer hinter der Grenze sahen wir die ersten Toten. Es waren Polen und auch Deutsche, die in den Kämpfen der Infanterie gefallen waren. Wir selbst hatten bisher auch noch keine Feindberührung, wurden auch noch nicht eingesetzt und hatten auch noch keinen Schuss abgegeben. Erstmalig wurden wir am dritten Tag eingesetzt und haben mit unserem Beschuss den Vormarsch der Infanterie unterstützt. Bisher hatten wir ja alles nur von Übungen her gekannt, wobei wir nur mit Kartuschen geschossen haben; jetzt aber war es – im wahrsten Sinne des Wortes – blutiger Ernst. Die Erfolge der Deutschen im Polenfeldzug waren deshalb so groß, weil es immer nur vorwärts ging, Tag und Nacht, ohne Pause vorwärts, vorwärts. Zwischendurch wurde wieder mal geschossen, dann wieder vorwärts. Der Weg führte uns über Krakau, Tarnow, Rzeschow, über den San und dann noch östlich des San bis in die Nähe des Bug. Bisher versah ich immer noch die Funktion des Bremsers. Eines Tages kommt ein Hauptmann zu Pferde an meinem Wagen vorbei, sieht mich und ruft mir zu: „Ja, Du lieber Gott, Haberstroh, was machen Sie denn da?“ „Sie sehen ja, Herr Hauptmann, ich bremse“, antwortete ich ihm ganz trocken. „Ja, um Gotteswillen, Sie können doch nicht immer da sitzen bleiben“, fuhr er weiter fort. Darauf ich: „Ich tue nur meine Pflicht. Bremser müssen ja auch sein!“ Nun“, fuhr er fort,“ ich werde dafür sorgen, dass Sie hier so schnell wie möglich verschwinden!“ Nun wer war das? Es war ein ehemaliger Kollege aus Hindenburg O/S, namens Ries, mit dem ich vor einigen Jahren an der gleichen Schule war und nun den Polenfeldzug als Führer einer Batterie mitmachte. Er setzte sich sofort mit meinem Batteriechef, Herrn Oblt. Gerdts, in Verbindung. Schon am nächsten Tag nahm mich mein Batteriechef vor und fragte mich: „Haberstroh, können Sie Rad fahren?“ „Natürlich kann ich Rad fahren“, antwortete ich ihm. „Also ab sofort sind Sie jetzt bei mir persönlich Melder. Ihren Aufgabenbereich werde ich Ihnen nachher erläutern!“ Ich kroch nun von meiner Munitionskiste herunter, bekam ein Rad verpasst und war nun bis zum Ende des Feldzuges Melder zwischen unserer und den benachbarten Batterien und unterstand nun dem Batteriechef persönlich. Keiner der Unteroffiziere und Wachtmeister hatte mir etwas zu sagen. Insofern war meine neue Stellung angenehmer. So manches Mal aber habe ich das Rad verflucht. Denn wenn ich irgendwelche Meldungen an die Nachbarschaft zu überbringen hatte, musste ich den größten Teil des Weges zu Fuß laufen und dabei noch das Rad schieben, weil der hohe Sand ein Fahren unmöglich machte. Und wer schon einmal ein Rad im Sand geschoben hat weiß, wie schwer das ist und wie man da ins Schwitzen kommt. So manches Mal war ich versucht, das Rad unter eine der Kanonen zu werfen, um endlich diesen Posten los zu sein. Meine Aufgabenbereiche erstreckten sich darauf, Meldungen von der einen zur anderen Batterie zu bringen, war also Tag und Nacht im Einsatz, fuhr mit dem Rad, sofern dies möglich war, immer neben dem Batterietrupp, der beritten und an der Spitze der Batterie postiert war, um für den Chef, der ebenfalls im Batterietrupp marschierte, jederzeit greifbar zu sein. Die Tätigkeit als Melder war wohl eine anstrengende Angelegenheit, aber immer noch interessanter als auf dem Munitionswagen zu sitzen und stur zu bremsen.

In den folgenden Wochen hatten wir häufig Feindberührung. Es ist ja nun so, dass meistens die Artillerie hinter der Infanterie her zockelt und an sich wenig von dem eigentlichen gesamten Kriegsgeschehen mitbekommt. Man hört wohl das Schießen, aber man ist selbst nicht in der vorderen Linie. Wir haben aber doch etliche Male unsere Geschütze in Stellung gebracht - man nennt das abprotzen - und haben ganz schön geballert und die feindlichen Linien unter Beschuss genommen. Man übersieht als Bediener eines Geschützes nicht die gesamte Sachlage und weiß auch nicht, was sich da vorn tut. Später im Frankreichfeldzug war das Kriegspielen für mich interessanter, weil ich als Rechentruppführer eingesetzt war und in jedem Augenblick aufgrund der Meldungen, die bei mir eintrafen, über die Vorgänge in den vordersten Linien unterrichtet war.
Der Vormarsch ging, wie ich schon erwähnte, rasch vor sich. Wir sind in Tages- und Nachtmärschen, häufig völlig übermüdet, immer gen Osten gezogen und haben die Polen wie eine Herde Schafe vor uns her getrieben, bis wir schließlich auf einen Befehl hin Halt machen mussten. Es hieß, die Russen hätten uns den Krieg erklärt, was sich aber dann als Ente herausstellte. Vielmehr war es so, dass die Russen ein Interesse an dem von uns besetzten Gebiet hatten und von sich aus dieses Gebiet selbst besetzen wollten, was wir ihnen aufgrund des deutsch-russischen Freundschaftsvertrages überlassen mussten. Zu dem Zweck mussten wir innerhalb von drei Tagen das östlich des San besetzte Gebiet geräumt haben, was nun so aussah, als würden wir Hals über Kopf rückwärts marschieren. Und so erklärt sich die Parole von der Kriegserklärung des Russen. Wir mussten also zurück bis über den San, also bis etwa Jaroslaw. Als dieser Befehl zum Rückzug kam, standen wir etwa am Bug. Dieser Tag ist mir noch in lebhafter Erinnerung geblieben. Es regnete in Strömen. Den ganzen Tag goss es wie aus Kannen. Wir hatten

abgeprotzt und ballerten tonnenweise unsere Granaten gegen die Polen. Ich kam nachts von einer Meldefahrt zurück und legte mich, da ich den ganzen Tag unterwegs und übermüdet war, etwa zwei Meter hinter einem Geschütz in einem Zelt zum Schlafen hin und war, obwohl pausenlos geschossen wurde und ich völlig durchnässt war, in ein paar Minuten eingeschlafen. Ich habe nicht einen einzigen Schuss gehört. Ich mag wohl kaum mehr als eine Stunde geschlafen haben, als der oben genannte Befehl zum Rückzug kam. Hals über Kopf musste aufgeprotzt werden und ab ging es in Eilmärschen gen Westen, also rückwärts.

Außer dieser Begebenheit sind mir noch zwei weitere Sachen in Erinnerung. Es war ebenfalls auf diesem Rückmarsch, bei dem wir in zwei oder drei Tagen die sog. Demarkationslinie, den San, erreicht haben mussten. Es ging ohne Pause und ohne Schlaf immer vorwärts oder besser gesagt, rückwärts. Ich befand mich, wie üblich, mit meinem Fahrrad in der Nähe des Chefs beim Batterietrupp und musste auf Befehle warten, die u.U. zu den anderen Batterien gebracht werden mussten. In der Nacht waren wir an einem kleinen Wäldchen vorbeigekommen. Wir waren mit dem gesamten Batterietrupp bereits an diesem Wäldchen vorbeigezogen, als wir plötzlich nur einige hundert Meter hinter uns ein wahnsinniges Schießen und Geknatter vernahmen. Ein Leutnant, der vorn im Batterietrupp neben dem Chef mit ritt, wurde nun von diesem in der stockfinsteren Nacht zurückgeschickt, um den Grund dieser Schießerei zu erkunden. Als er dann zurückkam, berichtete er, dass unsere Batterien von den Polen überfallen worden seien. Es habe da neben einigen Verwundeten auch Tote gegeben. Wie wir dann später erfuhren, sind dabei ein Hauptmann und zwei Kameraden gefallen. Außerdem wurde eine Bespannung von sechs Pferden getötet.

Bei der zweiten Begebenheit, an die ich mich noch gut erinnere, hatten wir gerade eine Stellung bezogen, hatten aufgeprotzt und nahmen die feindlichen Stellungen unter Beschuss. Plötzlich hieß es: die Polen kommen! In aller Eile wurde nun abgeprotzt, die Batterie machte kehrt und rückte rückwärts aus. Ich, der ich das Fahrrad hatte, fuhr der Batterie mit dem Rad voraus und gelangte an eine kleine Kirche, die an einem Waldrand lag. An der Kirche angekommen, überlegte ich, ob ich nicht besser am Waldrand warten sollte, da das Gelände um die Kirche völlig frei da lag. Kaum hatte ich den Waldrand erreicht, als eine schwere Granate genau an der Stelle einschlug, an der ich noch Sekunden vorher gestanden hatte. Ich kann wohl sagen, dass ich da einen guten Schutzengel gehabt habe. Im anderen Falle wäre wohl nichts mehr von mir übrig geblieben.

Als wir dann über den San gingen, haben wir in Jaroslaw, das am San liegt, Halt gemacht. In dieser Stadt haben wir dann die drei Kameraden beerdigt, die bei dem Überfall am Waldrand umgekommen waren. In den folgenden Tag zogen wir dann noch weiter westlich und nahmen dann Quartier in einem Ort, an dessen Namen ich mich nicht mehr erinnern kann. Für uns war also der Krieg in Polen beendet. Wir blieben dann noch etwa eine Woche in diesem Dorf. Ich kann wohl sagen, dass ich hier die schönsten Tage des Polenfeldzuges erlebt habe. Wir hatten weiter nichts zu tun, als zu essen, zu trinken und zu schlafen, was wir ja in den letzten Tagen stark vermisst hatten. Ich bin vielleicht nur einmal am Tag in Anspruch genommen worden, indem ich irgendeine Meldung an irgendeine Stelle zu überbringen hatte. Im Übrigen konnten wir uns schön ausruhen von den anstrengenden Tagen der letzten Zeit.

Im Rheinland

Der Polenfeldzug war nun also für uns beendet. Es mag wohl Mitte Oktober 1939 gewesen sein. Von unserer letzten Stellung aus wurden wir dann plötzlich verladen und fuhren nun Richtung Westen. Soweit ich mich erinnern kann, fuhren wir über Gleiwitz, Troppau, Jägerndorf, an Bad Ziegenhals vorbei, wo ich ja wohnte, vorbei an Königgrätz, Dresden, schließlich in Troisdorf ausgeladen. In der Nacht ritten wir von da in Richtung Süchterscheidt, einem ganz kleinen Nest in der Nähe von Troisdorf. Hubert Fietz und ich wurden bei der Familie Heyer untergebracht, ein älteres Ehepaar, das sich rührend um uns kümmerte. Obwohl sie selbst nicht viel hatten, bewirteten sie uns großartig und erfüllten uns jeden Wunsch. Wir haben uns jedenfalls hier sehr wohl gefüllt, so wohl wie zu Hause. Diese Freundschaft hat dann während des Krieges und auch noch nach dem Kriege angehalten. Meine Frau hat mit ihnen in brieflicher Verbindung gestanden, obwohl sie sich persönlich nicht kannten. Auch war es Frau Heyer, die meiner Frau aufgrund einer Rotkreuz-Karte, die von mir aus der Gefangenschaft durchgekommen ist, mitteilen konnte, dass ich in Gefangenschaft bin und lebe. Auf diese Weise bekam ich dann in der Gefangenschaft erstmalig eine Verbindung mit meiner Familie. Leider dauerte der Aufenthalt in Süchterscheidt nur ganze zwei Tage. Danach hieß es dann wieder aufbrechen. Weiter ging es zu Pferd nach Rondorf, das in unmittelbarer Nähe von Köln liegt. Hier bezogen wir unser neues Quartier. Ich wurde im Gasthof Koch untergebracht. Die Aufnahme in Rondorf war ebenso herzlich wie in Süchterscheidt. Ich bekam ein eigenes Zimmer und durfte keinesfalls aus unserer Feldküche essen. Zwar holte die kleine Tochter von Frau Koch, Gertrud, mein Essen aus der Feldküche ab, ich aber musste beim Mittagessen bei ihnen am Tisch sitzen und mitessen, während Herr Koch, Frau Koch oder auch die kleine Gertrud lieber gern das Essen aus unserer Feldküche zu sich nahm. Ich war praktisch in Vollverpflegung, denn auch das Frühstück, den Nachmittagskaffee und das Abendbrot nahm ich am Tisch der Familie Koch ein. Hier in Rondorf lag die Batterie etwa von Oktober 1939 bis Februar 1940. Der Dienst glich etwa dem, wie er in Friedenszeiten bei einer Truppe üblich war. Es gab da Unterricht, Exerzieren, Stalldienst, Waffenappelle und Pferdebewegen. Bei dem Letzteren sind wir immer bis in die Nähe von Köln geritten und zwar in den Grüngürtel von Köln, in den sog. Adenauer-Park. Das war an sich eine angenehme Beschäftigung, und ich selbst bin liebend gerne geritten. Vom Krieg hat man da kaum etwas gemerkt. Die Abende verbrachten wir mit den anderen Kameraden in der Gastwirtschaft Koch, die selbst nicht sehr groß war, aber es gab da einen großen Saal und eine Kegelbahn, wodurch es möglich war, dass die Batterie dort kleinere Feste abhalten konnten und die Kameraden sich in der Kegelbahn vergnügen konnten. Für mich persönlich gab es nach etwa 14 tägigem Aufenthalt eine kleine Überraschung. Der Batteriechef, Herr Oberleutnant Gerdts, ließ mich eines Tages rufen und fragte mich, ob ich mir als Mathematiker eine etwas ausgefallenere Arbeit zutraute. Als ich nach näheren Erläuterungen fragte, meinte er: „Haberstroh, Sie sind doch Mathematiker. Ich habe da eine Menge Messtischblätter, die noch kein Gitternetz haben und auf Befehl der Heeresleitung sollen nun die fehlenden Gitterlinien eingezeichnet werden, wofür es auch eine kleine Einweisung mit Erläuterung gibt. Nach dem Durchlesen erklärte ich ihm: „Ich habe zwar noch nie etwas Derartiges gemacht, traue mir aber diese Arbeit zu. Allerdings müsste ich dafür einige Helfer haben und möchte Sie bitten, mir meine ehemaligen Schüler, die Unteroffiziere Fietz, Adler und Leh-

mann, als Helfer zuzuteilen, weil ich sie ja von der Schule her kenne und mir vorstellen kann, dass sie für diese Arbeit geeignet sind." „Gut", meinte er, „genehmigt. Ab sofort machen sie Vier keinen Dienst mehr in der Batterie mit Ausnahme des morgendlichen Pferdebewegens. Sie erhalten als Arbeitsraum ein Zimmer im BDM-Heim zugeteilt. Sagen Sie Ihren Mitarbeitern, sie mögen mich in einer Stunde aufsuchen und das Material entgegennehmen. Ich werde Ihnen dann noch weitere Anweisungen geben". Das war natürlich für mich ein gefundenes Fressen, und als ich dies dann meinen drei Kameraden Hubert, Erwin und Heinz mitteilte, mit denen ich schon längst per Du war, gab es ein großes Hallo. Spontan rief Hubert dann: „Mensch, stell Dir mal vor, keinen Dienst mehr, keinen Dienst und allein im Haus und nicht mehr den blöden Spiess sehen. Darauf müssen mir einen zur Brust nehmen!" Und das taten wir auch und zwar ausgiebig.
Bald nachdem uns die Aufgabe durch den Batteriechef übertragen wurde, haben wir uns im BDM-Heim eingerichtet. Alles Nötige wurde herbeigeschafft, wie Reißbrett, also ein Zeichenbrett, Reißzeug mit Reißfedern, Winkel, Lineale, Bleistifte, Zeichentusche in verschiedenen Farben etc. Das Zimmer, in dem wir arbeiteten, war klein, etwa nur 3m x 3m und enthielt einen Tisch, ein Regal, eine Couch, Stühle und einen Kohleofen. Das BDM-Heim war ein nicht sehr großes, neu gebautes Haus am Ende des Dorfes, also für uns günstig gelegen, weil wir vor ungebetenen Besuchern dann einigermaßen sicher waren. Damit wir ungestört arbeiten konnten, wurde die Haustür abgeschlossen, einmal weil wir alleinige Benutzer des Hauses waren und dann auch, um nicht vom Spiess oder Batteriechef beim Faulenzen erwischt zu werden. Und gerade für diesen Zweck war das Haus nach unseren Wünschen gebaut, weil nämlich das einzige Fenster des Zimmers zur Straße ging, an dem jeder

vorbeigehen musste, wenn er ins Haus wollte. Da wir unseren Tisch mit den Karten am Fenster aufgebaut hatten, konnten wir also ungebetene Besucher sofort ausmachen. Damit unsere Lebensgeister nicht ganz verkümmerten, haben wir bei Mutter Koch groß eingekauft und zwar Bier, Likör und als Schutzmittel gegen Erkältungen Rum, mit dem wir uns einen steifen Grog machen wollten, zumal wir im Jahre 1939 einen sehr strengen Winter hatten, dazu die nötigen Gläser und Töpfe, dann Zigaretten etc. Damit wir uns nicht etwa überarbeiteten, haben wir nur so lange Dienst gemacht, wie es auch bei der Batterie üblich war. Wir begannen etwa um 7 Uhr früh mit dem Pferdebewegen, ritten, wie schon oben erwähnt, in den Grüngürtel von Köln, blieben etwa eine Stunde, kamen dann zurück, übergaben die Pferde und begannen nun unseren Dienst im BDM-Heim, indem wir uns erst einmal einen steifen Grog machten, einmal um uns zu erwärmen und dann, um angeregter arbeiten zu können. In den ersten drei Tagen haben wir praktisch so viel wie nichts gemacht. Wir lasen uns lediglich die gedruckten Anweisungen durch, nannten diese Tätigkeit „Instruktion" und haben dann bei Bier und Grog über das eben Gelesene angestrengt nachgedacht, es also „verarbeitet" und darüber diskutiert. Schließlich musste ja eine so wichtige Sache erst einmal durchdacht sein, ehe man sie in Angriff nahm. Am 4. Tag haben wir dann die Bleistifte gespitzt und das übrige Material geordnet, d.h., wir haben erst einmal die Karten gezählt und stellten fest, dass es 156 Karten waren. Übrigens waren es Karten von England, die für eine vorgesehene Invasion benötigt wurden und in die wir die Gitterlinien einzeichnen sollten, im Maßstab 1:25000. Nach dieser Arbeit schlug es 12 Uhr, also Mittagspause. Es wurde alles hingeschmissen, wir gingen in unsere Quartiere zum Mittagessen, machten dann wie die Batterie Pause bis 14 Uhr, um dann wieder an unsere Arbeit zu gehen. Nun wurde erst einmal ein Probestück mit Blei angefertigt, dazu die Anschlusskarte und diese beiden Karten miteinander verglichen, ob die Gitterlinien nun auch zueinander passten. War das nicht der Fall, wurde alles noch einmal begonnen. Stimmten die Linien überein, so wurden sie schließlich mit Tusche nachgezogen, und fertig war also die Karte. Um 17 Uhr war in der Batterie Feierabend, somit galt dies erst recht für uns. Überschlagen haben wir uns also nicht.

Die uns übertragene Aufgabe war das Simpelste, was es überhaupt gab. Man musste, wie ich schon erwähnte, nur darauf achten, dass die senkrechten und waagerechten Linien der Nachbarkarten miteinander übereinstimmten. Wir haben daraus natürlich ein Problem gemacht, insbesondere dem Batteriechef gegenüber, der uns nach etwa acht Tagen erstmalig besuchte und erstaunt war, dass wir verhältnismäßig wenig Karten fertig hatten. Wir erklärten ihm, man müsse alles erst mit Blei vorzeichnen, müsse besonders darauf achten, dass die Linien mit denen der Nachbarkarten übereinstimmen und das sei ein schwieriges Problem, weil aber bei einer Kartendarstellung die Krümmung der Erdoberfläche nicht berücksichtigt wird und es deshalb auf Bruchteile von Millimetern ankommt, sie maßstabsgerecht darzustellen. Und so manches Mal sei deshalb die Arbeit eines ganzen Tages umsonst gewesen. Wir hofften aber, dass mit der Übung aber auch unsere Produktion steigen würde. Unser Bericht muss so überzeugend vorgebracht worden sein, dass er uns alles abnahm.

Zu diesem Zeitpunkt hatten wir etwa vier Karten fertig, also in acht Tagen vier Karten. Das hätte bedeutet, dass wir für die 156 Karten ein knappes Jahr benötigt hätten. In Wirklichkeit sah es aber so aus, dass diese vier Karten hätten in etwa vier bis fünf Stunden fertig sein können, wenn man einigermaßen intensiv gearbeitet hätte. Aber wir hatten es ja vorgezogen, um uns an der

Arbeit festzuhalten, Skat zu spielen oder uns im Sessel oder auf der Couch auszuruhen und zwar bei halb geschlossenen Jalousien, Bücher zu lesen oder Briefe zu schreiben. Einer von uns musste allerdings, während die anderen pennten, Wache halten. Beim Nähern des Feindes, sprich Spieß oder Chef, fanden diese uns dann schwitzend und mit hochgekrempelten Hemdsärmeln arbeitend vor. Es war - das darf ich wohl jetzt sagen - der schönste Job, den ich während des ganzen Krieges gehabt habe. Erwin Adler, den ich vor Jahren in Kulmbach besucht habe, erinnerte sich auch noch mit Vergnügen an diese Zeit. Als wir im Februar 1940 in die Eifel verlegt wurden und am 8. 5. 1940 erfuhren, dass es am nächsten Tag nach Frankreich gehen würde, hatten wir an diesem Tag noch etwa 15 Karten zu bearbeiten, die wir dann am Nachmittag fertig gestellt haben. Man erkannte daran, dass es auch deutlich schneller gehen konnte. Diese schöne Beschäftigung in Rondorf wurde abgelöst durch Skatabende bei Kochs, durch Kegeln, durch die Weihnachtsfeier der Batterie, durch Tanzveranstaltungen etc. Wir hatten übrigens mit der Bevölkerung ein gutes Verhältnis, das häufig zu Einladungen in die einzelnen Familien führte. So erinnere ich mich gerne an eine Familie Marx, bei der ich häufig eingeladen war. Verschiedene Kameraden haben sogar Rondorfer Mädchen geheiratet und leben, wie ich dann später bei einem Besuch erfuhr, heute noch dort. Die Familie Koch hatte einen Sohn und eine Tochter, die dann später geheiratet hat, der Sohn ist im Krieg gefallen, was für Herrn Koch besonders schwer zu verkraften war. Herr Koch ist an dem Tag, als ich nach Waldniel kam, gestorben. Auf der Durchfahrt besuchte ich die Kochs, erfuhr aber, dass Herr Koch in Köln im Krankenhaus liege und es nicht gut um ihn stehe. Als ich ihn dann dort aufsuchte, fand ich ihn schon im Koma. Später erhielt ich die Nachricht, dass er noch am selben Tag verstorben sei.

Unsere Arbeit in Rondorf wurde dadurch noch angenehm unterbrochen, dass meine Frau mich für etwa acht Tage besuchte. Ich bekam Sonderurlaub und hatte die Möglichkeit, mit ihr öfter Köln zu besuchen. Gewohnt hat sie mit mir auch bei Kochs und zwar unentgeltlich mit Vollverpflegung. Frau Koch habe ich noch vor ein paar Jahren besucht. Sie hatte die Wirtschaft nicht mehr und wohnte im Hinterhaus. Ob sie heute noch lebt, weiß ich nicht. Ich bin ihr heute noch dankbar für alles, was sie für mich getan hat.

Verlegung der Batterie in die Eifel

Die schönen Tage in Rondorf nahmen Anfang Februar ein schnelles Ende. Es kam ganz plötzlich der Befehl zur Verlegung. In wenigen Stunden musste die Batterie abmarschbereit sein. Bei dem vielen Kram, über den die Batterie für Mensch und Pferd verfügte, gab es ein emsiges Packen. Nun ging es mit Mensch, Ross und Wagen in Richtung Eifel. Unsere neue Unterkunft war Lückerath, ein elendes Nest in der Nähe von Gmünd, das etwa nur über 200–300 Einwohner verfügte, keine feste Dorfstraße besaß, so dass man bei schlechtem Wetter bis zum halben Stiefelschaft im Dreck versank. Und erst die Geschütze; sie waren von den Pferden kaum noch zu bewegen. Wir wurden wieder in Privatquartier gelegt. Ich selbst kam zu dem größten Bauern des Dorfes zu einer Familie Schmitz, zusammen mit zwei Unteroffizieren, einem Berliner und einem Bayern. Letzterer hieß, so meine ich, Frank. Ich hatte ein eigenes Zimmer, während die beiden Uffz. gemeinsam ein anderes Zimmer bezogen. Bald aber merkten wir den Unterschied zu Rondorf. Die Verpflegung ging nicht mehr über die gastgebende Familie, sondern über unsere Feldküche, die am Anfang des Dorfes in einer Scheune untergebracht war. Nur an manchen Sonntagen waren wir bei Schmitz zum Nachmittagskaffee eingeladen, bei dem es jedes Mal ungeheuere Mengen Kuchen gab. Trotzdem haben wir uns sehr wohl gefühlt, weil auch in dem großen Zimmer, in dem sich immer die Familie versammelte, ein Klavier stand. An so manchen Abenden haben wir da musiziert, getanzt und Remidemi gemacht, wobei ich das Klavier quälte, und die Uffz. die zwei oder gar drei Töchter des Bauern im Tanze bewegten. Die beiden Uffz. waren recht gute Gesellschafter und unterhielten in ihrer bayrischen und Berliner Art die gesamte Familie

recht angeregt, hatten aber auch öfter Streit untereinander, bei dem es manchmal recht heiß zuging, was im nächsten Augenblick dann aber schon wieder vergessen war.
Die Familie Schmitz besaß einen großen und vorbildlichen Bauernhof, der über die neuesten Errungenschaften, wie Milchmelkanlagen, verfügte. In den Ställen herrschte peinlichste Sauberkeit. Das Dorf hatte nur eine einzige Kneipe, die von uns natürlich sehr frequentiert wurde. Eine Unsitte hat sich aber in der Batterie eingestellt. Viele Kameraden haben, da sie ja nichts anderes zu tun hatten, jeden Abend Karten gespielt, und zwar 17 und 4 und dabei um Geld mit hohen Einsätzen, so dass häufig der gesamte Wehrsold und nicht nur der Wehrsold allein verspielt wurde. Als dies dem Chef zu Ohren kam, hat er das Spielen um Geld verboten; dennoch wurde trotzdem heimlich doch noch gespielt. Im Dorf lag ferner auch eine Gruppe des weiblichen Arbeitsdienstes. Da gab es natürlich ebenfalls die verschiedensten Anknüpfungspunkte. Die Mädels jedoch wurden sehr streng gehalten und mussten schon zeitig im Lager sein.
Der 1. Mai 1940 ist mir noch in guter Erinnerung, an dem wir zusammen mit dem Chef nachts um 12 Uhr einen sehr ausgedehnten Mairitt veranstalteten, der uns dann bei unserer Rückkehr auch bei den Unterkünften des weiblichen Arbeitsdienstes vorbeiführte. Am frühen Morgen, etwa um 5 Uhr, postierten wir uns vor den Unterkünften und brachten ihnen ein kleines Ständchen. Die Folge davon war, dass die Mädchen recht bald in ihren Nachthemden in den Fenstern lagen und sich sehr über diese nette Überraschung freuten, bis plötzlich wie auf Kommando alle Mädchen von ihren Fenstern verschwanden, weil wohl der weibliche Spieß sie in ihre Bettchen zurücktrieb.
Im Übrigen lag Lückerath landschaftlich sehr schön und unsere Ausritte führten uns dann immer in die herrlichen Wälder, die

rings herum lagen, über Berg und Tal, was immer ausgesprochen angenehm und schön war, zumal es ja auch Frühling war und wir in der ganzen Zeit schönes Wetter hatten. Wir drei Kartenmaler wurden wieder abgesondert untergebracht, allerdings nicht mehr so schön wie in Rondorf, aber wieder ungestört. Und auch da haben wir wieder eine ruhige Kugel geschoben, während die restliche Batterie Dienst machen musste, wie Exerzieren, Pferdeputzen, Geschützdienst etc. und was es da sonst Unangenehmes bei diesen Diensten gab. Als Abwechslung gab es dann weiter nichts als diese Kneipe.

Ich selbst habe ein Reitpferd gehabt, einen Schimmel, den ich auch schon in Rondorf hatte, ein schönes und zahmes Pferd, allerdings brauchte ich es nicht zu betreuen, wie füttern und putzen. Das machten die Kameraden, weil ich ja zu der Sonderarbeit abgestellt war. Lediglich ausreiten musste ich jeden Morgen, was ich ja ohnedies gerne tat. Als wir bei einem der Ausritte wieder zurückkehrten und angetreten waren, wurde das eine Pferd neben dem meinen unruhig, schlug aus und traf meinen Schimmel am Oberschenkel und zwar so kräftig, dass das Bein plötzlich herumbaumelte, also gebrochen war. Der Tierarzt wurde geholt und entschied, dem Tier den Gnadenschuss zu geben. Beim Erschießen war ich nicht dabei, ich konnte es einfach nicht, und es tat mir wirklich sehr leid um dieses schöne, zahme und angenehme Tier, das ich nun schon so lange geritten hatte.

Durch einen Befehl zum Abrücken und zum Einmarsch in Belgien ging die Zeit am 8. 5. 1940 in Lückerath zu End. Unsere restlichen 15 Karten lagen immer noch unfertig da. Sie mussten unbedingt noch vor dem Abrücken am nächsten Tag fertig sein und wurden es auch. Zu der Hast, die der Befehl zum Abrücken und das Fertigmachen der Karten brachten, wurde ich am gleichen Tag zum Batteriechef beordert, der mir mitteilte, dass ich mit sofortiger Wirkung zum Unteroffizier ernannt sei, gratulierte mir und befahl, mir sofort vom Schneider die Unteroffizierslitzen anbringen zu lassen. Da ich ja aber mit den Karten zu tun hatte und gepackt werden musste, kam ich gar nicht dazu, und so kam es, dass ich nach 14 Tagen immer noch mit dem Gefreitenwinkel am Ärmel herumlief. Gleichzeitig mit meiner Beförderung zum Unteroffizier ernannte mich der Chef zum Rechentruppführer.

Aufgaben des Rechentruppführers einer Batterie

Bevor ich den Verlauf des Frankreichfeldzuges schildere, ist es vielleicht wegen des besseren Verständnisses der kriegerischen Operationen zweckmäßig, den Aufgabenbereich des Rechentruppführers einer Batterie und die Verantwortung dieses Mannes kurz zu umreißen.

Um es gleich vorweg zu sagen, er ist neben dem Batteriechef und dem VB (vorgeschobener Beobachter) der wichtigste Mann in der Batterie. Während der Chef die Verantwortung für das Funktionieren der gesamten Batterie und der VB in den vordersten Linien der Infanterie den Beschuss der Batterie beobachtet und korrigiert, sorgt der Rechentruppführer dafür dass:

1) die Geschütze der Batterie vor einem Beschuss richtig und genau vermessen werden, als Grundlage für das kommende Schießen.
2) die Kommandos für den Beschuss eines feindlichen Zieles errechnet werden und dadurch feindliche Ziele wirksam bekämpft werden.

Für diese Aufgaben übernimmt er allein die Verantwortung. Ein Rechenfehler oder ein Versehen beim Ablesen einer Entfernung oder Richtung könnte u.U. eine verheerende Wirkung haben und ihn vor ein Kriegsgericht bringen.

Wie sah nun diese Aufgabe in der Praxis aus?

Ein Rechentrupp bestand aus drei oder vier Mann. Wie ich eben erwähnte, hatte der Rechentrupp die Aufgabe, die Kommandos für den Feindbeschuss zu errechnen. Dieses Kommando wurde dann schriftlich an die vier Geschütze der Batterie weitergegeben. Nach diesem Kommando wurde das feindliche Ziel unter

Beschuss genommen. Zur Errechnung des Kommandos besaßen wir ein 2 m x 3 m großes Dachzelt mit einem Tisch, Reißbrett, Kartenmaterial und einer sog. Schusstafel, aus der die Grundlagen des Schießens abgelesen wurden. Das Kommando setzt sich aus einzelnen Teilen zusammen, nämlich aus der Entfernung des Zieles, aus der Stärke der Ladung und aus der Richtung. Entfernung und Richtung werden nun der Karte entnommen, wobei allerdings der eigene Standort der Geschütze von mir als Rechentruppführer ganz genau vermessen werden musste, der dann in der Karte eingezeichnet wurde. Das muss natürlich ganz genau geschehen, denn wenn der Standort der Geschütze nicht stimmt, dann ist auch das Schießen illusorisch. Ist der Standort der Batterie erst einmal richtig vermessen, wird als Grundlage des Schießens dann eine Grundrichtung festgelegt, z. B. ein im Gelände sichtbarer Kirchturm, ein Berg, ein Schornstein, falls er in der Karte verzeichnet ist oder sonst irgendein markanter Punkt im Gelände. Fehlt ein solcher markanter Punkt, dann wird die Nordrichtung genommen. Auf diese Grundrichtung werden nun die Geschütze eingestellt, d.h., die Rohre zeigen alle in diese Richtung, in die sog. Nullstellung. Befindet sich nun ein Ziel z. B. 42° im Uhrzeigersinn von dieser Grundrichtung, und ist es 6,3 km entfernt, dann werden alle vier Geschütze um diese 42° gedreht und die Rohre so hoch gekurbelt, dass sie mit einer bestimmten Pulverladung der Kartuschen eben den Punkt erreichen, der 6,3 km von der Batterie entfernt ist. Um Munition zu sparen, wird bei dem sog Einschießen nur mit einem Geschütz gefeuert, wobei der VB (vorgeschobene Beobachter) die Lage dieses Schusses vorn in den Reihen der Infanterie beobachtet und gegebenenfalls telefonisch korrigiert. Ist das Ziel getroffen, dann feuern alle Geschütze. Alle Geschütze machen aber alle Einstellungen und Korrekturen mit, auch wenn sie nicht schießen. Man sieht, dass

das Festlegen des Standortes eine sehr verantwortungsvolle Aufgabe ist. Ein Fehler hier könnte dazu führen, dass der Schuss zu kurz liegt und in den eigenen Reihen landet. Die Aufgabe war trotz ihrer Verantwortung sehr interessant, denn wir als Rechentrupp wussten immer, wo der Feind stand, und wir wussten auch, ob unser Schießen die erwünschte Wirkung hatte, weil wir ja telefonisch mit dem VB in Verbindung standen, dessen Tätigkeit in den vordersten Reihen der Infanterie nicht ganz ungefährlich war. Einer unsere VB's ist auch im Frankreichfeldzug in Ausübung seines Dienstes gefallen. Die angeforderten Ziele mussten nun in Sekundenschnelle errechnet werden. Für ein Kommando durfte man höchstens 20–30 Sekunden verwenden, dann musste es fertig sein und bei den vier Geschützen landen.
Als Rechentruppführer habe ich mir die Helfer aussuchen können. Was lag da näher, als mir wieder meine ehemaligen und bewährten Schüler heranzuziehen, nämlich Erwin Adler und Heinz Lehmann. Der gute Hubert Fietz, der ja in Rondorf bei der Kartenarbeit mit von der Partie war, ist schon von Rondorf aus zu einem Offizierslehrgang in die Heimat abgeschoben worden und hatte deshalb den Frankreichfeldzug nicht mehr mitgemacht.
Wir drei haben also die Kommandos ausgerechnet. Der eine las aus der Karte Richtung und Entfernung ab, was mittels eines Lineals geschah, auf dem die Entfernung in dem richtigen Maßstab bereits eingezeichnet war und das über einen Winkelmesser drehbar war, wobei mittels eines Druckknopfes der Anfang des Lineals auf dem eingezeichneten Standort der Batterie befestigt war. Der andere entnahm der Schusstafel die dazugehörigen Daten und die Stärke der Ladung. Ich selbst schrieb dies alles auf, und das schriftliche Kommando wurde durch den vierten Mann zu den Geschützen, die etwa nur 50m entfernt lagen, im Laufschritt gebracht. Die Batterie selbst stand

gewöhnlich 7 bis 8 km oder noch mehr hinter der Infanteriestellung. Unsere Geschütze hatten eine Reichweite von 12 km. Wir schossen also über unsere Infanterie weg in die feindlichen Stellungen. Mitunter mussten wir als Rechentrupp aber auch in die vordersten Stellungen vorrücken. Von da aus haben wir dann per Telefon unsere Kommandos an die rückliegende Batterie gegeben und konnten so die Wirkung unseres Schießens da vorn selbst beobachten und korrigieren.

Eine andere Art des Schießens war die mit Hilfe eines Flugzeuges. Das Flugzeug, das also über der Feindstellung kreiste, forderte den Beschuss einer Feindstellung an, die mittels zweier Zahlen eines sog. Planquadrates festgelegt wurde. Das Kommando wurde nun von uns ausgerechnet an die Geschütze gegeben. Diese feuerten ab und das das Flugzeug kontrollierte die Einschläge. Das sah etwa so aus: Meldung durch Funk an das Flugzeug - Achtung Abschuss. Das Flugzeug - Achtung Aufschlag. Die Zeit vom Abschuss bis zum Aufschlag konnte man der Schusstafel genau entnehmen. Das Flugzeug meldete: 300 m zu weit. Diese 300 m wurden nun im Kommando korrigiert. Dann erfolgte der zweite Beschuss. Das Flugzeug meldete dann: zu kurz, zu weit links, zu weit rechts. Diese Angaben wurden so lange korrigiert, bis die Meldung des Flugzeuges lautete: Schuss im Ziel! Mit dieser Meldung gab die Batterie mit allen Rohren Dauerfeuer, d.h., es wurden dann 10 oder 20 Schuss von jedem Geschütz, also insgesamt alles Mal vier genommen, auf das Feindziel abgefeuert. Diese interessante Möglichkeit des Schießens haben wir im gesamten Frankreichfeldzug nur ein einziges Mal durchgeführt.

Während meiner Tätigkeit als Rechentruppführer ist bis auf ein einziges Mal alles gut gegangen, bei dem ich mich schon fast vor den Schranken eines Kriegsgerichtes sah. Unmittelbar nachdem ich ein schriftliches Kommando an die die Geschütze weitergegeben hatte, stellte ich plötzlich fest, dass die von mir angegebene Entfernung um 500 m zu kurz war. Das hätte bedeutet, dass unsere Schüsse genau in den Reihen unsere Infanterie gelegen hätten. Noch ehe ich das Kommando rückgängig machen Konnte, hatten die Geschütze bereits abgefeuert. Voller Sorge - ich glaube ich bin wohl vor Schreck ganz bleich gewesen - habe ich alles nochmal schnellstens überprüft und festgestellt, dass eben der Druckknopf des Lineals, der ja auf dem Punkt unseres Standorts festgemacht war, sich gelöst hatte und sich so um 500 m verschoben hatte, so dass die von mir angegebene Entfernung der Wirklichkeit entsprach, dass also mein Schuss im Ziel lag.

Die Mitglieder des Rechentrupps waren alle beritten, so auch ich und marschierten immer zusammen mit dem Batteriechef mit beim sog. Batterietrupp. Nun will ich verhältnismäßig kurz den gesamten Frankreichfeldzug schildern und dabei nur auf die wichtigsten Einsätze eingehen.

Der Frankreichfeldzug

Ebenso wie gegen Polen war ich auch beim Feldzug gegen Frankreich von Anfang an dabei. Am 9. 5. 1940 überschritten wir die deutsch-belgische Grenze von Monschau aus zwischen Eupen und Malmedy. Dies geschah zunächst ohne eine Feindberührung. Nur die Panzerfallen längs der Grenze und gefällte Bäume, die quer über der Straße lagen, sollten wohl unseren Vormarsch schwieriger gestalten. Wir drangen am ersten Tag tief nach Belgien ein, kauften in den kleinen Städten und Dörfern die Läden leer, rückten dann etwa zwischen March und Roquefort in Richtung auf die Maas zu. Hier und da pfiffen schon mal einige Gewehrkugeln um unsere Köpfe, den Kanonendonner hörte man wohl von Ferne, aber sonst tat sich nicht viel, bis wir in die Nähe von Dinant gelangten. Dort wurde es ernst. Ich glaube, dass wir da erstmalig unsere Geschütze in Stellung gebracht und mächtig geschossen haben. Ich musste mich da als Rechentruppführer erstmalig bewähren. Leider sind mir Orte und Daten, in denen wir Feindberührung hatten, nach so langer Zeit entfallen. Ich bedauere das sehr, denn da ich ja über das gesamte Kartenmaterial verfügte, hatte ich mir zusammen mit Erwin Adler Karten, die wir nicht mehr benötigten, beiseite geschafft, in denen unsere Stellungen und ebenfalls die Feindziele eingetragen waren. Diese Karten habe ich auch nach Hause gebracht, aber durch die Vertreibung ist alles verloren gegangen. Mein Bericht muss hier also aus dem Gedächtnis erfolgen. Die schlimmsten und schwierigsten Tage sind mir aber dennoch im Gedächtnis geblieben, die ich zu schildern versuchen werde.

Zunächst die sog. Panzerschlacht zu Dinant. Wir hatten also abgeprotzt (Geschütze in Stellung gebracht). Es handelte sich bei unseren Geschützen um die SFH 18 (= schwere Feldhaubitze 18), ein Geschütz, bei dem die Granate einen Durchmesser von 15 cm hat und mit verschiedenen Ladungen geschossen wurde. Das Geschoss bestand aus zwei Teilen, der Granate und der Kartusche. Zuerst wurde die Granate ins Rohr geschoben und dann die Kartusche, in die entweder 1, 2, 3, 4 oder 5 Beutel Pulver gelegt wurden, je nachdem wie weit die Kraft des Pulvers reichen sollte. Bei weiten Entfernungszielen, z. B. 12 km wurde mit der 5. Ladung, also 5 Pulverbeuteln, geschossen, bei näheren mit entsprechend weniger Beuteln. Über die Dosierung bei den einzelnen Entfernungen hat die Schusstafel Auskunft gegeben und musste von mir als Rechentruppführer bestimmt werden. Das Geschütz wurde in zwei Lasten gefahren, der Lafette und dem Rohr. Beim Abprotzen wurde das Rohr hinter die Lafette gefahren und mit bestimmten Handgriffen auf die Lafette gezogen, was mitunter nicht ganz einfach war, insbesondere dann, wenn der Boden uneben war. Die Prozedur musste ja schnell gehen, dauerte aber mindestens 10 bis 15 Minuten. Bedient wurden die Geschütze, wenn ich mich nicht irre, von sieben Mann. Der Wichtigste dieser sieben Leute war der sog. Richtkanonier, der mithilfe eines Richtkreises das Rohr in die verlangte Richtung und Schräglage bringen musste. Je steiler das Rohr nach oben zeigte, desto weiter konnte man mit dem Geschütz schießen, allerdings nur bis zu einer bestimmten Schräglage.

Wir haben da südlich von Dinant ganz schön geballert, und wir vom Rechentrupp hatten die Hände voll zu tun. Gelegentlich kamen feindliche Granaten auch bis in unmittelbare Nähe unserer Geschütze, und über uns gaben sich deutsche und französische Flugzeuge die schönsten Luftkämpfe. Für uns, die wir hier den ersten Kampf mitmachten, war schon allerhand los und wir zogen, wenn so eine feindliche Granate in unserer Nähe einschlug, unsere Köpfe ein oder legten uns platt auf den Boden,

um der Splitterwirkung bei der Detonation zu entgehen, bei der ja die Splitter immer schräg nach oben gingen. Es konnte passieren, dass man nichts abbekam, wenn man lag, auch wenn die Granate nur 3–4 m neben einem detonierte. Die Granate hörte man beim Anflug pfeifen, so dass man noch Zeit hatte, in volle Deckung zu gehen. Später haben wir ganz genau gewusst, ob ein Geschoss in der Nähe einschlagen würde oder nicht, was wir aus der Intensität des Pfeiftones schließen konnten. So haben wir auch später gelacht, wenn in Russland auf den Flugplätzen die Piloten der eingeflogenen deutschen Maschinen während ihrer kurzen Landung meistens horizontal lagen, auch wenn die Granaten 500 m weit weg einschlugen.
Bei der Panzerschlacht vor Dinant unterstützten wir die eigenen Panzerverbände, indem wir die feindlichen Panzer durch unseren Beschuss unter Feuer nahmen und ihnen so ein schnelleres Vorrücken erschwerten. Wir konnten die feindlichen Panzer wegen der großen Entfernung nicht sehen. Wie uns dann aber später versichert wurde, hätten wir mit unserem Beschuss großen Erfolg gehabt. Als die Schlacht bei Dinant für uns erfolgreich beendet war, haben wir aufgeprotzt und kamen an die Maas, die wir auf einer provisorischen Brücke überschreiten mussten. Obwohl die Maas an dieser Stelle nicht sehr breit war, gab es beim Überschreiten ein heilloses Durcheinander, weil sämtliche Verbände über diese wacklige Brücke mussten, ob es sich um Reiter, Fußtruppen, bespannte Einheiten oder um Geschütze handelte. Den Franzosen war nun diese Flußüberquerung bekannt. Sie beharkten uns mit ihrer Artillerie und besonders mit ihren Flugzeugen ganz erheblich, was naturgemäß noch mehr Unruhe bei der Überquerung mit sich brachte. Die Flugzeuge kamen im Tiefflug über diese Stelle geflogen, ließen ihre Eier (Bomben) fallen und verschwanden, ehe wir sie aus Gewehren und Maschinengewehren unter Beschuss nehmen

konnten. Durch die Detonationen wurden insbesondere unsere Pferde, die das nicht gewohnt waren, wild, gingen durch, was die Unordnung nur noch erhöhte und zu einem exorbitanten Chaos führte.

Nach Überschreiten der Maas wurde das Gelände steiler, war bewaldet und hatte nur schmale, unbefestigte Wege. Auf diesem Abschnitt bekamen wir dann wohl auch das Meiste zu spüren. Durch einen Bombeneinschlag eines französischen Flugzeuges ganz in unserer Nähe, machte sich die Bespannung eines unserer Geschütze selbständig, kam vom Weg ab, fuhr mit dem Geschütz in den Wald und blieb mit den Rädern bis zur Achse in dem weichen Waldboden stecken. Nun mussten sechs weitere Pferde zu Hilfe genommen werden, um das Geschütz aus dem Dreck zu ziehen. Es gab aufregende Minuten, ein Schreien, Schimpfen und Fluchen. Die Nervosität steigerte sich noch dadurch, dass der gesamte Vormarsch ins Stocken geriet, und die zusätzlichen Bomben der Flugzeuge zu einem endlosen Durcheinander führten.

Von da aus ging es dann in Richtung Maubeuge, das auch unser Ziel sein sollte, aber schon eingenommen war, als wir ankamen. Vom Kampf zeugten noch viele erschossene Kühe, die z.T. mit aufgeblähten Bäuchen herumlagen. Die weitere Richtung unseres Vormarsches war die Stadt Lille. Auf dem Weg dahin gab es auch noch einige aufregende Stunden. Hinter Maubeuge bekamen wir den Auftrag, mit dem gesamten Batterietrupp, also auch wir mit unserem Rechentrupp, an einigen französischen Bunkern vorbei im Galopp die französischen Stellungen zu durchbrechen und von einem bestimmten Ort hinter den französischen Linien, den Beschuss der Batterien zu leiten. Es waren da zwei oder drei Bunker, etwa nur 20 m von der Straße, auf der wir durchbrechen sollten. Der Batterietrupp bestand aus einem sog. B-Wagen, dem Batteriewagen und ca. 20 Einzelreitern. Diese Truppe sollte den Durchbruch unternehmen. Es war schon eine Zumutung, diese Truppe heil durch die feindlichen Linien zu bringen. Aber Befehl war Befehl. Nun, ein Stoßgebet und auf ging es im Galopp und zwar in größeren Abständen, also nicht der gesamte Haufen auf einmal. Und es ging gut. Wenn ich nicht irre, hatten wir nur einen einzigen Verwundeten. Nach dem Durchbruch gelangten wir zu einer Brauerei, in der auf dem Boden des einen Gebäudes unser Beobachtungsstand eingerichtet wurde, indem wir einige Dachpfannen entfernten und unser Scherenfernrohr zum Dach heraus steckten. Von da aus konnten wir die feindlichen Stellungen, die etwa 300 bis 400 m vor uns lagen, tadellos beobachten. Nur 50 m hinter dem Haus lagen die deutschen Stellungen, die deutsche Infanterie. Hier lag also erstmalig eine Artillerieeinheit in den Infanteriestellungen. Vor uns lagen etwa drei französische Bunker, die wir mit unserer Artillerie unter Beschuss nehmen und nach Möglichkeit zerstören sollten. Die Batterie selbst war mit ihren Geschützen etwa 8 bis 9 km hinter uns. Von dem Dach aus gab ich nun per Telefon meine Kommandos durch und das Schießen begann. Die ersten Schüsse lagen etwa 200 m hinter dem Bunker. Nach etwa 5 bis 6 Schuss hatten wir den Bunker voll getroffen. Es war nun sehr interessant, die Wirkung unseres Schusses von so nahe zu beobachten. Zunächst einmal hörten wir unsere eigenen Granaten über unseren Köpfen pfeifen, kurz danach sahen wir sie auf dem Bunker detonieren. Aber was war das? Das Luder rührte sich nicht, obwohl wir mindestens 20 Schuss darauf abgegeben hatten. Wir schüttelten ungläubig unsere Köpfe. Aber die Bunker hatten ja schließlich eine Decke von etwa zwei Meter Beton, und da war es nicht verwunderlich, dass unser Beschuss keine Wirkung zeigte. Es staubte lediglich etwas, aber ansonsten tat sich nichts. Der Chef ging nun zu einem Flak-Geschütz, einer 8,8 Flak, die hinter einem Haus in

Deckung stand. Ca. 400 m vor diesem Geschütz lagen diese Bunker. Er bat dann den zugehörigen Batteriechef, diese Bunker im Direktbeschuss unter Feuer zu nehmen. Es gab zunächst ein langes Palaver, ehe sich der dortige Batteriechef bereit erklärte, seine Flak auf die Bunker anzusetzen. Der erste Schuss lag neben der Schießscharte des Bunkers, der zweite Schuss lag genau drinnen und beim dritten Schuss flog der Bunker praktisch auseinander. Jetzt sah man auch die Franzosen türmen. Gleichzeitig hatte sich auch ein Flammenwerfer an die Bunker herangeschlichen, um den Bunker auszuräuchern. Diese Flammenwerfer sind eine mörderische Waffe, die alles schmelzen, auf das sie treffen, andererseits ist es für die Beteiligten ein regelrechtes Himmelfahrtskommando, weil man sich bis auf einige Meter an das Ziel heranschleichen muss und dabei vom Bunker aus abgeknallt werden kann.
Als der Chef und ich nach dem Beschuss wieder zu unserem Beobachtungsstand zurückgehen wollten, geschah etwas recht Unangenehmes, ein plötzliches Pfeifen und schon krachte es. Eine Granate detonierte ca. 20 m vor uns. Durch den Luftdruck bedingt flog ich durch die Gegend, floh schnell in ein Haus unter ein schützendes Dach, befühlte schnell meine Knochen, ob sie noch alle da waren und war froh, dass ich einigermaßen in Sicherheit war. Es folgten dann noch einige Einschläge ganz in unserer Nähe. Durch diese Einschläge wurden die vier Pferde des Batteriewagens getötet und einer der Kameraden, der beim Wagen war, erhielt einen walnussgroßen Granatsplitter in seine Gasmaske, die er am Koppel trug. Der Splitter durchschlug aber nur die Gasmaske, ohne den Kameraden zu verletzen. Wie wir dann später erfuhren, rührten diese Einschläge von den deutschen Truppen, also von der eigenen Artillerie her, die nicht wusste, dass wir durch die Reihen durchgebrochen waren und sie ihrerseits an dieser Stelle den Feind vermuteten.

Nach Bereinigung dieses Abschnittes wurde auch unsere Marschrichtung geändert. Wir zogen nun südlich in Richtung auf Paris zu, weil der nördliche Teil Frankreichs durch andere Verbände unter Kontrolle gebracht war. Es mag wohl in der Gegend um Valenciennes, Denain oder Cambrai gewesen sein, als es wieder einmal für uns dicke Luft gab. Wir zogen friedlich auf der Straße, was übrigens im Vergleich zu Polen und die Wege betraf, ein Spaziergang war, weil wir im Gegensatz zu Polen auf guten asphaltierten Straßen fuhren, in Polen, wie schon geschildert, dagegen auf Sandwegen marschieren mussten, als plötzlich Panzer erschienen. Panzer von vorn, Panzer von hinten, Panzer von der Seite, also Panzer von drei Seiten. Ehe wir uns versahen schlugen auch schon die ersten Granaten in der Nähe von uns ein. Der Chef befahl nun kurzerhand aufzuprotzen. Ich glaube, noch nie haben wir so schnell aufgeprotzt wie hier. Wir nahmen nun die Panzer in Direktbeschuss unter Feuer mit dem Ergebnis, dass sie sich verzogen und wir wieder weitermarschieren konnten. Das war schon ein sehr aufregender Zwischenfall, vor allen Dingen deshalb, weil wir an dem augenblicklichen Standort abgeprotzt hatten, an dem wir keinerlei Deckung hatten, auf freiem Felde standen und somit dem Franzosen als Zielscheibe dienten.

Kurz nach diesem Vorfall muss es nun gewesen sein, irgendwo, den Ortsnamen kenne ich heute nicht mehr, als wir auch wieder mit unseren Geschützen in Stellung gegangen sind und geschossen haben, überflog uns ein deutsches Flugzeug, das mehrfach über unserer Stellung kreiste. Wir winkten nach oben, dachten uns nichts Schlechtes dabei und ballerten mit unseren Geschützen weiter drauf los. Als das Flugzeug verschwand, gab es plötzlich ein Pfeifen, und ganz in unserer Nähe schlugen eine Reihe Granaten ein, eine davon nur etwa 10 m vor einem der Geschütze, die zum Glück nicht detonierte, also Gott sei Dank ein Blindgänger war. Dieses deutsche Flugzeug kam kurz danach wieder zurück, um sich wohl den Erfolg des Beschusses anzusehen; denn es war in Wirklichkeit kein deutsches, sondern ein von den Franzosen erbeutetes Flugzeug mit französischer Besatzung. Als wir das merkten, haben wir dieses vermeintliche deutsche Flugzeug mit MG und Gewehren unter Beschuss genommen, ohne es allerdings vom Himmel holen zu können.

Unser weiterer Weg führte uns an Arras und weiter über Amiens. Ich sehe heute noch die Kathedrale, an der wir vorbeizogen, ohne dass sich einsatzmäßig etwas tat. Es muss aber kurz vor Paris gewesen sein, etwa südlich von Beauvais an der Oise, wo es erneut ein Remidemi gab. Wir waren auf dem Vormarsch, hatten also nicht abgeprotzt, als wir ganz unversehens unter Beschuss genommen wurden. Hier hatten wir im Frankreichfeldzug auch die ersten Verwundeten und die ersten Toten. Ich glaube, es waren zwei Kameraden, die gefallen sind, der eine von ihnen wurde sogar zwei Mal getroffen. Wir hatten den Toten zunächst am Straßenrand gebettet, um ihn dann bei Gelegenheit zu beerdigen, da bekam er nochmals einen Granatvolltreffer, so dass praktisch nichts mehr von ihm übrig blieb und sich damit eine Beerdigung erübrigte. Inzwischen war der Abend herangekommen. Der Chef kam nochmals bei uns allen vorbei und machte uns darauf aufmerksam, dass am nächsten Tag, dem 14. 6. 1940, Paris unter Beschuss genommen würde, und dass wir also zum Einsatz kommen würden. Am nächsten Tag jedoch kam der Chef wieder zu uns und verkündete: „Fertig machen zum Einmarsch in Paris!“ Wir machten erstaunte Gesichter und schauten ihn ungläubig an. Darauf er: „Ja, Einmarsch! Paris hat sich kampflos ergeben!“ Und weiter: „Sofort Pferde putzen und vom Steigbügel nur den linken!“ Komische Anordnung, sagten wir uns. Später begriffen wir, was das zu bedeuten hatte. Wir zogen dann nämlich am

General am Arc de Triomphe vorbei und zwar so, dass dem General nur der linke Steigbügel unserer Pferde zugewandt war.

Einzug in Paris

Es war für uns ein beglückendes Gefühl, in Paris ohne vorherige Kampfhandlungen einmarschieren zu können. Wir kamen von Norden über St. Denis in Paris an und ritten auf einer der vielen Straßen, die dann beim Arc de Triomphe endeten. Der General stand am Triumpfbogen. Wir ritten mit einer Blickwendung in gerader Haltung rechts an ihm vorbei, dann die Champs Elysees herunter in Richtung der Seine zum Bois de Bologne und dann in Richtung Versailles. Mit unseren schweren Geschützen - es war ein Jammer - ging es dann durch die herrlichen Gartenanlagen. Unmittelbar vor dem Schloss haben wir mit Ross und Wagen gerastet und hatten sogar Gelegenheit, das Schloss und die riesigen Gartenanlagen von innen zu besichtigen. Auch kamen wir in den Spiegelsaal, dessen Spiegel aber durch Bretterverschläge geschützt waren. Auch in die Gartenanlagen konnten wir einen kurzen Blick werfen, doch war nicht allzu viel zu sehen, weil noch zu wenig gepflanzt war und die einzelnen Figuren durch Verschläge gesichert waren. Nun ging es in südlicher Richtung in friedlichem Marsch durch Versailles hindurch, durch Chartres, aber kriegsmäßig, weil man noch vorsichtig sein musste auf Franzosen, die noch Widerstand leisten könnten.

Auf unserem Marsch nach Süden überholte uns ein Melder mit seinem Motorrad - es war wohl der 18. 6. 1940 - und verkündete: „Der Krieg mit Frankreich ist vorbei!“ Frankreich hat kapituliert. Zwischen Orleans und Tours zogen wir über die Loire und nahmen schließlich Quartier in einem Chateau, wo wir einige Tage blieben und wie die Maden im Speck lebten. Im Keller holten wir uns Wein und Lebensmittel aller Art, hatten nichts zu tun, weil ja der Krieg für uns zu Ende war. Nach ein paar Tagen aber brachen wir auf. Es ging südlich über Poitiers, Niort, Saintes, wo wir in Royan unsere Dauerstellung bezogen. Nach dem Waffenstillstand war das Marschieren ein Spaziergang, war aber trotzdem anstrengend, weil es für uns Tag- und Nachtmärsche waren. Ohne Halt ging es in einem durch und wir waren sehr müde, so müde, dass man auf den Pferden sitzend einschlief. Sogar auch dann, wenn man das Pferd führte, also neben dem Pferd ging und es am Zügel führte, schlief man vor Übermüdung ein. Hinzu kam, dass der Unterschied zwischen den Tag- und Nachttemperaturen derart krass war, dass man am Tag sehr schwitzte, in der Nacht aber extrem fror, so dass man, um sich warm zu halten, nachts lieber neben dem Pferd lief als zu reiten. Bei diesem Marsch gab es auch einige lustige Begebenheiten. Wir ritten meist mit zwei Mann nebeneinander in einem Abstand von etwa einem Meter. Als ein Kamerad auf dem Pferd einschlief, ging das Pferd mit dem Schläfer in der Lücke zwischen den beiden Reitern in einem etwas schnelleren Schritt als wir hindurch bis nach vorn, also auch am Chef, der an der Spitze ritt, vorbei. Wir grinsten schon. Als der Chef den Reiter mit seinem wackelnden Kopf vor sich sah, rief er ihn an: „He, wo wollen Sie denn hin? Wollen Sie etwa fahnenflüchtig werden?" Erst da wachte er auf, begleitet von einem schallenden Gelächter seiner Kameraden. In einem anderen Fall schlief ein Kamerad gehend ein. Weil er das Pferd mit der rechten Hand am Zügel hielt, zog er es automatisch nach links herüber, so dass das Pferd mit ihm auf die linke Straßenseite geriet und mitsamt dem Kameraden schließlich im linken Straßengraben landete. Das gab natürlich wieder einen heillosen Spaß.

In Royan

Royan ist ein nettes kleines Städtchen an der Gironde-Mündung. Die Amerikaner, die im Ersten Weltkrieg 1916 oder 1917 eingegriffen hatten, haben zur Erinnerung auf einer Landzunge ein riesiges Denkmal errichtet, das man vom Strand aus gut sehen konnte. Außerdem stand mitten im Meer, etwa 10 km vom Strand entfernt, ein Leuchtturm. Wir wurden in Royan untergebracht, direkt am Strand und hatten die Aufgabe, eventuell vorbeifahrende, feindliche Schiffe unter Beschuss zu nehmen. Zu dem Zwecke mussten wir unsere Geschütze wieder in Stellung bringen. Der Batteriechef beauftragte mich, die Geschütze zu vermessen, einzurichten, ein Probeschießen zu veranstalten, um sie dann jederzeit schussbereit zu haben. Als Richtpunkt, die sog. Nullstellung, sollte ich mir den Leuchtturm aussuchen. Nach Fertigstellung übergab ich dem Chef die errechneten Unterlagen, worauf er das Probeschießen ansetzte um auch zu kontrollieren, ob die errechneten Daten mit der Wirklichkeit übereinstimmten. Aus diesem Grund wurde dann ein Schuss in Richtung des Turmes abgefeuert, ohne die Rohre zu verstellen. Stimmte die Richtung, dann mussten Turm, Granateneinschlag und Geschütze in einer Linie liegen. Wenn der Turm also 10 km entfernt lag, dann konnte man als Schussentfernung jede beliebige Entfernung zwischen 1 und 10 km einstellen. Als ich den Chef nun fragte, welche Entfernung genommen werden sollte, antwortete er: „Nehmen Sie 9,7 km!“ Darauf erwiderte ich: „Herr Hauptmann, ist das nicht etwas zu riskant, den Schuss so nahe an den Turm zu setzen? Denn wenn die Entfernung auf der Karte nicht stimmen sollte, dann putzen wir den Turm weg.“ „Ach was“, meinte er, „das muss eben stimmen!“ Ich hatte wirklich Bedenken, denn wenn man am Strand steht, erscheint ein Turm wie dieser wesentlich näher, als man von der Karte abgelesen hat. Insbesondere verschätzt man sich ganz gewaltig, vor allen Dingen dann, wenn man Entfernungen schätzen soll, die in einer großen Wasserfläche liegen. Um Gotteswillen, dachte ich, wenn wir mit unseren vier Geschützen auf den Turm losballern, und wir ihn dann wirklich treffen, dann ist es um unseren schönen Richtpunkt geschehen. Es wurde also mit der Entfernung 9,7 km geschossen und es klappte, siehe da, ganz hervorragend. Der Schuss lag ganz genau vor dem Turm, was man mit dem Scherenfernrohr und dem Auge gut verfolgen konnte, weil ja beim Detonieren der Granate das Wasser in einer hohen Fontäne aufspritzte. Meine Berechnungen stimmten ganz genau, blieben dauernd auf diese Linie eingerichtet. Bei Bedarf brauchten auftretende Ziele bei dieser Grundeinstellung nur berechnet und jederzeit unter Beschuss genommen werden.

Beim Probeschießen ereignete sich auch noch eine ganz amüsante Sache. Wir hatten vergessen, den Bewohnern der Villen zu sagen, dass sie die Fenster öffnen möchten, weil bei einem Abschuss der Knall die Luft stark erschüttert und dadurch oft Fensterscheiben zu Bruch gehen können. Genau das ist auch prompt eingetreten. Die Fensterscheiben der gesamten Umgebung waren zu Bruch gegangen.

Wir selbst wurden herrlich untergebracht, und zwar in den Villen am Strand des Atlantischen Ozeans. Ich wohnte mit Heinz Lehmann in einer dieser Villen, wir ganz allein. Wir verfügten im oberen Geschoss über eine Menge von Zimmern, die tadellos eingerichtet waren und von einem alten Faktotum, einer alten Muttel, instand gehalten wurden. Sie erzählte uns dann später, dass sie hier der dienstbare Geist sei, und ihre Herrschaft vor den bösen Deutschen geflüchtet sei. Nun müsse sie hier für Ordnung sorgen.

In Royan haben wir herrliche Tage verlebt. Es war Sommer, Südfrankreich, meist strahlend blauer Himmel, also die reinste Sommerfrische und wir hatten so gut wie keinen Dienst. Wir als Unteroffiziere hatten im Wechsel jeden Tag nur zwei Stunden Dienst, bei dem wir am Scherenfernrohr saßen und den Horizont nach feindlichen Schiffen absuchen mussten. In der übrigen Zeit lagen wir am Strand in Badehosen und ließen uns die Sonne auf den Pelz scheinen, badeten den ganzen Tag und suchten im Wasser und am Strand nach essbaren Muscheln. Die Uniform trugen wir also nur im Dienst während der zwei Stunden. Dabei saßen wir in einer Art Pavillon, unter dem wir das Scherenfernrohr aufgestellt hatten, durch das wir mehr oder weniger krampfhaft nach feindlichen Schiffen Ausschau hielten. Aber so sehr wir uns auch anstrengten, es wollte sich in der gesamten Zeit keines zeigen. Mit dem Scherenfernrohr machten wir vielmehr andere Gegenstände im Wasser aus, die man zunächst wegen der großen Entfernung nicht genau identifizieren konnte, die sich dann aber als Strandgut torpedierter Schiffe herausstellten. Es waren meistens irgendwelche Kisten und Fässer, die an der Oberfläche des Wassers schwammen und an den Strand getrieben wurden. Nun wurden sämtliche guten Schwimmer und Rettungsschwimmer auf die noch im Meer schwimmenden Gegenstände angesetzt, um sie mit vereinten Kräften an Land zu bewegen. Da das Ufer eine Steilküste war, war die Bergung dieser schweren Fässer nicht ohne weiteres möglich. Deshalb mussten die Stricke und Seile, die für unsere Geschütze zum Aufziehen des Rohres benötigt wurden, herhalten, um die Kisten und Fässer an Land zu ziehen. Nun was enthielten diese Kisten und Fässer? Im Laufe der Zeit hatten wir eine Unmenge von Fässern geentert, die insbesondere mit spanischem Rotwein, reinem Alkohol, Cognac und Rum gefüllt waren. Die Kisten enthielten Seife, Gummistiefel u.a.m. Der Inhalt der Fässer wurde natürlich sofort untersucht und probiert. Die Folge dieser Probe führte zu einem tagelangen Besäufnis der gesamten Batterie. Dreiviertel der Batterie war nicht mehr ansprechbar. Dem Batteriechef war das dann doch zu viel, worauf er bestimmte, dass ein großer Teil des flüssigen Strandgutes an die Bevölkerung abgegeben werde, und wir unseren Teil rationiert bekamen. Man kann sich vorstellen, dass sich die Bevölkerung über diese Zuteilung sehr freute und zum Empfang mit allen möglichen Geräten, wie Töpfen, Kannen und Eimern bewaffnet in langen Reihen antraten, um die willkommenen Geschenke entgegenzunehmen.

In der Freizeit haben wir neben dem Baden auch Spaziergänge in die Stadt gemacht, haben uns die Stadt genauer angesehen, sind in die Lokale gegangen, wo ich sogar einen Bundesbruder getroffen habe. Wie sich herausstellte war Sepp Künzer, mit dem ich zusammen in München studiert hatte, derzeit als Arzt bei der Wehrmacht tätig. Es war jedenfalls eine herrliche Zeit, das Wetter war schön, und wir lagen meist im Wasser und badeten. Allerdings hat es auch einen bedauerlichen Unfall gegeben. Ein Kamerad ist beim Baden ertrunken. Er war wohl perfekter Schwimmer, ist aufs Meer hinausgeschwommen und hatte den Zeitpunkt der Ebbe verpasst. Als die Ebbe einsetzte und er ans Ufer schwimmen wollte, wurde er durch den Sog immer wieder ins Meer gezogen. Als er immer mehr ermüdete und zu rufen anfing, versuchten wir ihn mit einem Kahn zu retten. Aber ehe wir ihm zu Hilfe kommen konnten, war er bereits versunken. Alle unsere Bemühungen waren vergebens, wir fanden ihn nicht mehr. Tage später wurde die Leiche an den Strand gespült.

Für mich ist die Zeit in Royan leider etwas verkürzt worden. Ich bekam am gesamten Körper einen Ausschlag und musste nach Bordeaux ins Lazarett. Der Chef und ein Leutnant brachten mich mit dem Wagen nach Bordeaux. Nach 3–4 Wochen wurde ich wieder zur Batterie zurückgeschickt und von da nach Neiße ins Krankenhaus. Auf diesem Heimtransport wollte ich das Grab meines im Ersten Weltkrieg 1917 bei Verdun gefallenen Bruders Reinhold, der auf einem Soldatenfriedhof bei Ferme de Madelaine, in der Nähe von Nantillois, begraben lag , besuchen, weil ich anfangs mit einem Wagen fahren sollte. Daraus ist aber leider nichts geworden, weil ich den Zug über Paris benutzen musste. Auf diese Weise habe ich mir auf der Durchfahrt noch einmal ausgiebig Paris ansehen können.

Im Heimatkriegsgebiet

Etwa Mitte Oktober 1940 bin ich wohl im Lazarett in Neiße angekommen. Von da aus hatte ich es nicht weit nach Bad Ziegenhals, wo ich ja wohnte. Von Neiße aus bin ich häufig zu Hause gewesen, zumindest immer über das Wochenende. Ich weiß nicht mehr genau, wie lang ich in Neiße gewesen bin, es können aber 2-3 Wochen gewesen sein. Gleichzeitig wurde ich dann vom Heer zur Luftwaffe, zur Flak (Fliegerabwehrkommando), versetzt und bin, meine ich, nach Odertal, dem ehemaligen Deschowitz, zu einer Flakeinheit gekommen. Dieses Odertal liegt in der Nähe von Heydebreck, dem früheren Kandrzin, in der Nähe des Annaberges, dem heiligen Berg Oberschlesiens. Annaberg, ein Wallfahrtsort, ist durch die Polenaufstände 1920/21 bekannt geworden. Ich kam nun zu einer Einheit, die die Aufgabe hatte, die großen Kokereien von Odertal gegen feindliche Luftangriffe zu beschützen. Zu dem Zweck besaß die Batterie alte, französische Landgeschütze vom Kaliber 7,5 cm, die dann als Flak-Geschütze umgebaut wurden, indem ganz einfach der Lafettenschwanz abgeschnitten, das so kastrierte Geschütz auf einen Betonsockel gesetzt und drehbar gemacht wurde und - fertig war damit das sog. Luftabwehrgeschütz. Mit diesen Geschützen sollten wir nun feindliche Luftangriffe abwehren, die u.U. auf die Kokereien von Odertal ausgeführt wurden. Das war aber insgesamt gesehen ein Witz, denn die größte Höhe, die wir mit diesem Geschütz erreichen konnten, war 3000 m, die Flugzeuge flogen beim Angriff aber in etwa 8-10.000 Meter Höhe. Zum Glück trat nie der Ernstfall ein, auch später nicht in Paulsdorf.

Untergebracht waren wir in Holzbaracken und zwar immer 10-12 Mann in einem Raum. Dienst wurde auch nicht viel gemacht, höchstens mal ein Appell, Exerzieren oder Probealarme. Im Ort war auch nicht viel los, so dass wir uns in den Baracken mit Skatspielen oder Radiohören beschäftigten. Nur etwa 500 m von unserer Unterkunft entfernt wohnte mein Leibbursch Jorg Ciba, der in den Werken von Odertal Ingenieur war und bei dem ich so manchen Abend bei einem Glas Wein verbrachte. Seit 17 Jahren deckt ihn auch schon die Erde; er starb 1956 an Lungenkrebs. Ich habe ihn auf seinem letzten Wege noch begleiten können und habe nach dem Krieg von seiner Frau seinen Wagen übernommen; meinen ersten Wagen, den ich besaß, einen Opel, vom Jahrgang 1954, der damals bereits 80 000 km gelaufen aber noch sehr gut in Schuss war. Mit Ciba hatte ich in München die beiden ersten Semester und dann in Breslau die übrige Zeit bis zum Jahre 1932 verbracht. Auf diese Weise waren die Tage in Odertal recht angenehm. Wie lange ich in Odertal gewesen bin, weiß ich heute nicht mehr genau. Meine Beförderung zum Wachtmeister klappte auch nicht. Der Grund war, dass ich vom Heer zur Luftwaffe gewechselt habe und deshalb klappte es mit der Anerkennung als ROA nicht. Ich glaube, dass es erst nach meiner Versetzung nach Paulsdorf gewesen ist, als sich dann mein neuer Batteriechef, Herr Hauptmann Baublies, sehr bemüht hat. Ich nehme an, dass ich Ende Januar oder Anfang Februar 1941 nach Paulsdorf kam. Herr Baublies ist auch nicht mehr unter den Lebenden, er ist vor einigen Jahren in Solingen Höscheid gestorben.

Wir haben dazumal das Lager in Paulsdorf neu aufgebaut und zwar mit den gleichen Geschützen wie in Odertal. Wegen meines Einsatzes in der Heimat ist dann auch meine Beförderung zum Wachtmeister erfolgt, außerdem wurde mir das Verdienstkreuz 2. Kl. verliehen. Auch die Tage in Paulsdorf waren für mich recht angenehm, weil ich einen sehr vernünftigen Chef hatte, der nichts machte, ohne mich zu informieren oder gar zu konsultieren. Er selbst hatte seine Frau in der Nähe des Lagers privat untergebracht, und wir haben zu dritt manch netten Abend verbracht. Da ich nur ca. 100 km von Ziegenhals entfernt lag, konnte ich öfter mal nach Hause fahren, und so machte das Kriegspielen in der Heimat mehr Spaß. Auch an den Abenden oder Nachmittagen konnte ich zu meiner Mutter oder zu den Verwandten Peterek nach Beuthen fahren, zumal wir ja abends keinen Dienst machten, und Urlaub hatte ich ohnedies bis zum Wecken. In Paulsdorf selbst haben wir oft in den Kneipen gesessen und ein Leben geführt, das nur wenig an Krieg erinnerte, weil auch die Verpflegung hier auf dem Lande gesichert war.

Von Paulsdorf aus kam ich, wenn ich nicht irre, Ende Juni 1941 nach Wien zu einem Kursus, einem Umschulungslehrgang auf Flak-Geschütze 8,8, der etwa 4 Wochen dauerte und bei dem es noch viel lustiger zuging als hier in Paulsdorf. Der Dienst dauerte höchstens bis 16 oder 17 Uhr, vormittags und ebenso nachmittags nur 2–3 Stunden. Es waren da meist Offiziere und nur ganz wenige Wachtmeister so wie ich. Ausgang hatten wir bis zum Wecken, die Kaserne lag in der Nähe von Schönbrunn auf einem Berg. Gewöhnlich gingen wir mit den Kurskameraden am Abend aus. Unter ihnen befand sich auch der Sohn des bekannten Fabrikanten Dr. Oetker aus Bielefeld, ein junger Leutnant von damals etwa 25 Jahren, der mit dem Gelde nicht zu rechnen brauchte und uns alle, häufig 10–12 Mann zu Sekt und Likör einlud und uns an fast allen Tagen freihielt. Auf diese Weise haben wir recht nette Tage verlebt. Dort traf ich auch die Schwester meiner Ziegenhalser Hauswirtin, Liesel Simon, die Lufthelferinnendienst in Wien machte und zusammen mit ihren Kameradinnen auch häufig mit von der Partie war. Am Sonntag war dienstfrei, so dass wir auch die Umgebung von Wien kennenlernen konnten. Eine lustige Geschichte ereignete sich auch noch mit dem besagten Dr. Oetker. Wir hatten bei dem Kurs immer gemeinsames Mittagessen, bei dem es immer sehr formell zuging. Wenn jemand zu spät kam oder jemand auf der Tischdecke einen Fleck machte, musste man dann ein kleines Bußgeld in ein Sparschwein zahlen, so dass dieses im Laufe der Woche immer fetter und fetter wurde. Der Kursleiter machte uns am Ende des Kurses den Vorschlag, den Inhalt des Schweines zur Begleichung der Kosten auf der gemeinsamen Abschiedsfeier zu verwenden. Um aber noch über mehr Geld verfügen zu können, sollte jeder der Kursteilnehmer den Betrag, der sich nach dem Schlachten des Schweines in diesem befand, schätzen. Danach sollte jeder, so der Vorschlag des Kursleiters, den Differenzbetrag zwischen dem geschätzten und dem tatsächlichen Betrag noch zusätzlich in die Kasse tun. Der Vorschlag wurde akzeptiert. Nachdem uns aber der Kursleiter verlassen hatte, sagte uns der gute Oetker: „Kameraden, ich gebe jetzt zusätzlich 50,- DM in das Sparschwein. Wenn es dann mit dem Schätzen losgeht, müssen Sie zu Ihrem geschätzten Betrag die 50,- DM zuschlagen. Damit können wir dem Kursleiter die Kröten aus der Nase ziehen." Das gab natürlich ein allgemein großes Gelächter. Auf diese Weise hatte der Kursleiter nach dem Schätzen natürlich die größte Zahlung zu leisten. Erst nach Beendigung der Abschiedsfeier klärten wir den Kursleiter über unseren Streich auf.

Ende Juli erhielt ich in Wien von Dr. Scheffzik ein Telegramm, dass die Geburt des Kindes, das meine Frau erwartete, mittels Kaiserschnitt auf den 26. Juli vorgesehen sei, und ich um Urlaub nachsuchen sollte. Ja, und das war der Armin. Es war ein „gewollter Verkehrsunfall", der im Oktober 1940 nach der Rückkehr aus Frankreich geschah. Trotzdem machte der Urlaub, den ich beantragt hatte, Schwierigkeiten genug. Lediglich vier Tage mit Fahrt gestand man mir zu. Am Freitag war ich in

Ziegenhals, am Samstag war Armin da, und am Montag musste ich wieder in Wien sein.

Nach den Wiener Tagen fuhr ich nach Paulsdorf zurück und tat dort meinen Dienst wie bisher. Die Umschulung hatte überhaupt keinen Zweck. Ich hatte große Zweifel, ob man mich überhaupt zur Flak nehmen wollte, denn es rührte sich überhaupt nichts mehr. Ich habe dann in Paulsdorf bei unseren Geschützen wieder Dienst gemacht und habe einige Neuerungen eingeführt. So habe ich einen neuen Befehlsstand gebaut und diesen mit Megaphonen ausgestattet, die in alle vier Himmelsrichtungen wiesen und den Zweck haben sollten, dass bei Ausfall der Telefone die Kommandos mit menschlicher Stimme ohne Verstärker an die feuernden Geschütze geleitet werden konnten. Damit gekoppelt war eine elektrische Signalanlage mit verschiedenen farbigen Lämpchen, von denen jedes eine ganz bestimmte Bedeutung hatte. Auch diese habe ich entworfen und eingebaut. Alles, inklusive der dazugehörigen Schalttafel, funktionierte recht gut. Zur Einübung dieser Signalanlage gab es nun jede Menge Probealarme. So gut wie alles funktionierte, war alles doch für die Katz; denn eine einzige kleine Fliegerbombe in unsere Stellung hätte gereicht, um die so mühsam angefertigte Anlage außer Betrieb zu setzen. Es war schon ein Witz, dass mit derart primitiven Mitteln so wertvolle Werke, wie sie in Oberschlesien nun einmal waren, geschützt werden sollten. Zum Glück brauchten wir kein einziges Mal ernsthaft in Aktion zu treten.

Schon als Wachtmeister hatte ich einen Burschen, einen Kameraden von den Mannschaften, der mich tadellos betreute. An den Namen dieses wirklich großartigen Jungen kann ich mich nicht mehr erinnern. Er war ein ziemlicher Analphabet, aber meine Wäsche und die Uniform hielt er ganz wunderbar in Schuss und versorgte mich mit allem, was ich brauchte, z. B. auch, ohne ihm ein Wort zu sagen, mit Essen.

Der Chef, Hptm. Baublies und ich hatten jeder eine eigene Baracke. Meistens saß ich ja bei ihm in seiner Baracke, wo wir viel erzählten und auch mal einen zur Brust nahmen. Er bemühte sich sehr, mich nun endlich zum Leutnant zu machen und ich glaube, dass ich aufgrund seiner Bemühungen verhältnismäßig schnell Leutnant geworden bin und zwar an Führers Geburtstag, am 20. 4. 1942. Freudestrahlend brachte er mir die Nachricht und sorgte dafür, dass ich von der Kammer eine provisorische Uniform bekam. Ich fuhr dann nach Hause, nach Ziegenhals, wo ich mir von einem dortigen Schneider eine entsprechende Ausgehuniform bauen ließ, die auf dem großen Foto, das ich heute noch besitze, zu sehen ist. Dazu wurde dann der Dolch, das Koppel und eine eigene Mütze besorgt.
Die Freude von Herrn Baublies, mich nun endlich zum Leutnant gemacht zu haben, war aber sehr kurz; denn schon Anfang Mai 1942 wurde ich zu einem Umschulungslehrgang für Kolonnenführer nach Rudolstadt in Thüringen, in der Nähe der Wartburg, beordert. Dieser Kurs dauerte vier Wochen. Dort war Dienst, wie es sonst bei allen anderen Kursen war, sehr großzügig. Wir wurden im Führen von Kolonnen und den verschiedenen Signalen vertraut gemacht und übten dies auf verschiedenen Fahrten, die wir durch schöne Gegenden in Thüringen machten.
Alle Teilnehmer waren Offiziere. Unser Dienst bestand am Vormittag aus meist zwei Stunden Unterricht, nachmittags ebenfalls zwei Stunden Unterricht oder aus Übungen, wo wir das Gelernte auf den Fahrten ausprobierten. An Sonntagen war natürlich frei. Da konnten wir auf Ausflügen die gesamte Umgebung, wie die Wartburg, Weimar usw. kennenlernen konnten. Meine Frau war auch acht Tage bei mir zu Besuch. Mit ihr konnte ich privat in der Nähe der Kaserne wohnen, und wir unternahmen dann gemeinsam auch wochentags Ausflüge in die nähere und weitere Umgebung. Am Ende des Kurses fand nun

eine Prüfung statt, die aber nur provisorisch abgehalten wurde; denn bevor sie überhaupt begann, hatten wir alle bereits die Versetzungen an die Front, ich nach Russland. Die Versetzung sollte sofort erfolgen, d.h., wir sollten von Rudolstadt direkt nach Russland abrücken. Ich aber sah das nicht ein und fuhr deshalb erst einmal zu meiner Einheit nach Paulsdorf zu meinem Batteriechef Baublies. Dieser versuchte nun mit aller Macht, mich in seiner Einheit zu behalten mit dem Hinweis, dass er mich dringend bei sich benötige. Er sagte mir nun Folgendes: „Fahren Sie zuerst einmal nach Hause und bleiben Sie dort so lange, bis ich Ihre Angelegenheit geklärt habe und ich Sie dann zurückrufe." Das tat ich auch. Nach vier Tagen rief er mich wieder zurück und erklärte mir, alle seine Bemühungen seien umsonst gewesen, er habe mit den höchsten Stellen in Berlin verhandelt, aber es habe nichts genutzt. Ich müsse auf alle Fälle nach Russland, wo ich eine Einheit übernehmen solle. Das tat mir und ihm leid. Denn die gute Harmonie zwischen ihm und mir war nun beendet. Zum anderen war uns klar und ohne Hellseher zu sein sich vorstellen zu können, dass die Aufgaben, die mich erwarteten, wesentlich schwieriger und unangenehmer sein dürften. Jetzt war ich bereits schon 8–10 Tage überfällig, denn wir sollten ja bereits von Rudolstadt aus unsere neue Stelle antreten. Um diesen Zeitverlust wieder auszugleichen, war es wieder der gute Baublies, der einen Einfall hatte. Er setzte sich mit dem Gleiwitzer Flugplatz in Verbindung und erfuhr dort, dass am nächsten Tag ein Flugzeug, die gute alte Tante Ju 52, nach Kiew fliege, auf der er für mich einen Platz belegte. Es gab nun einen herzlichen Abschied von Baublies und der gesamten Einheit. Man setzte mich in einen Wagen, der mich auf den Flugplatz Gleiwitz brachte. Ich bestieg zusammen mit einem Hauptmann Neumann das Flugzeug, das bald in Richtung Kiew startete, eine Ehrenrunde über unsere Stellung in Paulsdorf

drehte - später schrieb mir Baublies, dass die gesamte Einheit der Ju zugewinkt habe - und nun seinen Weg nach Osten in eine unsichere Zukunft nahm.
Wir, Hptm. Neumann und ich, waren die einzigen Passagiere. Auf halbem Weg aber fing unsere Ju an zu stottern, so dass sich der Pilot genötigt sah, auf einem sehr kleinen Flugplatz, ich glaube es war in der Nähe von Lemberg, notzulanden, um den Schaden zu beheben, was besonders Hptm. Neumann sehr recht war, weil ihm schon während des Fluges übel war, und er sich in der Zwangspause im Schatten des Flügels der Ju etwas erholen konnte. Schließlich startete die Maschine wieder und landete ohne Zwischenfälle in Kiew.

Der Feldzug in Russland

Nun war ich auf meinem dritten Kriegsschauplatz seit meiner Einberufung zum Wehrdienst. Es mag wohl Mitte oder Anfang 1942 gewesen sein. Mein und Neumanns Einsatzbefehl lautete auf Dniepopetrowsk, wo wir uns bei der obersten Heeresleitung zu melden hatten. Von Kiew fuhren wir mit der Bahn fast einen ganzen Tag und meldeten uns dann vorschriftsmäßig bei einem Oberst, indem wir „Männchen bauten" und unser Sprüchlein aufsagten: „Leutnant Haberstroh meldet sich gehorsam zum Dienst." Ebenso der gute Neumann. Darauf der Oberst: „Ja, ja, Neumann, warten Sie mal, ja, Sie habe ich schon lange erwartet! Aber Haberstroh? Haberstroh? Völlig unbekannter Name! Kenne ich nicht." Darauf hörte ich schon Heimatglocken läuten und meinte: „Wenn Herr Oberst keine Verwendung für mich haben, fliege ich gerne zurück zu meiner alten Einheit, weil ich dort dringend benötigt werde, und mein Batteriechef sich alle Mühe gegeben hat, mich bei sich zu halten." „Nein, nein, warten Sie mal", fuhr er fort, „da kommt in den nächsten Tagen eine Flugbetriebsstoffkolonne von der Krim hier an, dessen Einheitsführer gefallen ist und die nun verwaist ist. Die werden Sie übernehmen. Bis sie hier eintrifft, kann es aber noch einige Tage dauern. Sie können sich in dieser Zeit die Stadt etwas ansehen und brauchen keinen Dienst zu machen." Damit hörten die Heimatglocken wieder auf zu läuten. Da habe ich mich so beeilen müssen nach Russland zu kommen, um ja keine Schwierigkeiten zu bekommen, sogar ein Flugzeug genommen, und nun war ich nicht einmal gemeldet! Da konnte man sich wirklich ärgern. Uns wurden noch unsere Unterkünfte zugewiesen, die recht ordentlich waren. Ich bin dann 4–5 Tage in Dniepopetrowsk herumgelaufen, habe mir die Stadt angesehen, die übrigens, am Dniepr gelegen, recht schön ist. Nach längerer Zeit wurde ich dann zur obersten Heeresleitung gerufen, wo mir mitgeteilt wurde: „Die Kolonne ist nun eingetroffen. Die Führung der Kolonne hat nach Ausfall des Kolonnenführers jetzt Feldwebel Krause, von dem Sie nun diese übernehmen können. Gönnen Sie der Mannschaft noch zwei Tage Ruhe und marschieren dann nach Mekejewka." Die Kolonne bestand aus jungen Leuten, die meisten von ihnen Schlesier, so dass der Kontakt von vorneherein schon gegeben war. Die Kolonne war eine sog. Flugbetriebsstoffkolonne mit der Bezeichnung Mi 9/IV, die über zehn Tankwagen von je 3000 Litern und mehrere Verpflegungsfahrzeuge verfügte.

Meine neue Einheit, die Mi 9/IV

Die Bezeichnung Mi bedeutete „Mittlere" Flugbetriebskolonne, hatte zehn Tankwagen, acht LKWs, auf denen Verbrauchsmaterial und Ersatzteile für die Fahrzeuge transportiert wurden und einen LKW, auf dem die Verpflegung für die gesamte Einheit untergebracht war.

Jeder Tankwagen hatte eine eingebaute Pumpe, mit der Benzin an andere Fahrzeuge abgegeben, aber auch aus Flugzeugen abgesaugt werden konnte. Die Aufgabe, die die Kolonne hatte, war, auf den Flugplätzen die Flugzeuge vor ihrem Feindflug zu betanken und dann später im Stalingrader Kessel, aus den eingeflogenen Flugzeugen das Benzin abzusaugen, um es für die motorisierten Einheiten zu verwenden. Ich hatte als PKW einen Mercedes 170 V mit Fahrer gestellt bekommen. Die Einheit hatte insgesamt 36 Mann. Für jeden Wagen waren ein Fahrer und ein Beifahrer vorgesehen

Als die Kolonne in Dniepopetrowsk angekommen war, suchte ich zunächst den Feldwebel Krause auf, der die Einheit von der Krim bis Dniepopetrowsk geführt hatte, ließ mir von ihm berichten, was sich alles ereignet hatte und ließ mir auch einiges über die Leute sagen. Schließlich gab ich ihm den Befehl, die Kolonne antreten zu lassen. Dabei habe ich mich erst einmal meinen Leuten vorgestellt, eine kleine Rede gehalten und in dieser Ansprache erwähnt, dass ich jeder Zeit für jeden da wäre, sie sollten mit ihren kleinen und großen Sorgen zu mir kommen, verlangte Aufrichtigkeit und Kameradschaft und gab der Hoffnung Ausdruck, dass wir uns in der nun folgenden Zeit gut verstehen möchten, zumal die meisten von ihnen wie auch ich Schlesier seien. Ich habe dann jeden Einzelnen mit Handschlag begrüßt, habe mich bei jedem kurz nach seinen persönlichen

Verhältnissen erkundigt, nach Heimatort, ob verheiratet, nach der Kinderzahl etc. Es waren alles junge Leute, aber schon so um die 30 Jahre und meist verheiratet.

Flugplatz Stalino-Makejewka

Mein erster Einsatzbefehl lautete auf dem Flugplatz Stalino die Flugzeuge, die gegen Stalingrad Einsatz flogen, zu betanken. Stalino ist etwa der Mittelpunkt der dortigen Kohlengruben, und der Weg führte uns von Dniepopetrowsk über Pawlograd nach Stalino. Die Entfernung kann wohl 300 bis 350 km betragen haben, und es kann Anfang Juli oder Ende Juni 1942 gewesen sein, als wir in Marsch gesetzt worden sind. Wir unterstanden keiner anderen Dienststelle, wie das bei anderen Verbänden der Fall war, sondern waren eine eigene Einheit, die direkt dem Luftgau IV Wien unterstand. Der übergeordnete Vorgesetzte von uns war Major Finke, der sämtliche Kolonnen zu betreuen und zu kontrollieren hatte. In dem Kohlegebiet zwischen Stalino und Makejewka machten wir Quartier. Unsere Unterkunft lag näher an Makejewka als an Stalino. Der Flugplatz war ganz in der Nähe und konnte zu Fuß in ein paar Minuten erreicht werden. In den wenigen Häusern links der Straße kamen wir gut unter und richteten dort auch eine Schreibstube ein. Ich suchte mir eines der Häuser aus, ging hinein und wurde dort sehr, sehr freundlich aufgenommen. Man stellte mir eine verhältnismäßig große Stube zur Verfügung, die mit alten Sachen wie Bett, Schrank, Tisch und Kommode möbliert war, auf der jede Menge Photos standen, an sich ein nettes Zimmer. Die Familie hatte, soweit ich weiß, drei oder vier Kinder, bestand also aus fünf bis sechs Personen. Außer ihrer Küche besaßen sie nur noch dieses eine Zimmer, das sie mir zur Verfügung stellten. Alle Mitglieder der Familie schliefen in der Küche auf dem Fußboden oder aber auch auf dem Ofen, der in Russland ein Monstrum ist, und auf dem man auch oben drauf schlafen kann. Ich bekam also das einzige Zimmer. Die Familie hat mich nach allen Regeln der

Kunst verwöhnt. Man stellte mir jeden Tag einen Krug Milch hin, die ich natürlich bezahlte, auch wenn sie es ablehnten, dafür Geld nehmen zu wollen. Das Einzige, was zu beanstanden war, war das Bett, das zwar an sich in Ordnung war, aber Leben aufwies, jede Menge Wanzen. Doch an diese Tierchen habe ich mich schnell gewöhnt. Anscheinend war ich immun gegen sie, da ich nie irgendwelche Bisse hatte. Die Familie hatte auch eine Tochter, mit schätzungsweisen 25 Jahren. Gleich zu Anfang erzählte mir die Mutter, ihre Tochter solle nach Deutschland dienstverpflichtet werden und bat mich, mich dafür einzusetzen, dass dies nicht geschehe. Ich konnte mich mit den Russen gut verständigen, da ich in meiner Jugend mährisch gesprochen habe, was dem Tschechischen und somit auch dem Russischen sehr verwandt ist. Die Mutter heulte mir jeden Tag etwas vor und bat mich händeringend, doch bei der SS in Makejewka die Freigabe zu erreichen. Da ich erst zu kurz da war und über die Gepflogenheiten der einzelnen Dienststellen nicht unterrichtet war, habe ich mich dann erkundigt und es schließlich tatsächlich erreicht, dass die Tochter freigestellt wurde, obwohl ich bei der SS-Dienststelle zunächst ziemlich unfreundlich behandelt wurde. Man kann sich vorstellen, wie froh und dankbar die Familie war und daraufhin mir jeden Wunsch zu erfüllen versuchte. Sie baten mich auch, ihnen ein Photo von mir zu schenken. Ein kleines Passphoto, das ich ihnen gab, rahmten sie und stellten es zu der Sammlung der Photos auf der Kommode, wo es, davon bin ich überzeugt, wohl noch heute stehen wird.

Als wir ankamen, war der Vater der Familie nicht zu Hause. Als ich nach ihm fragte, wurde mir gesagt, dass er 100 oder gar 150 km mit einem kleinen Wägelchen nach Lebensmitteln gefahren sei. Tatsächlich erschien er dann nach einigen Tagen zusammen mit seinem Sohn und brachte die notwendigen Lebensmittel, wie

Gemüse, Kartoffeln u. a.m. So weit ist also der Mann zu Fuß gelaufen, um nur seine Familie zu versorgen.
Ich habe noch nichts über den Zustand der Wege von Dniepopetrowsk bis Stalino gesagt. Sie waren verglichen mit dem Zustand der späteren Wege verhältnismäßig gut. Straßen waren meist nicht befestigt, sondern bestanden aus einer festgefahrenen oder gewalzten Lehmschicht, auf der man gut vorwärts kam, solange es nicht regnete. Bei Regen aber war der Weg, der etwa 15–20 m breit war, wo also eigentlich einige Wagen nebeneinander fahren konnten, eine einzige Schmiere. Aber wehe, man musste mal bremsen, dann drehte man sich unweigerlich oder landete im Graben, aus dem man dann überhaupt nicht mehr herauskam, auch nicht mit fremder Hilfe, weil nämlich die Räder des helfenden Fahrzeuges sich auf der Stelle drehten, die Hilfe also völlig unwirksam war. Das einzig Richtige war zu warten, bis der Regen aufhörte, denn diese Wege sind verhältnismäßig schnell getrocknet. Das haben wir nicht nur einmal praktiziert. Häufig wiesen die Straßen noch große Löcher bzw. manchmal bis 1 m tiefe Querrinnen auf, die das Weiterkommen erheblich beeinträchtigten. Bei Nacht war das Fahren besonders unangenehm, da die Scheinwerfer ohnehin abgedunkelt waren, der schmale Schlitz in der Abdeckung kaum Licht durchließ, und somit diese Rillen nur sehr schlecht erkannt werden konnten.
Welche Aufgaben hatten wir jetzt auf dem Flugplatz? Die Flugzeuge, die Stalingrad anflogen und bei uns betankt wurden, waren insbesondere sog. Stukas, Sturzkampfbomber, die mit einem furchtbaren Heulton ihr Ziel senkrecht stürzend anflogen, also mit dem gesamten Flugzeug zielten, dabei ihre schweren Bomben abwarfen und dann die Maschinen wieder hochzogen. Die Russen hatten einen heillosen Respekt vor diesen Stukas. Aber auch große Kampfflugzeuge, wie die He 111 flogen

Stalingrad an. Die Arbeit, die wir durchführten, war für uns eine angenehme und harmlose Beschäftigung. Vom Krieg haben wir verhältnismäßig wenig zu spüren bekommen, wenn man von den nächtlichen Besuchen und Bombardierungen des Flugplatzes durch die sog. „Nähmaschine" absieht, ein kleines, russisches Flugzeug, das ganz automatisch bei Eintritt der Dunkelheit regelmäßig erschien, über uns kreiste und die Bomben praktisch mit der Schippe herausschmiss. Dabei handelte es sich um kleine Bomben, die nicht schwerer als 1–2 Pfund groß waren. Die Streuung dieser kleinen Bomben aber machte die Nähmaschine besonders unangenehm für uns. Zwar versuchten wir mit Gewehren die meist sehr niedrig fliegende Maschine zu treffen, hatten aber wenig Erfolg damit, weil die Maschine mit Stoff bespannt war, und wir mit unserem Beschuss nur Löcher in die Bespannung schossen, die die Flugeigenschaft der Maschine eigentlich nicht beeinträchtigte, es sei denn man hätte den Motor oder gar den Piloten getroffen.
Im Übrigen gehörten unserer Kolonne auch zwei russische Kriegsgefangene an, Iwan und Daniel. Diese beiden Gefangenen wurden der Kolonne schon vor meiner Übernahme zugeteilt. Es waren recht biedere Leute, Iwan ein großer, starker, Daniel ein etwas kleinerer, untersetzter Mann. Sie haben uns wirklich sehr viel geholfen, insbesondere, wenn wir mit der russischen Sprache nicht ganz zurechtkamen, wurden sie eingesetzt und brachten uns dann auch das, was wir wollten. An dieser Stelle möchte ich aber ausdrücklich betonen, dass wir irgendwelche Sachwerte, die wir benötigten, immer korrekt bezahlt und niemals konfisziert haben. Iwan und Daniel haben sich bei uns sehr wohl gefühlt, konnten sich ohne Aufsicht vollkommen frei bewegen und dachten gar nicht daran wegzulaufen, weil sie ja auf der Gegenseite sofort wieder eingesetzt worden wären. Die Front war auch zu weit weg und so gut wie bei uns konnten sie

es nirgends haben. Wir haben mit ihnen alles geteilt. Wenn wir eine Zuteilung bekamen, Schokolade oder andere Dinge, wurden sie ganz selbstverständlich in den Kreis mit einbezogen. Es waren wirklich zwei willige, geschickte und praktische Burschen, die die Aufgaben, die ihnen gestellt wurden, zuverlässig und gut gelöst haben.

Die Aufgaben, die wir durchführen mussten, haben uns voll in Anspruch genommen, das Betanken der Stukas und dann aber auch die schriftlichen Sachen wie Meldungen, die von unserer Schreibstube erledigt wurden, die der Uffz. Haufler aus München leitete. So hat mir ein Befehl, den ich erhielt, große Sorgen gemacht. Ich bekam die Mitteilung, dass ich einen Mann, einen Uffz. an die Front abzustellen hätte. Meine Leute, die ich in meiner Einheit hatte, waren ja eigentlich keine ausgebildeten Soldaten, sondern Kraftfahrer, die mit den Waffen gar nicht umzugehen verstanden. Aus diesem Grund habe ich lange, lange überlegt, wen ich auf die Reise schicken sollte, auf keinen Fall einen Verheirateten. Nach langer Überlegung habe ich den jüngsten Ledigen bestimmt. Die Entscheidung ist mir wahrlich nicht leicht gefallen. Ihm war es auch nicht wohl, die ihm so vertraute Gruppe verlassen zu müssen.

Meine Aufgaben bestanden im Wesentlichen darin, die Leute auf dem Flugplatz zu kontrollieren, und dass ein reibungsloser Ablauf der zugeteilten Aufgaben gewährleistet war. Ich war verpflichtet, die einzelnen Flugbewegungen aufzulisten und die Daten fristgemäß an die übergeordneten Stellen weiterzuleiten. Ich musste für die Besoldung meiner Leute sorgen, wobei ich das Geld in bestimmten Abständen bei der Kommandantur in Stalino abholte und dann zur Auszahlung brachte, musste für das Heranholen der Verpflegung und Kleidung Sorge tragen u.a.m. Zu all dem musste ich Verbindung zu Kommandeur Finke halten und war genötigt, des Öfteren mal zu ihm nach

Morosowskaja zu fahren, bzw. ließ mich durch meinen Burschen Hahn hinfahren. Da ich auch eine Menge Freizeit hatte, kam ich auf die Idee - ich hatte keinen Führerschein - mich einmal selbst an das Steuer eines Wagens zu setzen. Ich erzählte dies meinen Leuten, die meinten: „Herr Leutnant, sie müssen am besten zuerst mit einem Motorrad beginnen. Man klemmte mir also ein Motorrad zwischen die Beine, es war eine schwere 500er Maschine und erklärte mir die ersten Griffe, da ich ja gar keine Ahnung von so einem Ding hatte. Als ich den Gang einlegte und Gas gab, saß ich im gleichen Moment hinter der Maschine auf der Erde. Sie war derart schnell weggezogen, dass ich sie nicht halten konnte. Während die Maschine umgestürzt auf dem Boden liegend weiterratterte, hielten sich meine Leute natürlich vor Lachen die Bäuche. Aber mit der Zeit habe ich es doch noch gelernt und habe daraufhin noch eine Maschine mit Beiwagen gefahren, was gar nicht so einfach war, vor allem dann, wenn es in die Kurven ging. Meine Leute setzten mich danach auf einen LKW, fuhren mit mir, ich am Steuer, durch unwegsames, gebirgiges Gelände und amüsierten sich köstlich, wenn ich bei einer starken Schräglage des Wagens Anzeichen von Angst zeigte, der LKW könne umschlagen. Zudem hatten die Fahrzeuge noch keine Synchronschaltung, so dass ich häufig „Zahnarzt" spielte, wenn ich vergaß, Zwischengas zu geben. Zum Abschluss meiner Fahrschulung setzte man mich schließlich auf meinen Mercedes. Als ich dann auch diese Kunst des Fahrens beherrschte, fuhr ich selbst nach Stalino oder zum Kommandeur. So habe ich auf billige Weise Auto fahren gelernt, was mir bei meiner späteren Fahrprüfung nach dem Kriege zustattenkam.

Verlegung nach Kuteinikowo

Wir mögen wohl vier Wochen auf dem Flugplatz Stalino gelegen haben, als wir, es kann etwa Anfang August 1942 gewesen sein, den Befehl zur Verlegung der Kolonne nach Koteinikowo erhielten. Wir haben uns sehr herzlich von unseren Gastgebern, den Russen, verabschiedet, denen es offensichtlich leid tat, dass wir abrücken mussten. Insbesondere haben es auch meine Wirtsleute bedauert, dass ich wegging. Wir packten also unsere Sachen und zogen über Makejewka nach Kuteinikowo, was nur ca. 20 km weit entfernt lag. In Makejewka kam Daniel, den ich als Kriegsgefangenen bei der Einheit hatte und machte mir Hände fuchtelnd klar, dass er hier zu Hause sei. Ich solle ihn doch nach Hause schicken. Es ist zum Lachen, wenn man bedenkt, dass wir nur 3 km von Makejewka weg lagen, und dass Daniel nicht gemerkt hat, dass er sich in unmittelbarer Nähe seines Wohnortes befand. Ich hätte ja dann auch Sorge gehabt haben müssen, dass er eines Tages verschwunden gewesen wäre und zu seiner Frau gelaufen wäre. Damit kann man annehmen, dass diese Menschen überhaupt nicht über die Grenzen ihres Wohnortes hinausgekommen sind, sie sich vielleicht 500 m im Umkreis um ihre Hütten zurechtfinden, was darüber hinaus geht, ihnen aber fremd bleibt. Nun, ich habe den guten Daniel beruhigt und ihm erklärt, ich würde dann, wenn wir in unserer neuen Unterkunft seien, mit ihm zu seiner Frau fahren. Zunächst aber müsse er erst einmal warten, weil er ja schließlich Kriegsgefangener sei und er und ich das natürlich beachten müssten. Ihm war das nicht so recht, baute aber auf meine Zusicherung das Versprochene einzuhalten.

Kuteinikowo ist ein armseliges Nest mit unbefestigten Straßen, ein kleiner Ort, der meist aus Lehmhütten besteht. Die Hütten selbst sind aus Stroh, Lehm und – man hält es nicht für möglich – aus Kuhmist hergestellt. Zwischen ihnen gibt es aber große Gärten. Ich suchte mir ein kleines Häuschen aus, das auch nur über einen Raum und der Küche bestand und von einer älteren Frau und der 18–20 jährigen Tochter bewohnt wurde. Es war erstaunlich, dass die Tochter sogar Deutsch sprach, das sie in der Schule gelernt hatte, wie sie mir später erklärte. Man wundert sich manchmal, dass gerade in Russland viele einfache Leute Deutsch sprechen und erklären, dies in der Schule gelernt zu haben. Ich quartierte mich in dieser Lehmhütte ein, bekam auch hier das einzige Zimmer des Hauses, während die beiden Frauen in der Küche nebenan wohnten und schliefen. Das Zimmer selbst war etwa 4 x 4m groß, hatte nur einen Lehmfußboden und war mit einem Bett, einem Schrank, einer Kommode und einem mit Tisch mit Stuhl bestückt. Wie in fast allen Familien befanden sich in einer Zimmerecke die Ikonen. In der Küche waren außer dem großen Ofen, der dreiviertel der Küche einnahm, nur ein Tisch und zwei Stühle. Die Größe betrug auch etwa 4 x 4m.

Meine Leute brachte ich in vielleicht 100 m von meiner Unterkunft entfernt in einem Obstgarten unter, wo sie unter Bäumen in großen Zelten wohnten. Die beiden Russen bekamen ein kleineres gemeinsames Zelt. Auch unsere Feldküche wurde in dem Garten untergebracht, aus der wir nicht nur uns, sondern auch das halbe Dorf verpflegten, das sich jeden Tag beim Mittagessen einfand, um sich die Reste aus der Küche zu holen. Wir verfügten über alle möglichen Lebensmittel wie Mehl, Reis, Gries, Nudeln und Konserven etc. Wenn der Bestand zusammenschrumpfte, wurde Nachschub in bestimmten Ausgabestellen geholt. Wir kauften auch gelegentlich bei der Bevölkerung ein Schwein, das von unseren Leuten, der gelernter Fleischer war, geschlachtet und verarbeitet wurde. Vermittelt wurde der Kauf durch unsere beiden Russen und selbstverständlich auch bezahlt. Speck und Fett wurde ausgelassen, häufig in leere Konservendosen gefüllt und nach Hause geschickt, wo, wie wir wussten, wegen der Zuteilung, Fett eine Mangelware war. Verpflegungsmäßig haben wir einen guten Tag gelebt. Was die Beleuchtung betraf, waren wir unabhängig. Wir hatten einen Benzin betriebenen kleinen Sachsmotor, der eine Lichtmaschine mit 220 V betrieb. Auch in meine Unterkunft wurde Licht verlegt, so dass ich über Telefon mit dem Gros der Einheit verbunden und jederzeit erreichbar war, wenn etwas Wichtiges vorlag. Mit unserem jetzigen Dasein waren wir alle sehr zufrieden, auch damit, dass es zunächst nichts zu tun gab, bekamen aber nach wenigen Tagen einen neuen Einsatzbefehl.

Taganrog und Artemowsk

Dieser Einsatzbefehl besagte, dass wir die Flugplätze Taganrog und Artemowsk zu versorgen hätten, also die Einsatzflüge zu betanken. Zu dem Zweck mussten die Tankwagen, je fünf Stück, auf die beiden Flugplätze verteilt werden. Auf jedem der Flugplätze beauftragte ich den dienstältesten Unteroffizier, der dann in eigener Verantwortung den Betrieb zu leiten hatte. Mir selbst oblag die Gesamtleitung wie auch die Verantwortung für beide Plätze. Diese beiden Orte waren ganz schön weit voneinander entfernt. Während Artemowsk etwa 100–150 km von Kuteinikowa entfernt war, lag Taganrog etwas näher. Taganrog lag im Süden am Asowschen Meer, Artemowsk nördlich von Kuteinikowo. Alle zehn Tankwagen waren im Einsatz, und ich hatte die Aufgabe, den einen um den anderen Tag diese beiden Plätze zu besuchen und nach dem Rechten zu schauen. Jetzt schon selbst am Steuer, fuhr ich mit dem Wagen an dem einen Tag über Gorlowka und Konstantinowka nach Artemowsk. Der Weg dahin war eigentlich sehr gut, ließ mir berichten, was sich ereignet hatte, gab andere notwendige Anordnungen und fuhr dann wieder heim, um am nächsten Tag in Taganrog das Gleiche zu machen. Der Rest der Einheit, der nicht zu den Tankwagen gehörte, also der Tross, war bei mir in Kuteinikowo. Der Besuch in Taganrog war deshalb so angenehm, weil man mit dem Besuch gleichzeitig auch im Asowschen Meer jedes Mal ein kühlendes Bad nehmen konnte. Außerdem wurden in der gesamten Umgebung von Taganrog ungeheuer viele Melonen angebaut, riesige Felder, auf denen zu dieser Zeit die Früchte gerade auch reif waren. Diese Felder wurden von Russen wegen Diebstahls bewacht. Wir gingen aber einfach auf die Felder und pflückten uns die großen grünen und auch gelben Melonen.

Anfangs wollte uns der Aufseher verjagen. Als er aber unsere Uniformen sah und wir ihn mit Zigaretten versorgten, suchte er uns selbst die reifsten und besten Melonen aus. Auf diese Weise haben wir auch gelernt, woran man erkennen kann, ob eine Melone reif ist oder nicht. Der Aufseher hat mit dem Fingernagel kurz gegen die Melone „geschnackt". War der Klang hohl oder ledern, war sie reif. Auf diese Weise haben wir meinen PKW im Fond des Wagens bis zur Decke hin mit Melonen vollgeladen, die wir dann zu Hause und auch an die Belegschaft des Flugplatzes Artemowsk verteilt haben.

Eine nette Begebenheit ergab sich, als ich durch Zufall erfuhr, dass ganz in meiner Nähe mein ehemaliger Schüler Harald Neblung als Führer eines Ju 8-Bombergeschwaders Einsätze fliege. Ich fuhr zu seinem Flugplatz und begegnete ihm, als er gerade von einem Feindflug zurückkehrte. Man kann sich sicherlich vorstellen, wie herzlich die Begrüßung mit dem völlig Verblüfften war. Er war Oberleutnant, besaß bereits das Deutsche Kreuz und stand kurz vor dem Ritterkreuz. Ich war Leutnant, zwar nicht Untergebener, weil Leutnant und Oberleutnant einander ebenbürtige Dienstgrade sind, aber die Begrüßung des ehemaligen Schülers und seines damaligen Lehrers waren mehr als herzlich. Er nahm mich gleich mit ins Kasino, wo wir uns angeregt unterhielten und ehemalige Zeiten wieder aufleben ließen, so die Zeit in Bad Ziegenhals, als er seinerzeit Abitur machte, die Zeit, wo ich ihm vor dem Abitur in Mathematik auf die Sprünge half, wo er im Mündlichen so glänzte, wie wir zusammen mit ihm, meiner Frau und seinen Eltern gebührend gefeiert haben. Nach dem Abitur wurde er aktiver Soldat, war beim fliegenden Personal und kam schließlich als Flugzeugführer in Russland zum Einsatz, wo er als Pilot große Erfolge hatte und deshalb auch das Deutsche Kreuz in Gold verliehen bekam. Als wir uns an diesem Tage trennten, vereinbarten wir,

uns am nächsten Tag wieder zu treffen. Die Entfernung von mir zu ihm betrug nur etwa 20–30 km, und weil wir aus lauter Freude das Wiedersehen ausgiebig feiern wollten. Als ich am nächsten Tag zur verabredeten Zeit dort erschien, erfuhr ich, dass das gesamte Geschwader ganz plötzlich an die Krim verlegt worden sei. Wenig später wurde mir mitgeteilt, dass er mit seiner Maschine abgeschossen worden ist, nachdem er den russischen Panzerkreuzer Potomkin versenkt hatte. Nach dem Kriege, nach meiner Heimkehr, stand ich mit seiner Mutter in brieflicher Verbindung, habe dann auch seine Schwester, die in Düsseldorf eine Kunstausstellung besaß, besucht und bekam bestätigt, dass er gefallen sei.
In Kuteinikowo lag ich verhältnismäßig lange, pendelte zwischen den beiden Flugplätzen Taganrog und Artemowsk hin und her, und wir merkten vom Krieg kaum etwas. Auch unser Bomber, die Nähmaschine, erschien, im Gegensatz zu den beiden Flugplätzen Taganrog und Artemowsk, in Kuteinikowa nicht, da es ja ein militärisch unbedeutender Ort war. Zudem hatten wir herrliches Wetter, so dass wir uns wie in einer Sommerfrische fühlten, zumal wir auch im Asowschen Meer Badegelegenheit hatten.
Zu berichten aber hätte ich noch, was aus dem guten Daniel geworden ist, dem russischen Kriegsgefangenen in meiner Einheit. Ich erwähnte ja bereits, dass er unbedingt seine Frau in Makejewka besuchen wollte. Nachdem wir uns in Kuteinikowo vollständig eingerichtet hatten, und er mich in dieser Zeit ununterbrochen bestürmte, doch mit ihm in seine Wohnung zu fahren, habe ich ihm schließlich den Wunsch erfüllt. Völlig aufgeregt lief er schon frühmorgens herum, wusch sich gründlich, zog sich seine besten Klamotten an, schlich immer wieder um mich herum, bis ich ihn schließlich in den Wagen setzte und in Richtung Makejewka fuhr. Im Ort selbst lotste er mich um

hundert Ecken, bis an den Rand der Stadt bis spontan sein: „Da, da ist es“ kam. Es war eine elende, winzige Lehmhütte, die wahrscheinlich nur aus einem Raum bestand. Rings herum standen ähnliche Hütten. Ich hielt an und sagte: „So, Daniel, geh zu Deiner Frau, ich warte hier auf Dich.“ Er verschwand und kam nach ein paar Sekunden mit Tränen in den Augen zurück und sagte: „Sie ist nicht da!“ Im gleichen Augenblick aber kamen einige Frauen aus den benachbarten Hütten, die berichteten, dass seine Frau sich den deutschen Wehrmachtsstellen dienstverpflichtet habe und in Charkow arbeite. Völlig zerknirscht kam er in den Wagen zurück und bedrängte mich, ich solle ihn auch zu seiner Frau nach Charkow lassen, wo er zusammen mit ihr für die Deutschen arbeiten wolle. Ich machte ihm dann klar, dass dies nicht ohne weiteres ginge, und ich erst dafür eine Genehmigung haben müsse. Ich nahm ihn wieder mit nach Kuteinikowo, versprach ihm aber, dass ich mich erkundigen würde, unter welchen Bedingungen ich ihn entlassen könne. Ich fuhr dann nach Stalino zu einer SS-Dienststelle und erkundigte mich, unter welchen Bedingungen ich einen russischen Kriegsgefangenen entlassen könne, wenn er sich bereit erklärte, für die deutsche Wehrmacht zu arbeiten. Dies, so wurde mir gesagt, sei möglich, wenn er eine unpolitische Vergangenheit gehabt habe, also kein aktiver Kommunist gewesen sei. Dieser Tatbestand müsse von drei Gewährsmännern bestätigt werden. Nach Überprüfung dieser Erklärung stünde einer Entlassung nichts im Wege. Nach meiner Rückkehr aus Stalino erwartete Daniel mich bereits und überschüttete mich mit tausend Fragen. Als ich ihm die Bedingungen nannte, sagte er spontan, „nicht nur drei, sondern zehn Namen könne er mir angeben, die über seine politische Vergangenheit Auskunft geben könnten“ und schrieb mir umgehend drei Adressen auf. Am nächsten Tag gab ich in Makajewka in der dortigen Kommandantur die drei Namen an, und man erklärte mir, dass ich nach drei Tagen wieder nachfragen könne, weil man die betreffenden Personen ja erst einmal anhören müsse. Man kann sich vorstellen, wie aufregend für Daniel die nächsten Tage waren. Wenn ich von einer Fahrt zurückkam, bestürmte er mich mit Fragen und konnte die Entscheidung kaum erwarten. Schließlich war es tatsächlich so weit, dass ich die Erlaubnis erhielt, ihn zu entlassen. Allerdings müsse ich ihn bei der Kommandantur in Makejewka abgeben. Als ich mit dieser Entscheidung in die Unterkunft zurückkam, ließ ich mir ihm gegenüber zunächst nichts anmerken und nahm ihn mir erst am Abend vor. Ich hatte ein Entlassungsschreiben, das in Deutsch und Russisch ausgestellt war, das ich ihm nun überreichte. Beim Durchlesen funkelten seine Augen, plötzlich aber hing er mir am Hals, drückte und umarmte mich, mit Freudentränen in den Augen, machte am Absatz kehrt, verschwand im Zelt, um sofort seine Habseligkeiten zusammenzusuchen. Er wollte sofort abrücken. Ich bedeutete ihm, dass für ihn der große Tag erst morgen früh kommen, und er sich so lange noch gedulden müsse. Wir haben ihn ganz neue eingekleidet, er bekam eine Menge Brot und Lebensmittel eingepackt, für seine Frau auch einige Sachen, wie Schokolade u.a.m. Es ist wohl anzunehmen, dass er die ganze Nacht nicht geschlafen hat, und er den nächsten Morgen kaum erwarten konnte. Er musste noch einmal mit uns gemeinsam ausgiebig frühstücken, ich setzte ihn danach in den Wagen und brachte ihn dann zur Kommandantur, wo ich ihn ablieferte. Beim Abschied fiel er mir nochmals um den Hals, bedankte sich und stand bei meiner Abfahrt winkend auf den Stufen, die zum Hauseingang führten. Ich freue mich heute noch darüber, dass ich einem Menschen zu seiner Freiheit verholfen habe, freue mich aber besonders, dass ich ihm wohl das Leben gerettet habe; denn, genauso wie sein Kamerad Iwan, wäre auch er mit uns in Gefangenschaft geraten. Und auch er wäre – das nehme ich an – wie Iwan wohl von den Russen umgelegt worden, nachdem man festgestellt haben wird, dass er Russe war und bei uns Dienst getan hat. Nach dem Weggang von Daniel tat mir Iwan leid, weil er sich nun einsam fühlte Ich sprach mit ihm und machte ihm den Vorschlag, dass ich ihm einen zweiten kriegsgefangen Kameraden besorgen wolle. Er aber bat mich himmelhoch, ihn allein zu lassen. Er wolle für zwei arbeiten und er möchte keinen neuen Kameraden haben. Diesen Wunsch habe ich ihm dann auch erfüllt, und er ist, wie dann die Folgezeit zeigte, mit dem Alleinsein gut fertig geworden. Schon in meiner ersten Unterkunft Stalino kamen meine Leute zu mir mit der Bitte, in Urlaub fahren zu können. Den Bestimmungen nach durfte ich bei der Stärke meiner Einheit von 36 Mann höchstens ein bis zwei Mann in Urlaub schicken. Zu diesem Zwecke hatte ich eine Reihe Blankourlaubscheine, die ich nur auszufüllen brauchte, um die Leute für 21 Tage nach Hause zu schicken, musste aber dafür die volle Verantwortung übernehmen. Da aber für die Hin- und Rückfahrt mit der Bahn jeweils acht Tage benötigt wurden, waren die Urlauber fünf Wochen abwesend. Ich habe mit meinen Leuten vereinbart zu versuchen, sie mit dem Flugzeug nach Hause zu schicken, damit ihnen die 14-tägige Bahnfahrt erspart bliebe und somit statt der drei Wochen, fünf Wochen bleiben könnten, müssten mir aber versprechen, an dem von mir errechneten Tag wieder zurück zu sein, weil erst danach dann die nächsten zwei oder drei Kameraden fahren könnten. In der Heimat allerdings müssten sie sich selbst darum kümmern, wann sie wieder zurückfliegen könnten, auf alle Fälle aber müssten sie, wenn sie den anderen gegenüber nicht unkameradschaftlich erscheinen wollten, am vorgegebenen Stichtag wieder bei der Einheit sein. Diese Regelung ist wundervoll gelaufen. Nicht ein Einziger ist später als vorgesehen zurückgekommen. Ich habe ihnen aber auch nicht die Unrechtmäßigkeit meines Handelns vorenthalten, habe sie auf die Bestimmungen hingewiesen und sie gebeten, auch in meinem Interesse, sich pünktlich zurückzumelden. Nach dieser Methode konnte ich jede Woche drei Mann gleichzeitig in Urlaub schicken, womit in den ersten fünf Wochen 15 Mann unterwegs waren, bis der Turnus dann wieder beginnen konnte. Auf diese Weise hätten wir die Einheit in zwölf Wochen soweit gehabt, dass jeder einmal in Urlaub gewesen wäre. Nach diesem Verfahren wäre aber die Leistungsfähigkeit der Kolonne sehr geschwächt worden, zumal für die Tankwagen dann der zweite Mann gefehlt hätte. Man versprach mir aber, dass die fehlenden Leute dann durch die Kameraden ersetzt würden, die an sich nicht für den Tankwagen vorgesehen waren. Auch Feldwebel Krause und andere Unteroffizieren versprachen mir, in die Lücken einzuspringen, so dass die Kolonne bei auch nur der halben Besetzung voll einsatzfähig blieb. Es gab immer Maschinen auf unseren Flugplätzen, die in die Heimat nach Breslau flogen. Ich brachte die Urlauber dann mit meinem Wagen zum Flugzeug, so dass sie am gleichen Tag bei ihrer Familie waren. Den Urlaubsschein gab ich ihnen Blanco mit, den Ankunfts- und Abfahrtstag trugen sie erst zu Hause ein, da der Schein nur für drei Wochen gültig war, und sie auch nur für drei Wochen Lebensmittelkarten erhielten. Diesen Ausfall haben sie aber gerne in Kauf genommen. Am Tage der Gefangennahme hatte ich somit nicht weniger als 20 Mann unterwegs, denn wir sind mit nur 16 Mann in Gefangenschaft gegangen. Ich bin sehr froh darüber, dass ich möglicherweise den 20 in Urlaub Geschickten eine Überlebungschance gegeben habe, und dass sie damit unter Umständen den Krieg überlebt haben und der Gefangenschaft entkommen sind, die sie nach späteren Erfahrungen nicht überstanden hätten.

Als wir in Kuteinikowo lagen, standen die deutschen Verbände am Don, wo sie etwa Ende September 1942 in einer gewaltigen

Panzerschlacht den Übergang über den Don erzwangen und in einer Breite von vielleicht 30 km jenseits des Don bis nach Stalingrad vordrangen, also einen Keil in die russischen Stellungen schlugen, so dass nördlich und südlich dieses Streifens die Russen standen. In dieser Zeit gab es für uns an den Flugplätzen Artemowsk und Taganrog eine Menge zu tun, weil von diesen Flugplätzen aus die Einsätze der deutschen Luftwaffe geflogen wurden und wir die Flugzeuge zu betanken hatten. Als ich eines Tages, es mag Anfang Oktober 1942 gewesen sein, beim Kommandeur Finke in Morosowskaja war, bekam ich von ihm den Verlegungsbefehl in das Gebiet östlich des Dons. Auf der Karte zeigte er mir das Gebiet und den Verlauf der deutschen Stellungen. Dabei bemerkte ich so ganz nebenbei: „Wenn der Russe schlau ist, dann bricht er von Norden und Süden in Richtung Kalatsch durch, und dann haben wir den Salat. Dann haben wir den schönsten Kessel, den man sich vorstellen kann." „Ja, wo denken Sie hin?", meinte er dann, „das ist ja ganz unmöglich, die Russen laufen doch wie die Hasen, die sind doch mit allem am Ende, da brauchen Sie keine Sorge haben, dass da etwas passiert." Und wie recht sollte ich haben.

Verlegung in den Raum von Stalingrad

In Kuteinikowo bauten wir unsere Stellungen ab und verabschiedeten uns von der Bevölkerung, die sehr traurig war, dass wir sie verlassen; denn in der gesamten Zeit , in der wir dort lagen, haben wir aus unserer Gulaschkanone die gesamte Bevölkerung mit versorgt, was für die Menschen, die arme, arme Leute waren, eine große Hilfe war. Nachdem ich die Tankwagen von den beiden Flugplätzen Artemowsk und Taganrog zu mir nach Kuteinikowo geholt hatte, zogen wir über Tazinskaja, Morosowskaja zum Don nach Kalatsch. Der unbefestigte Weg dorthin, der nur aus Löchern, Mulden und Rinnen bestand, war furchtbar und eigentlich unbefahrbar. In Kalatsch, einem kleinen Ort am Don, sahen wir noch die Spuren der Panzerschlacht, unendlich viele zerschossene und ausgebrannte deutsche und russische Panzer, die bei der Schlacht verloren gegangen waren. Mit unserer Kolonne fuhren wir über die Notbrücke des Don, der an dieser Stelle nicht sehr breit war und erreichten nun das Gebiet zwischen Don und Wolga, ein absolutes Ödland, das ein Weiterkommen sehr schwierig machte. Es gab so gut wie gar keine Straßen, im besten Fall festgefahrene Lehmwege und erreichten schließlich Karpowka, das vom Don nur etwa 10–12 km entfernt war. In Karpowka fanden wir nichts vor, keine Unterkünfte, kein Haus, wo wir uns hätten einquartieren können. Wir haben zunächst in unseren Zelten gewohnt.

In Karpowka ging ich dann zu der Flugleitung des Flugplatzes, um mir die nötigen Anweisungen zu holen. Der Flugplatz lag etwas erhöht auf einem Hügel, war nur provisorisch hergerichtet und mit Stukas belegt, die von deutschen und rumänischen Piloten geflogen wurden. Als ich mich in der Kommandantur meldete, sagte man mir: „Ja, Herr Haberstroh, Sie müssen jetzt sehen, wo sie irgendwo unterkommen, suchen Sie sich eine Stelle, wo Sie bleiben wollen, denn auch wir waren in derselben Situation, unsere Unterkünfte selbst zu bauen." Das waren keine schönen Aussichten. Das Erste war nun, zusammen mit meinen Männern an einer geeigneten Stelle eine feste Unterkunft zu bauen. Wir hatten uns für einen Platz entschieden, der unterhalb des Flugplatzes und etwa 500 m von der Kommandantur entfernt gelegen war. Meine nächste Anordnung lautete, unverzüglich, zwecks Errichtung von Bunkern, mit dem Ausheben des Bodens zu beginnen. Meine Männer schlugen vor, eine gemeinsame Unterkunft mit den Ausmaßen 8 x 15 m und 2 m Tiefe zu bauen. Diese 240 cbm Erde mussten nun bewegt werde, was weiter nicht so schlimm war, weil es sich um Sandboden handelte, bedeutete letztlich doch viel Arbeit, da die Grube mit dem Spaten ausgehoben werden musste und der anfallende Sand oberhalb der Grube weggeschafft und verteilt werden musste. Zur Stützung des Bunkers benötigten wir Balken, Bohlen und Bretter, die wir uns aus Stalingrad aus den zerstörten Häusern holten. Dazu wurden zwei oder drei LKWs mit der dazu nötigen Besatzung eingesetzt, die nach einigen Stunden vollbeladen wieder zurückkamen. Dieser Auftrag war für meine Leute nicht ganz ungefährlich. Ich höre noch, wie sie mir nach ihrer Rückkehr berichteten: „Herr Leutnant, was meinen Sie, was in Stalingrad los ist? Wir mussten dauernd unsere Köpfe einziehen, weil uns bei der Materialbeschaffung ständig die Granatsplitter um die Köpfe pfiffen. Wir sind froh, dass wir hier so weit hinten sind und eigentlich von dem ganzen Krieg nichts spüren." Das Material war nun da, aber das nächste Problem war, geeignete Nägel zu beschaffen. Zwar hatten wir aus den Brettern und Bohlen die Nägel herausgezogen und gerade geklopft, reichten aber keineswegs, weshalb ich mich bei Versorgungslagern, die vielfach z.T. mehrere hundert km entfernt waren, bemühte, ein paar Nägel aufzutreiben.

Die Leute waren sehr fleißig, es bedurfte keiner Aufforderung meinerseits, jeder arbeitete, wenn er frei war, bis zur Dunkelheit. Fachleute entwarfen das Dach, schnitten die Dachsparren und Bretter zu und nagelten sie fachmännisch an die Sparren. So entstand in verhältnismäßig kurzer Zeit ein idealer Bunker, der auch noch gegen kleinere Bomben Schutz bot, da wir auf das leicht schräge Dach eine dicke Schicht Erde auflegten. Einige Stufen führten in einen riesigen Raum, der durch Balken abgestützt war. Dieser gemeinsame Wohnraum wurde mit Klappbetten ausgestattet. Selbstverständlich wurde auch ein Kanonenofen installiert, der im Winter den Raum warm hielt. Die Unterkunft, die die Männer gebaut haben, war ein wirkliches Prachtstück. Für die Schreibstube und für mich war dann auch noch ein Bunker geplant, der am 15. 11. 1942 fertig geworden ist, den ich aber nie benutzt habe.

Etwa Anfang November stellte sich ein neuer Feind ein, der Winter. Es schneite so kräftig, das wir in nur kurzer Zeit einen Meter Schnee hatten. Die Wagen, die um unseren Bunker standen, sprangen der enormen Kälte wegen nicht an, mussten häufig angezogen und meist auch mit Lötlampen aufgetaut werden. Die ganze Gegend, die ja nur eine Steppe und Einöde war, glich einem riesigen Leichentuch. Es war kein Weg mehr zu erkennen, so dass eine Orientierung äußerst schwierig, wenn nicht gar, unmöglich war. Ich erinnere mich dabei an eine unangenehme Geschichte. An einem späten Nachmittag war ich mit meinem Burschen zu einer benachbarten Einheit gefahren. Auf dem nächtlichen Rückweg stand uns auch nur das spärliche Licht des schmalen Schlitzes des abgedeckten Scheinwerfers zur Verfügung. Es gab keinen Weg, keinen Anhaltspunkt, keinen Baum, keinen Strauch, an dem man sich hätte orientieren können. Zwar hat man uns bei der Abfahrt eine grobe Richtung angegeben, aber nach einer halben Stunde Fahrt befanden wir uns wieder an der Stelle, wo wir abgefahren waren. Uns wurde jetzt eine andere Möglichkeit angegeben, wonach wir uns an einem Hügel links halten sollten und gelangten dann tatsächlich nach einer Stunde Fahrt, bis wir zur Flugleitung kamen, wovon unsere Unterkunft dann nur noch 500 m entfernt lag. Aber auch diesen Weg, der uns an sich vertraut war, fanden wir nicht und riefen von der Flugleitung aus meine Einheit an, uns durch Blinken einer Taschenlampe, die Richtung anzugeben. Und erst das hatte dann Erfolg. Dann fanden wir unsere Unterkünfte. Man glaubt gar nicht, wie schwierig es ist, sich in einem Gelände zurechtzufinden, wo es keine Anhaltspunkte gibt, wo es kilometerweit nur eine einzige weiße Fläche gibt.

Die heilige Ruhe von Kuteinikowo war vorbei, denn an jedem Abend kam der „Bomber vom Dienst", die Nähmaschine, und hat die Stellung und unsere Einheit , die in unmittelbarer Nähe lag, bombardiert, und zwar so heftig, dass man Glück hatte, dass man nicht getroffen oder verwundet wurde. Auf dem Flugplatz gab es eine Menge zu tun, da der Platz nur etwa 20 km von Stalingrad entfernt lag und die Stukas im rollenden Einsatz waren. Sie mussten betankt werden, nahmen Bomben mit, flogen ihren Einsatz, kehrten zurück und flogen sofort wieder los, also ein stetiges Hin und Her zwischen Stalingrad und unserem Flugplatz. Auch bei der Befestigung der Bomben unter den Flügeln mussten wir mit Hand anlegen, die dann mit ohrenbetäubendem Krach auf die russischen Stellungen abgeworfen wurden. Die Russen aber revangierten sich auch, indem sie tagsüber unseren Flugplatz anflogen und uns aus niedriger Höhe mit Bomben und Bordkanonen beschossen, so dass wir fluchtartig unsere Tankwagen verlassen mussten und platt auf dem Boden lagen, um der Splitterwirkung zu entkommen. Und

es ist immer gut gegangen. Der Platz hatte auch so gut wie keine Abwehrmöglichkeiten, lediglich eine 2 cm Flak sicherte die Flugzeuge.
Von Karpowka aus bin ich des Öfteren zu meinem Kommandanten, Major Finke, gefahren, um ihm über den Einsatz der Kolonne Bericht zu erstatten. Eine derartige Fahrt zu ihm machte ich auch am 18. 11. 1942. Dabei wollte ich für einen meiner Leute die schriftliche Genehmigung der Wehrmacht für seine Heirat einholen. Es handelte sich um eine Genehmigung, die jeder deutsche Soldat, in unserem Fall der Gefreite Scholz, vorlegen musste, wenn er eine Ehe eingehen wollte. Damit er nun möglichst schnell unter die Haube kam, bin ich eben selbst gefahren, weil die Angelegenheit mit der Post sonst mindestens eine Woche gedauert hätte. Ich wollte ihn dann unmittelbar danach ins Flugzeug setzen und nach Hause schicken. Mit dem Major und anderen Offizieren haben wir noch einen recht gemütlichen Abend verbracht. Als ich mich dann auf den Heimweg begeben wollte, schlug mir der Major vor, doch lieber hier zu übernachten, da es schon sehr spät, die Witterungsverhältnisse schlecht und der Weg recht weit sei. Ich aber lehnte dieses freundliche Angebot ab mit der Begründung, dass mein Bunker noch nicht fertig sei, ich noch einiges zu tun hätte und dass man sich auch sorgen würde, wenn ich nicht nach Hause käme. Ich bin noch in der Nacht losgefahren, und da es ein ziemlich langer Weg war, erst im Morgengrauen in meiner Stellung eingetroffen. Dem Gefreiten Scholz übergab ich die Heiratsurkunde und sagte ihm, dass ich ihn um die Mittagszeit zum benachbarten Flugplatz bringen würde, ich mich aber vorher etwas hinlegen wolle, beauftragte dann meinen Burschen, mit meinem Wagen für die Einheit die Post, die etwa 50 km weit entfernt war, abzuholen. Ich war noch nicht eingeschlafen, als mich mein Bursche weckte und aufgeregt sagte: „Herr Leutnant,

ich musste umkehren, weil die Straße einige Kilometer von hier unter Granatbeschuss steht, es herrscht ein totales Durcheinander, die SS läuft aufgeregt herum, es gibt schon eine Menge Tote. Um Ihnen das zu melden, bin ich sofort umgekehrt." „Das ist doch ganz unmöglich", antwortete ich, „ich bin doch eben den gleichen Weg gefahren und habe nichts bemerkt. Kommen Sie, ich will mir das mal ansehen." Wir fuhren los, und nach kaum einer halben Stunde schlugen rechts und links von uns die Granaten ein, so dass wir schleunigst kehrt machten. In der Unterkunft hing ich mich sofort ans Telefon und erkundigte mich nach dem Grund dieses Beschusses. Auch die Flugleitung konnte mir nichts sagen. Es dauerte auch nicht lange, da schlugen Geschosse von Granatwerfern in unmittelbarer Nähe unserer neu gebauten Stellung ein. Granaten haben keine große Reichweite, also musste der Russe in der Nähe sein. Dies meldete ich der Flugleitung, die mich anwies, einen Teil meiner Wagen auf den Flugplatz zu bringen und den Rest zum Schutz meiner Stellung zu verwenden. Während die Wagen von einigen Leuten zum Flugplatz gebracht wurden, bewaffnete sich der Rest und rückte mit mir etwa 500 bis 600 m vor, um nicht in unmittelbarer Nähe den Russen abzufangen. Dann pfiffen auch gleich die ersten Gewehr- und Maschinengewehrkugeln um unsere Köpfe, vor uns sahen wir übrigens auch schon die ersten gefallenen Russen. Bei unserem weiteren Vorrücken fielen uns einige russische MGs in die Hände, die durch zwei kleine Räder fahrbar gemacht waren, eine Sache, die wir Deutschen nicht kannten, die aber recht praktisch war, weil man dann das schwere Gewehr nicht schleppen musste. Ich zog mich anschließend mit meinen Leuten wieder in unsere Unterkunft zurück und meldete der Flugleitung die Lage, dass der Russe etwa einen Kilometer vor uns stehen müsse und ich aus Sicherheitsgründen mit allen Wagen auf den Flugplatz käme. Diese Sachlage wurde mir dann auch von der Flugleitung bestätigt und gleichzeitig mitgeteilt, dass mit sofortiger Wirkung jeder Ausflug mit dem Flugzeug, ob kleiner Soldat oder Offizier, verboten sei. Auf diese Weise konnte auch der Gefreite Scholz nicht mehr ausfliegen. Er kam dann später mit mir in Gefangenschaft und wird dann dort. wie die meisten, umgekommen sein. Es ergaben sich also mehrere Zufälle. Wäre ich einen Tag früher zum Kommandeur gefahren, hätte Scholz ausgeflogen werden können, wäre ich die Nacht über beim Kommandeur geblieben, dann wäre ich nicht in den Kessel von Stalingrad gekommen. Ob ich dann allerdings den Krieg überlebt hätte, steht auf einem anderen Blatt. Natürlich weiß man nicht, ob das ein oder andere Schicksal besser gewesen wäre. Später erfuhr ich, dass der Russe von Süden und von Norden mit der Marschrichtung auf unsere neue Stellung durchgebrochen sei und sich bei uns vereinigt habe. Das alles geschah am 19. 11. 1942. Von diesem Tag an datierte der „Kessel von Stalingrad“. Unsere mit so viel Mühe gebauten Bunker, unser ganzer Stolz, die schönen, warmen und sicheren Bunker blieben nun zurück, und in ihnen hausten wohl jetzt die Russen. Von diesem 19. 11. 1942 an hatten wir dann für lange, lange Zeit kein Dach mehr über dem Kopf, mussten in der Folgezeit nur in Schneehöhlen unterkriechen, wo wir in Decken eingehüllt schliefen und uns aufhielten. Man kann verhältnismäßig gut in Schneehöhlen schlafen, wenn man nur tief genug in den Schnee hineingeht und dafür sorgt, dass der Höhleneingang entgegen der Windrichtung angebracht ist. Aus den Kleidern sind wir natürlich mehrere Wochen nicht mehr herausgekommen, Waschen mit Wasser war Luxus. Dafür musste der viele Schnee herhalten. Eine gründliche Körperpflege war praktisch nicht möglich. An diesen Zustand hat man sich aber im Laufe der Zeit gewöhnt.

Im Kessel von Stalingrad, Karpowka und Nowo-Alexejewski

Der 19. 11. 1942 war der Tag, an dem die deutschen Verbände im Raum von Stalingrad durch die Russen eingekesselt wurden. Wie ich schon berichtete, hatte ich meine gesamte Kolonne auf dem Flugplatz Karpowka zusammengezogen. Dabei wird mir ein Erlebnis unvergessen bleiben. Ich stand abseits von meiner zusammengezogenen Kolonne mit meinem Fahrer und dem PKW oben auf der Anhöhe des Flugplatzes und besah mir die Umgebung durch ein Fernrohr. Wir waren gerade im Begriff in den Wagen zu steigen, ich machte die Beifahrertür zu, als etwa nur 20 m entfernt, mehrere Granaten mit lautem Knall detonierten und ein Granatsplitter die rechte Tür unseres Wagens rechts unten durchschlug, just an der Stelle, wo ich Bruchteile von Sekunden vorher meinen rechten Fuß hatte. Wie wir dann nachher feststellten, hatte dieser Splitter die Größe einer Walnuss und hätte mich erheblich verletzen, oder dazu führen können, den ganzen Fuß zu verlieren. Also wieder einmal war der Schutzengel nicht unerheblich beteiligt. Während dieses Feuerüberfalls schrie ich nur: „Hahn, schnell kehrt, schnell und fort, fort!" Als es noch weiter um uns herum krachte und er gerade zurücksetzte, schrie Hahn plötzlich auf: „Mich hat`s erwischt!" „Los, weg, nichts wie weg!" rief ich ihm zu. Nachdem wir dann einige hundert Meter weiter aus der Gefahrenzone heraus waren, besahen wir uns den Schaden. Beim Zurücksetzen hatte ein winziger Splitter das Rückfenster des Wagens durchschlagen und hatte meinen Fahrer in den oberen Rand des Mantels getroffen, ohne ihn aber zu verletzen, obwohl er, wie er sagte, das Gefühl gehabt habe, als hätte ihm jemand mit der Faust in den Nacken geschlagen. Der Beschuss hielt noch weiter an. Auf dem Flugplatz standen noch eine ganze Reihe Stukas, die, wie auf Kommando, ihre Maschinen anwarfen, starteten und flogen gleichzeitig zum nächsten Flugplatz Pitomnik flogen, wohin wir dann später auch verlegt wurden. Weil der Flugplatz vom 19. 11. ab unter feindlichem Beschuss lag, musste der gesamte Flugplatz von allen Verbänden geräumt werden, also auch die Flugleitung, unsere Kolonne und sämtliche Verbände, die in der Nähe lagen. Der Platz selbst blieb noch in deutscher Hand und die Infanterie hatte vor dem Flugplatz Stellung bezogen. Wir mussten weiter nach Osten ausweichen und lagen dann in einer Schlucht, deren Name mir nicht mehr gegenwärtig ist. Jedenfalls kam dort ungeheuer viel Militär zusammen. Es wimmelte förmlich vor Soldaten, ohne dass eine rechte Führung zu erkennen war. Erst allmählich wurden von da aus den einzelnen Verbänden die neuen Stellungen zugewiesen. So auch meine Einheit. Ich bekam den Befehl mit meinen Tankwagen den Flugplatz Pitomnik zu versorgen, während ich mit dem Rest des Trosses Unterkunft in Nowo-Alexejewski fand, das nur einige Kilometer von Pitomnik entfernt lag. Die Verlegung meiner Kolonne nach Pitomnik war deswegen notwendig, weil im Kessel von Stalingrad meine Kolonne die einzige war, die Flugzeuge be- und enttanken konnte. Alle Flugzeuge konnten nur durch uns versorgt werden. Gelegentlich kam auch der eine oder andere Tankwagen zu mir nach Nowo-Alexejewski, um „überschüssigen" Sprit bei mir zu lagern. Die Versorgung der Stukas und der einfliegenden Versorgungsflugzeuge musste aber gewährleistet sein. Über diese Versorgungsmaschinen wird dann später noch die Rede sein.

Auf dem Flugplatz Karpowka lagen noch eine Unmenge Bomben, die ebenfalls nach Pitomnik geschafft werden mussten. Und das war ein neuer, zusätzlicher Auftrag, den ich von der Heeresleitung bekam. Ich musste über eine Menge LKWs, die

von anderen Verbänden stammten und jetzt auch in Nowo-Alexejeski lagen, das Kommando übernehmen, und sie zum Abtransport der auf dem Flugplatz Karpowka lagernden Bomben einsetzen. Das war ein ausgesprochenes Himmelfahrtskommando, denn der Weg dahin führte über eine Höhe, die von den Russen einzusehen war. Jedes Mal, wenn sich ein Fahrzeug zeigte, stand die Straße unter starkem Beschuss. Deshalb mussten wir die Stelle in unregelmäßigen Abständen und mit Volldampf durchfahren, um keine Ausfälle zu haben. Ich bin da auch einige Male mitgefahren. Besonders auf dem Rückweg musste man Vorsicht walten lassen, weil die Fahrzeuge mit hochexplosiven Bomben beladen waren. Zum Glück war die einsehbare Stelle nur kurz, etwa 300–500 m, so dass es uns gelang, immer gut durchzukommen. Ich schätze, dass der Flugplatz noch bis nach Weihnachten in deutscher Hand war, der Abtransport der Bomben aber wurde schon früher eingestellt.
Ein neuer Befehl erreichte mich dann noch, der für mich u.U. schwere Folgen hätte haben können. Ich sollte alle „überflüssigen" Leute zur Verstärkung der vordersten Linien der Infanterie abstellen. „Überflüssig", ein Witz, wo ich doch nur 16 Mann hatte, wovon ich unbedingt 10 Mann bei den Tankwagen haben musste, wenn nicht die gesamte Spritversorgung des Kessels infrage gestellt werden sollte, zumal sich auch sämtliche motorisierten Verbände den Sprit für ihre Einheit bei mir holten. Dem betreffenden Oberst stellte ich dann die Frage, was wohl vordringlicher sei, die Artillerie und motorisierten Verbände ohne Sprit zu lassen, oder die Infanterie mit allerhöchstens 16 Mann, über die ich verfügte, zu verstärken. Ich versuchte jedenfalls alles, um die mit dem Umgang der Waffen unerfahrenen Leute vor dem Schützengraben zu bewahren. Es nutzte alles nichts. Ich musste außer je einem Mann pro Tankwagen alle anderen, mich eingeschlossen, zur Infanterie in den vordersten

Graben abstellen, also sieben Mann. Wir erschienen nach einiger Zeit in voller Kriegsbemalung, also mit Flinte, Gasmaske und Munition wieder beim Oberst, worauf er sechs Mann übernahm und mich wieder als Führer und Leiter des Rumpfkommandos zurückschickte, weil er ja sonst niemanden gehabt hätte, der die Verantwortung für die Ausgabe des Sprits übernehmen konnte. Außerdem wäre niemand dagewesen, der den Einsatz der Tankwagen hätte leiten können, da es sich bei der Besatzung der Tankwagen nur um einfache Soldaten gehandelt hat. Ich musste sogar selbst noch einen Tankwagen übernehmen und bedienen, wenn bei verstärktem Einflug Not am Mann war. Diese Dezimierung der Kolonne machte insbesondere beim Verlegen der Einheit Schwierigkeiten, weil wir nur noch zehn Mann waren, aber über 18 Fahrzeuge verfügten. Dieser Fall ist auch eingetreten. Wir mussten erst zehn Fahrzeuge verlegen, dann brachten ein oder zwei Fahrzeuge alle Mann wieder zu den restlichen Tankwagen, also eine Verlegung in Raten, die nur so lange gut ging, als man genug Zeit und Ruhe hatte. Was aber würde passieren, wenn der Russe hinter uns her war? In dem Fall konnte eben nur das Wichtigste mitgenommen werden. Wäre der wahre Grund der Dezimierung meiner Kolonne publik geworden, wäre ich wohl beim Kriegsgericht gelandet. Aber auch für diesen Fall hatte ich mir eine plausible Ausrede ausgedacht, die man von da aus nicht hätte kontrollieren können.

Meine erste und vordringlichste Aufgabe sah ich darin, unter Berufung auf das Nichtfunktionieren des Enttankens der eingeflogenen Versorgungsflugzeuge und durch den Nachweis, dass zehntausend Liter Sprit wegen des Personalmangels der kämpfenden Truppe verloren gingen, dass diese Aufgabe nur ein eingearbeitetes Team, also Fachleute, ausführen könnten. Mit dieser Begründung versuchte ich meine abgezogenen Leute wieder zurückzubekommen. Man wollte es aber nicht einsehen, es half nichts, es änderte sich nichts. Ich habe alle hohen und höchsten Stellen abgefahren, aber ohne Erfolg. Ein paar Mal bin ich bei derselben Stelle vorstellig geworden, insbesondere aber dann, wenn wieder einmal ein Versorgungsflugzeug mit dem Sprit, den er bei uns abgeben sollte, wieder unverrichteter Dinge aus Zeitmangel abgeflogen war. Schließlich hat meine Aufdringlichkeit und Beharrlichkeit dann doch zum Erfolg geführt, denn nach vier Wochen, am 23. 12. 1942, also ein Tag vor Heiligabend, ist es mir gelungen, alle meine Leute wieder zurückzubekommen. Einer meiner Männer aber musste wegen einer Verwundung an der Hand, ausgeflogen werden. Das war von allen meinen Männern der einzige, der heil aus dem Kessel herausgekommen ist, während alle anderen wahrscheinlich umgekommen sind, weil sich keiner von ihnen bisher weder in noch nach der Gefangenschaft gemeldet hat. An den Namen des Kameraden kann ich mich heute nicht mehr erinnern. Meines Wissens muss er aus dem Rheinland gewesen sein.

Nun noch ein Wort zu dem Thema Verpflegung. Außerhalb des Kessels war es immer so, dass die Einheit für einen bestimmten Zeitraum von unterschiedlichen Verpflegungsstellen versorgt wurde. Der Leiter der Truppe bescheinigte, dass die Einheit aus einer bestimmten Anzahl von Männern bestand. Aufgrund dieser Bescheinigung wurde dann die Verpflegung gefasst. Ich habe die Männer mit einem LKW losgeschickt, die von sich aus, ohne mir etwas zu sagen, die Zahlen fälschten und eine Einheit angaben, die mitunter zwei oder drei Mal so groß war wie in Wirklichkeit. Oder eine andere Tour, sie gingen zu zwei verschiedenen Ausgabestellen und empfingen auf diese Weise eben die doppelte Ration. Sie kamen voll beladen nach Hause, verstauten das Ganze im Küchenwagen, so dass wir über wesentlich mehr Verpflegung verfügten, als uns überhaupt zustand. Weil wir mit Benzin zu tun hatten, stand uns als Gegenmittel für eine

Bleivergiftung jeden Tag ein Liter Milch und eine Tafel Schokolade zu, was auch immer so gefasst wurde, im Kessel allerdings dann nicht mehr. Es bestand in Pitomnik noch bis zum Schluss eine solche Verpflegungsstelle, die von einem Zahlmeister geleitet wurde. Diese Zahlmeister wurden häufig auch Schmalspuroffiziere genannt, weil sie wegen der Bedeutung ihrer Tätigkeit im Range eines Offiziers standen, aber keine Ahnung vom Gewehr, geschweige denn von einer Kriegsführung hatten. Wegen ihres meist ungepflegten Aussehens und ihrer Unnahbarkeit standen sie bei den Soldaten in nicht gerade gutem Ansehen, waren häufig unfreundlich, anmaßend und unkameradschaftlich und haben sich dadurch oft die Sympathien der Soldaten verscherzt. Auch kannten sie keine Not, da sie an der Quelle saßen und auch nicht wussten, was Hunger bedeutet. Ohne das hier verallgemeinern zu wollen, kann ich diese Aussagen nur unterstreichen, weil ich einen solchen Vertreter noch in den letzten Tagen des Kessels mit meinem LKW mitgenommen habe, als er auf der Flucht vor den Russen war dann mit einem prallen Rucksack voll mit den köstlichsten Lebensmitteln mitten unter meinen Leuten saß, und er es sich allein gut schmecken ließ, während meine Männer zusehen mussten. Bei dieser Gelegenheit will ich auch in einem anderen Fall das Verhalten eines solchen Vertreters kurz schildern. Es war in den Tagen, als Pitomnik aufgegeben werden musste. Es konnte sich nur etwa um eine halbe Stunde handeln, dass der Russe den Platz besetzte. Auf dem Flugplatz stand ein Verpflegungszelt, das immer noch mit Lebensmitteln aller Art gefüllt war. In dieser aussichtslosen Situation stand doch der verantwortliche Zahlmeister mit gezogener Pistole vor dem Zelt und verweigerte den hungrigen Landsern den Zutritt zu seinem Heiligtum, obwohl ihm bekannt gewesen sein musste, dass in der nächsten halben Stunde sich die Russen über die fette Beute freuen würden. Man verhandelte zunächst mit ihm, und als das nichts nützte, überlistete man ihn, schlug ihm die Pistole aus der Hand, so dass die Landser nun das Zelt stürmten und sich wenigstens das herausholten, was man erreichen konnte. Als der Russe in Sichtweite war, zündete man letztlich das Zelt an, damit es nicht in seine Hände fiel. Hätten die Landser nicht zur Selbsthilfe gegriffen, wäre der gesamte Vorrat in russische Hände gefallen, worüber sie sich gewiss nicht wenig gefreut hätten.

Die Verpflegungslage im Kessel war naturgemäß schwierig. Es mussten schließlich 360.000 Mann verpflegt werden. Aus dem besetzten Gebiet konnte man sich nicht verpflegen. Außer dem Verpflegungslager in Pitomnik dürften noch vier bis fünf weitere Lager bestanden haben, die aber zunächst erst einmal selbst mit Vorräten versorgt werden mussten, die dann an alle Einheiten hätten verteilt werden können. In der ersten Zeit ging alles noch verhältnismäßig gut, die Vorräte wurden aber allmählich knapper und knapper. Die Verpflegung des gesamten Kessels hatte Reichsmarschall Göring übernommen, der garantierte, dass seine Flugzeuge in ausreichendem Maße die gesamte kämpfende Truppe versorgen könne. Wir, die wir auf allen den Flugplätzen, die im Kessel existierten, eingesetzt waren, wussten, wie viel davon tatsächlich eingeflogen wurde. Wie gering diese Sendungen waren, sahen wir mit eigenen Augen. Und wie viele unnütze Dinge, was sollten wir mit Eisernen Kreuzen, was mit Zeitungen, was mit - und das ist kein Witz - was sollten wir mit Präservativen? Wenn Flugzeuge aus verschiedenen Gründen nicht landen konnten, sei es, dass der Flugplatz unter starkem Artilleriebeschuss lag, die Landebahn aus anderen Gründen unbenutzbar war, dann wurde die Verpflegung einfach, ohne Fallschirm, abgeworfen. Es flogen Brote und Würste durch die Gegend und blieben dann irgendwo liegen. Es bestand ein Befehl, dass jeder, der Verpflegung im Gelände fand, verpflichtet war, sie bei Todesstrafe abzuliefern. Das wurde z.T. gemacht, zum großen Teil aber auch nicht, denn wenn man Hunger hat, ist der Selbsterhaltungstrieb größer als die Pflicht zum Abliefern.

Wie war nun die Verpflegungslage bei meiner Kolonne? Wie kamen wir im Kessel damit zurecht? Ich sagte schon, dass wir mehr Lebensmittel hatten, als uns zustand, außerdem hatte ich im Kessel weniger als die halbe Einheit, aber für die gesamte Anzahl die Verpflegung, so dass wir keine Not zu leiden hatten. Selbstverständlich habe ich das vorrätige Mehl, die Konserven, die Schokolade, die Zigaretten, die Fettvorräte vom ersten Tage der Einkesselung rationiert. Der Koch durfte nur die von mir täglich angegebene Menge ausgeben, so dass wir ganz gut hingekommen sind, und ich am Tage der Gefangenschaft den gesamten Rest gleichmäßig an meine Männer verteilen konnte. Jeder Mann ist mit zwei Konserven, einer Tafel Schokolade und einigen Zigaretten in Gefangenschaft gegangen. Daneben habe ich selbst, aber auch im Interesse der Einheit, einige krumme Touren geritten. Sprit war im Kessel Mangelware, aber nicht für uns, die wir ja den Sprit den eingeflogenen Flugzeugen entnahmen. Deshalb konnte man für einen Kanister Benzin andere Sachen, wie Brot, Wurst oder Butterbrei bei den bei uns so beliebten Zahlmeistern in jeder Menge eintauschen. An sich war das nicht gestattet. Wenn man aber die Verantwortung für viele Leute hat, macht man sich doch auch Gedanken darüber, wie man sie verpflegungsmäßig durchbringt und greift dann auch einmal zu unerlaubten Mitteln, wenn nicht, wie hier, ein einzelner Mensch dadurch nachteilig betroffen wird.

Um die Weihnachtszeit hatten wir noch eine andere Quelle, uns zusätzlich Lebensmittel zu besorgen. Die einfliegenden Flugzeuge brachten um die Weihnachtszeit in großen Säcken ganz hervorragendes Gebäck mit, das mit reiner Butter verarbeitet war. Eines der Flugzeuge hatte bei der Landung Bruch gemacht und stand noch immer voll beladen auf dem Platz. Da die anderen Flugzeuge so schnell wie möglich abgefertigt werden mussten, damit sie schnell wieder zurückfliegen konnten, hatte man sich das zu Bruch gegangene Flugzeug bis zum Schluss zur Abfertigung aufgehoben. Meine Männer kamen zu mir und meinten: „Herr Leutnant, um dieses Flugzeug kümmert sich kein Mensch, obwohl es bis zum Dach mit Weihnachtsgebäck beladen ist. Können wir da für uns etwas herausholen?" „Leute", sagte ich, „wie könnt ihr mich so etwas fragen? Ich kann und darf nichts wissen." „Schon gut, Herr Leutnant", meinten sie und verschwanden. Nach einiger Zeit kam einer der Tankwagenfahrer zu mir in die Unterkunft und lud drei oder vier große Säcke bei unserem Küchenwagen ab. Darauf erzählten mir meine Leute, sie hätten mit zwei Wagen dem Flugzeug vorschriftsmäßig den gesamten Sprit abgezogen, während zwei Mann aus dem Flugzeug eben diese Säcke herausgeholt und in dem Raum des Tankwagens verstaut hätten, wo die Pumpen eingebaut seien. Kein Mensch habe dies beobachtet. Somit hatten wir mit dieser Beute wieder Verpflegung für mehrere Tage. Auch diese wurde rationiert und gleichmäßig über die einzelnen Tage aufgeteilt. Es ist uns daher verpflegungsmäßig nicht schlecht gegangen. Wir haben aber auch geholfen, wo die Not am Größten war. Am Schlimmsten waren die Infanteristen dran, denen wir so manche Konserve, Zigaretten oder auch Gebäck zusteckten.

Eines schönen Tages kam ein sehr junger Landser, auch ein Infanterist, zu mir auf den Flugplatz und fragte mich, ob ich ihm nicht etwas zu essen geben könne. Ich hatte gerade von der Küche meine Ration Weihnachtsgebäck empfangen und verwahrte dieses Gebäck in der Bluse meiner weiß-ledernen Fliegerkombination, die ich mir vor einiger Zeit von einem liegengebliebenen Fahrzeug mit Bekleidungssachen geklaut hatte und sie der Kälte wegen dauernd trug. Ich griff also in meine Bluse und reichte ihm zwei oder drei Hand voll Gebäck. Der Junge ist mir vor Freude um den Hals gefallen, hatte Tränen in den Augen, bedankte sich immer wieder und erklärte mir, er habe seit fünf Tagen nichts mehr gegessen. Das habe ich ihm auch sofort abgenommen, denn während es in den ersten Tagen nach der Einkesselung mit der Verpflegung noch klappte, wurde später bei den Versorgungsstellen für die Einheiten nichts mehr gefasst, weil es einfach nichts mehr gab und das muss so etwa nach Weihnachten oder Anfang Januar gewesen sein. Deshalb war der Drang groß, nach allem Essbaren zu suchen, so auch nach krepierten oder erschossenen Pferden, die noch in den ersten Tagen der Einkesselung in Massen im Schnee herumlagen, also gefroren und daher noch verwertbar waren. Nach kurzer Zeit gab es im gesamten Kessel kein einziges Pferd mehr. Die Landser holten sich die Tiere und verspeisten sie. Ich sehe heute noch, wie die Rumänen mit einem Pferdekopf auf einer Stange johlend durch die Gegend zogen und sich freuten, etwas Essbares gefunden zu haben.

Meine Abneigung gegen Pferdefleisch habe ich auch nach einem Vorfall, den ich im Folgenden schildern möchte, aufgegeben. Ich war zusammen mit noch anderen Offizieren zu einem Hauptmann, dessen Einheit in der Nähr lag, eingeladen, der uns zunächst mit Wein bewirtete und dann ein Essen auffuhr, das aus einer sehr guten Suppe, in der eine große Menge Fleisch und Nudeln schwammen, bestand. Das schmeckte uns allen ganz ausgezeichnet. Als wir mit dem Essen fertig waren, fragte er: „Nun, meine Herren, wie hat es Ihnen geschmeckt?“ „Großartig, Herr Hauptmann, “ war unsere einhellige Antwort. „Es war wieder einmal nach langer Zeit etwas, was ganz ausgezeichnet geschmeckt hat und bestens zubereitet war.“ Darauf er: „Wenn Sie es wissen wollen, es war Pferdefleisch! Weil es jetzt bei uns so eine Delikatesse ist, habe ich Sie dazu eingeladen, da ich glaubte,

Ihnen damit eine Freude machen zu können, zumal es ja auch Weihnachten ist." Es war wirklich für alle eine große Freude und ein wahrlich schönes Weihnachtsgeschenk. Ich registrierte dann: Am 25. 12. 1942 mit großem Appetit erstmalig Pferdefleisch gegessen.
Nach diesem Essen saßen wir noch in der sehr leicht gebauten Baracke, die im Gelände unter Bäumen stand, plaudernd zusammen. Eine große Anzahl Soldaten zogen an der Baracke vorbei, als es plötzlich eine schwere Detonation gab und die Baracke so erschütterte, dass mir, der ich auf einem Feldbett saß, das Radio ins Genick flog und alle anderen Gegenstände durcheinander gewirbelt wurden. Wir merkten bald, dass eine Fliegerbombe die Ursache war, die man auf die durchziehenden Soldaten abgeworfen hatte. Als wir uns außerhalb der Baracke das Ausmaß der Verwüstung ansahen, stellten wir fest, dass die Bombe in unmittelbarer Nähe der Baracke gefallen war und unter den Landsern ein Blutbad mit einer großen Anzahl Verwundeter und auch vielen Toten angerichtet hatte. Unvergessen wird mir ein Landser bleiben, den ein Splitter in den Bauch traf. Er stand noch, hielt die Eingeweide mit beiden Händen fest und fiel dann erst zu Boden. Ein für mich unvergesslich, grausiger Anblick. Er lebte noch, als wir ihn in die Baracke nahmen, um ihm irgendwie zu helfen, aber es war alles zu spät. Mehrere andere Verwundete haben wir in der Baracke noch verbunden und versorgt.
In Nowo-Alexejewski, wo unsere Tankwagen eingesetzt waren, waren auch andere militärische Verbände zusammengezogen worden, wie Infanterie-, Panzer-, Granatwerfereinheiten. Mit diesen Verbänden kamen ein gewisser Hauptmann Blau, ein Hptm. Löffler und ein Oberleutnant, dessen Name mir nicht mehr geläufig ist. Wir bildeten eine kleine Gemeinschaft und bezogen ein gemeinsames Quartier, einen ganz primitiven Bunker, der hinter einem festen Haus stand, die Ausmaße etwa

3 x 4 m hatte und ca. 2 m hoch war. Abgedeckt war er nur durch Bretter, enthielt außer den 4 Betten, bei denen je zwei übereinander standen, eine Bank, einen Tisch und einen Ofen, der mit Holz beheizt werden konnte. Der Einstieg erfolgte von oben über eine Leiter. Für die Beleuchtung sorgte ein kleiner Sachsmotor, der wiederum eine Lichtmaschine betrieb, die 220 Volt lieferte. In dieser Behausung fühlten wir uns eigentlich recht wohl.
Eines schönen Tages wurde ich zum General gerufen, der mir Folgendes eröffnete: „Sie stellen bis morgen früh eine Kolonne von 10 LKWs mit je einem Fahrer und Beifahrer zusammen, tanken die Fahrzeuge voll auf und stehen als Führer dieser neuen Kolonne bis auf Weiteres in Alarmbereitschaft, d.h., Sie müssen jederzeit abrufbereit sein. Meldung bei mir morgen früh 10 Uhr.“ „Jawohl, Herr General!“
Damals wusste ich noch nicht, um was es sich handelte. Später erfuhr ich, dass beabsichtigt war, mit Hilfe von Panzerunterstützung mit den LKWs die russischen Stellungen zu durchbrechen, auf der deutschen Seite Verpflegung zu fassen und wieder beladen in den Kessel zurückzufahren. Wenn auch der russische Gürtel damals noch verhältnismäßig dünn war, immerhin betrug er doch schon 20 km, so wäre diese Fahrt für alle Beteiligten eine Fahrt ins Jenseits geworden. Man kann sich vorstellen, dass bei zweimaligem Durchfahren nicht mehr viel von Mann und Wagen übrig geblieben wäre. Zum Glück ist dieser Auftrag nach 14 Tagen aufgehoben worden. Die Wagen wurden wieder eingesetzt, Bomben vom Flugplatz Karpowka zu holen, die übrigens die mit Verpflegung eingeflogenen Maschinen, es waren häufig die He 111, unter ihre Tragflächen nahmen und auf dem Rückweg über den russischen Stellungen abwarfen.
Die Hauptleute Blau und Löffler hatten mit ihren Einheiten auch vier oder fünf russische Mädchen mitgebracht, die in ihren Einheiten beschäftigt waren und für hauswirtschaftliche Belange

eingesetzt wurden. Sie trugen alle deutsche Militärsachen, wie Jacken und Mäntel, stammten aus der Ukraine und waren in dieser Einheit quasi dienstverpflichtet. Über diese Mädchen wird später noch die Rede sein.

Auch hatten wir hohen Besuch. Eines Tages erschien General Pickert, ein Flieger-General, der die Stellungen besichtigte. Alle Einheiten waren angetreten. Er ging die Einheiten ab, sprach uns ein paar aufmunternde Worte zu, forderte uns zum Aus- und Durchhalten auf, begrüßte auch uns angetretene Offiziere mit Handschlag und erkundigte sich nach unseren Aufgaben. Bei der Unterhaltung missfiel ihm aber der Vollbart des Hauptmanns Löffler und gab ihm den dienstlichen Befehl, ihn innerhalb von acht Tagen verschwinden zu lassen. Er würde sich nach dieser Frist von der Ausführung des Befehls überzeugen. Das wurmte natürlich den guten Löffler. Noch am gleichen Abend machte er sich mit Seife, Pinsel und Rasiermesser, wenn auch schweren Herzens, an die Prozedur, aber der Bart war ab. Was für Löffler sehr ärgerlich war, der General hat sich nicht von der Durchführung seines Befehls überzeugt. Ja, warum nicht? Nun, wie er uns auch bei seinem Besuch mitteilte, wollte er in den nächsten Tagen ins Führerhauptquartier fliegen, um sich das Eichenlaub zum Ritterkreuz zu holen, habe aber bei seinem Rückflug in Pitomnik nicht landen können, weil der Flugplatz unter starkem Beschuss lag, so dass er wieder aus dem Kessel ausgeflogen und nie mehr zurückgekehrt ist. Ich weiß auch heute noch nicht, ob das Verlassen des Kessels berechtigt war, oder ob er auf Befehl Hitlers gehandelt hat oder nicht. Aber damals, als wir im Dreck saßen und hörten, dass er sich aus dem Kessel abgesetzt habe, haben wir ihm dieses schwer angekreidet und sein Handeln schlechtweg als Fahnenflucht bezeichnet, zumal wir hörten, dass er die gleiche Masche bereits bei der Aufgabe der Krim gedreht hatte. Damals soll er sich auch mit einem Flugzeug auf die deutsche Seite gerettet haben, während seine Untergebenen, Soldaten wie Offiziere, in Gefangenschaft gegangen sind. Wir alle waren der Meinung, dass man eine Landung in Pitomnik hätte durchführen können, selbst wenn der Platz unter starkem Beschuss lag.

Nun noch einige Worte zu der Unterbringung meiner Leute. Etwa 500 m von mir entfernt haben sich meine Leute ihre Unterkunft gebaut. In einem Schneeberg haben sie sich mit Balken und Brettern einen Raum geschaffen, in dem neben ihren Pritschen und einem Tisch auch ein Kanonenofen eingebaut war. Da haben sie gehaust, die in der Nähe abgestellten Wagen hatten sie mit Schnee getarnt, die Tankwagen waren meistens auf dem Flugplatz. Für die eigene Spritversorgung habe ich angeordnet, dass in die Erde Fässer eingelassen wurden, aus denen dieser nach Bedarf entnommen werden konnte. Auf diese Weise haben wir nie über Spritmangel klagen müssen. Meine Wagen konnten mit diesem Flugbetriebsstoff zwar immer laufen, mit einem Benzin, das seines hohen Bleigehalts wegen eigentlich für die Motoren nicht sonderlich gut geeignet war. Im Krieg spielte das allerdings keine Rolle, denn nach dem Motto, egal wie lange ein Motor lief, Hauptsache war, dass er lief. Neben dem „Schwarzbenzin“ hatte ich noch ein großes Lager mit Treibstoff, das ich an alle motorisierten Verbände gegen Berechtigungsscheine abgegeben habe. Zunächst wurde diese Abgabe etwas großzügig gehandhabt, dann später aber, als der Sprit knapper wurde, musste ich einer übergeordneten Stelle täglich meinen Bestand melden und als Gegenrechnung die Abgabe und Menge des Sprits nachweisen, die ich an die einzelnen Einheiten abgegeben habe. Aber auch da konnte man manipulieren, denn wer konnte mir nachweisen, wie viel Benzin ich den eingeflogenen Flugzeugen entnommen hatte?

Wie schon erwähnt, entnahmen wir den Flugzeugen so viel Benzin, wie sie entbehren und beließen nur so viel, dass sie ihren Abflughafen wieder erreichen konnten. So sehr wir die Piloten dieser Flugzeuge mit ihren gewiss nicht ungefährlichen Flügen bewunderten, umso weniger konnten wir vielfach ihr Verhalten nach ihrer Landung bei uns nicht verstehen. Wenn Granaten auch 300 m oder noch weiter weg detonierten, wurden sie unruhig und drängten uns zur schnelleren Entnahme. Häufig war es aber so, dass manche Piloten, obwohl der Beschuss noch weit weg lag, nervös wurden, sich in ihre Kisten setzten und mit dem gesamten Sprit, den wir so nötig hätten gebrauchen können, einfach wieder starteten. Selbstverständlich war die Spritentnahme nicht ganz ungefährlich, weil ein einziger Splitter den Brand des Wagens wie des Flugzeuges zur Folge hätte haben können. Auf diese Weise habe ich in Nowo-Alexejewski auch einen Tankwagen verloren, den einzigen während der ganzen Zeit, zum Glück einen leeren, der von einer kleinen Bombe unserer bekannten „Nähmaschine“ getroffen wurde, als diese nachts über unseren Stellungen in Nowo-Alexejewski erschien. Damals war das ganze Gebiet übersät von kleinen Bomben, die zum großen Teil nicht detonierten und mit ihren Flügeln aus dem Erdboden herausragten, so dass ich dann erst das Bombenräumkommando verständigen musste, die diese Blindgänger unschädlich machten.

Die in den Kessel einfliegenden Me 111 nahmen auf ihren Rückflügen nicht nur Bomben mit, die sie über den russischen Stellungen abwarfen, sondern auch Verwundete. Beim Abflug dieser Flugzeuge spielten sich manchmal unschöne und bedauernswerte Szenen ab. Die Verwundeten wurden zum Flugplatz gebracht, wo sie dann mit den zurückfliegenden Maschinen mitgenommen werden sollten. Die leichter Verwundeten, die sich selbst helfen konnten, stürmten das Flugzeug und erst einmal dort angelangt, waren sie nicht mehr zu bewegen, dieses wieder zu verlassen. Die Verwundeten, die auf Tragbahren transportiert wurden, hatten häufig das Nachsehen und mussten zurückbleiben. Zudem waren die Maschinen ohnehin mehr als überlade. Eine Szene wird mir immer in Erinnerung bleiben. Eine eingeflogene Ju 52 sollte auf ihrem Rückflug Verwundete mitnehmen. Wie eben geschildert, wurde auch sie gestürmt. In der bereits voll besetzten Maschine wollten dennoch einige Kameraden mitfliegen. Einer von ihnen lief in seiner Aufregung vorn um die Maschine herum, nahm aber nicht wahr, dass die Propeller bereits liefen, von welchen er dann tödlich getroffen wurde. In einem anderen Fall war es so, dass sich einer der Verwundeten in seiner Verzweiflung an das Leitwerk des Flugzeuges klammerte und beim Start der Maschine loslassen musste. Wir Zurückbleibenden haben immer mit Sorge den mit Verwundeten beladenen Flugzeugen nachgeschaut, denn sie mussten unmittelbar nach ihrem Abflug die russischen Stellungen überfliegen, und jede Maschine ist unter Flakbeschuss genommen worden, und so manche haben wir brennend abstürzen sehen. Schicksal!

Weihnachten im Kessel, Weihnacht 1942

Fünf lange Wochen waren wir nun bereits eingekesselt und schrieben den 24.Dezember 1942, es war Heiligabend. Unsere Tankwagen machten wie an jedem anderen Tag Dienst auf dem Flugplatz Pitomnik. Plötzlich kommt mein Bursche, der Ogfr. Hahn, mit seinem Tankwagen zu mir in die Stellung gefahren und sagt: „Herr Leutnant, ich bringe etwa einen halben Tankwagen voll Benzin, den ich zunächst abfüllen möchte, und dann soll ich Ihnen ausrichten, dass ein Paket für Sie das ist, das unser Kamerad Heimann mit einem Flugzeugführer an Sie mitgeschickt hat. Ich fahre jetzt sofort zurück und bringe es gleich mit." Er füllte nun ab, fuhr zurück und kam nach einer halben Stunde wie ein Weihnachtsmann mit einem riesigen Paket auf den Schultern wieder. Es war ein Paket von meiner Frau, über das ich mich sehr gefreut habe, zumal es gerade an Heiligabend eintraf, und worüber ich dann noch eingehend berichten werde. Meine Leute umstanden mich und freuten sich mit mir. Ich sagte dann: „Ich glaube es richtiger, wenn wir das Paket erst am Abend öffnen, wenn wir alle beisammen sind und Weihnachten feiern. Am Abend habe ich alle meine Männer in der Notunterkunft zusammengerufen, um in bescheidener Form, Weihnachten zu feiern. Das Paket lag auf einem der Betten, die Männer hatten die Fotos ihrer Frauen, Kinder, Bräuten und Eltern auf dem Tisch aufgestellt und hockten auf ihren Pritschen. Auf dem Tisch spendeten zwei Kerzen ein fahles Licht und erhellten notdürftig den kleinen Raum. Ich hielt nun eine kleine Ansprache mit folgenden Worten: „Kameraden! Heute ist Weihnachten 1942, ein Weihnachten, das Sie von früher in etwas angenehmerer Form in Erinnerung haben, wo Sie mit Geschenken ihre Angehörigen erfreut haben und durch Gaben selbst erfreut worden sind. Heute feiern wir ein etwas bescheideneres Fest, ein Fest ohne Geschenke, ohne unsere Angehörigen, kein Fest des Friedens, sondern ein Fest in Gefahr und Sorgen. Ihre Frauen, Bräute und Mütter sind in diesen Augenblicken in Gedanken bei Ihnen, so wie wir auch jetzt unserer Lieben daheim gedenken wollen, mit denen wir durch die Bilder, die Sie hier aufgestellt haben, verbunden sind. Wir wollen uns wünschen, dass dieser mörderische Krieg bald zu Ende geht, damit wir recht bald wieder heimkehren können. Ich wünsche Ihnen und mir, dass wir alle bald wieder gesund nach Hause zurückkommen und wollen uns nun an die früheren Weihnachtsfeiern erinnern, wo wir mit der gesamten Familie gemeinsam das Lied von der Stillen Nacht gesungen haben, auf das wir auch heute hier nicht verzichten wollen. Deshalb möchte ich Euch jetzt bitten, zusammen mit mir das Lied von der Stillen Nacht zu singen."

Nun erklang in diesem Raum das Lied: Stille Nacht, heilige Nacht. Es war uns allen weich ums Herz, und so manche Träne ist über die Wangen der Männer gerollt. Es trat danach eine heilige Ruhe und Stille ein. Keiner wollte das Schweigen zuerst brechen, so dass ich dann schließlich sagte: „So, Jungs, nun kommt bei uns der Weihnachtsmann, das Christkind. Jetzt machen wir das Paket auf!"

Es gab allerlei schöne Sachen. Obenauf lag ein Brief, darunter ein kleines Weihnachtsbäumchen mit kleinen Kerzen, dann verschiedenes Weihnachtsgebäck, Äpfel, die allerdings verfault waren, Kognak, Zigaretten, schließlich gab es ein herzhaftes Gelächter, als dann noch ein großes Paket mit Nägeln erschien. Seinerzeit hatte ich meiner Frau berichtet, dass wir unsere Unterkünfte bauten, wir zwar dazu alles Nötige hätten, es uns aber an Nägeln mangelte. Aus diesem Grund hatte sie sich bei unserem guten Freund in Ziegenhals eben dieses Paket Nägel erbettelt. Eigentlich wären diese Nägel für den Bau unserer Unterkunft in Karpowka dringend nötig gewesen. Da wir aber von dort vertrieben wurden, konnten diese jetzt doch noch zur Stabilisation der recht primitiv hergestellten Unterkunft der Männer ihre Aufgabe erfüllen.

Wie kam nun dieses Christkind so schnell und überraschend vom Himmel? Ich hatte , wie schon vorher beschrieben, eine Reihe von Männern in Urlaub geschickt, unter anderem auch den Obergefreiten Hillmann, der in Liegnitz wohnte, und dem ich bei seiner Abfahrt einen Brief für meine Frau mitgegeben hatte, den er dann auch zu Hause an sie abgeschickte. Meine Frau hatte dann nichts Eiligeres zu tun, als dieses Paket zusammenzustellen und es ihm persönlich nach Liegnitz zu bringen, mit der Bitte, es bei seiner Rückkehr für mich mitzunehmen. Da er für sich selbst auch einiges mitzunehmen hatte, war das eigentlich ein großes Entgegenkommen, versicherte aber, dass er es selbstverständlich auch gerne mache. Auch kam er zur vereinbarten Zeit zurück, konnte uns aber nicht erreichen, weil wir bereits eingekesselt waren. Da er das Paket nicht mehr selber übergeben konnte, bat er einen der Flugzeugführer, die zu uns einflogen, mir das Paket zu übergeben. Mit der Aktion schrieb er mir noch ein paar Zeilen, worin er anfragte, ob er zu uns eingeflogen kommen sollte. Durch den Piloten ließ ich ihm dann mitteilen, auf keinen Fall zu uns einzufliegen. Er solle sich vielmehr in eine andere Einheit einteilen lassen und außerhalb des Kessels bleiben, denn ich hätte für ihn hier keine Verwendung. Es war für mich aber eine große Überraschung, dass gerade am Heiligen Abend dieses Paket eintraf und nicht nur mir, sondern uns allen viel Freude bereitet hat, so dass aus der gedrückten Weihnachtsstimmung dann doch noch eine „Fröhliche Weihnacht" wurde. Selbstverständlich wurde der Inhalt des Paketes aufgeteilt. Jeder bekam einen Schluck aus der

Cognacflasche, den Rest der Flasche habe ich dann mit den drei Offizieren in meinem Bunker geleert, auch an den anderen Sachen wurden sie natürlich beteiligt. Im Übrigen war das Paket das letzte Lebenszeichen, das ich von meiner Frau erhielt. Später und in der gesamten Zeit der Einkesselung bekamen meine Männer als auch ich keinerlei Post. Allerdings hatten wir immer die Möglichkeit, Post nach Hause zu schicken, weil wir sie den einfliegenden Piloten mitgeben konnten. Wenn ich mich nicht irre, habe ich am 26. Januar 1943 zum letzten Male nach Hause geschrieben.

Der 10. Januar 1943

Wie erwähnt, mussten wir am 19. 11. 1942 unsere Stellungen in Karpowka und den Flugplatz aufgeben. Die deutsche Front hatte sich bisher wenig verändert. Sie verlief immer noch westlich von Karpowka und Marinowka und bildete die sog. „Nase" bei Marinowka. Da die Front von unseren Stellungen nur wenige Kilometer entfernt war, hatten wir natürlich auch die ganze Last mitzutragen, die nun einmal die vorderen Stellungen haben. Wir lagen den ganzen Tag unter Beschuss, sei es durch Artillerie oder Flugzeugbomben. Tagsüber schlugen bei uns die Granaten ein und des Nachts beharkte uns die „Nähmaschine". Da in dem kleinen Nest viel Volk zusammengezogen war, gab es leider auch viele Verwundete und Tote. Des Öfteren haben wir die Toten unmittelbar am Rand der Dorfstraße beerdigt, ganz in der Nähe unseres Offiziersbunkers. Wegen der gemeinen Kälte und des steinigen Bodens kamen wir nur 50 bis 60 cm in den Boden hinein, betteten die Toten in die flache Grube und bedeckten sie dann mit Erde und Steinen. Keine Einheit hatte zum Glück weder Verwundete noch Tote. Bis auf schon erwähnten Tankwagen, der von einer Fliegerbombe zerstört wurde, aber personelle Schäden hatten wir Gott sei Dank nicht, was für uns immerhin viel Glück war. Dass die Front sich nur wenig veränderte, lag wohl daran, dass der Russe glaubte, uns aushungern zu können. Diese Absicht hatte sich nicht erfüllt. Was meine Einheit betraf hatten wir, wie geschildert, genügend Vorräte. Wenn wir auch gar keine Verpflegung mehr fassen konnten, hatte ich für ausreichend Reserve gesorgt, die insbesondere aus Konserven und einer großen Menge Mehlvorräten bestand, so dass wir uns aus Mehl, Wasser und Salz Plätzchen herstellten, die als Brotersatz dienten. Mittags gab es dann Konserven und wenn einmal Not herrschte, waren da immer noch die Flugzeuge, aus denen sich meine Leute die notwendigen Verpflegungssätze holen konnten. Nachdem der Russe sah, dass er mit dem Aushungern kein Glück hatte, stellte er der Heeresleitung im Kessel am 8. 1. ein Ultimatum, sich kampflos zu ergeben, bzw. bedingungslos zu kapitulieren, weil die Lage aussichtslos sei. Dieses Ultimatum wurde aber nicht beantwortet, so dass er 10. 1. 1943 mit einem pausenlosen Bombardement des gesamten Kessels begann und zwar mit allen Waffen und von allen Seiten. Schon am frühen Morgen begann die Artillerie, indem sie keinen Quadratmeter Land ließ, also praktisch das gesamte Land umpflügte. Da der Kessel nicht groß war, konnte jeder Punkt unter Feuer genommen werden. So hat es pausenlos bei uns eingeschlagen, ob es Granatwerfer oder Bomben von Flugzeugen waren. Wir wagten nicht unsere Köpfe herauszustrecken, um nicht Gefahr zu laufen, verwundet oder getötet zu werden. Nach dem Bombardement tagsüber setzte am Abend der Beschuss durch die Flugzeuge ein. Was wir da erlebten, war für alle die Hölle. Trotzdem hatten wir in unserer Einheit keine Ausfälle. Wir nahmen an, dass der Russe unsere Stellungen stürmen würde. Zunächst geschah aber nichts Dergleichen. Einige Tage später mussten allerdings die bisherigen Stellungen von uns aufgegeben werden. Die Infanterie musste sich weiter nach Osten zurückziehen, und auch wir mussten unsere Unterkünfte auf dem Flugplatz Pitomnik selbst verlegen, womit die vorderste Linie dann westlich des Platzes verlief, und wir nur noch in Schneehöhlen hausten.

Die Flugplätze Pitomnik, Gumrak und Stalingradski

Jetzt waren von meiner Einheit Tross und Tankwagen auf dem Flugplatz Pitomnik vereinigt. Die Aufgaben blieben die gleichen, also Enttanken der einfliegenden Flugzeuge, die immer spärlicher kamen und mit ihnen auch die Menge der Verpflegung. Der Flugplatz verfügte auf dem Platz noch über drei Jagdflugzeuge, die in dem Augenblick in Aktion traten, wenn wir durch Bombenflugzeuge der Russen angegriffen wurden. Drei Jagdflugzeuge sind dann aufgestiegen und haben die russischen Flugzeuge verjagt. Es war zumindest von unten wundervoll anzusehen, wie die Russen dann getürmt sind, wie sich die Jäger mit den Bombern einen unerbittlichen Kampf lieferten, und wie die Russen schnell abdrehten, sobald die Jäger aufstiegen. Nach einigen Tagen sind aber auch die Jäger bei uns ausgefallen, und von diesem Augenblick an waren wir ohne Fliegerschutz, wenn man die spärliche 2-cm-Flak ausklammerte. Als nur noch ein einziger Jäger flugtauglich war, hat dieses eine Flugzeug so manche Bomberformation der Russen ganz schön durcheinandergebracht. So manches Mal habe ich mit der Nase ganz schön im Dreck gelegen, wenn die Russen in Formation angeflogen kamen. Man sah, wie sie oben die Bomben ausklinkten, man sah die Bomben langsam zu Boden fallen und hatte dann noch genügend Zeit, einen schützenden Platz auszumachen, ehe die Bomben am Boden detonierten. Die Russen legten jedes Mal einen Bombenteppich. Es blieb einem nichts anderes übrig, als sich da hin zu legen, wo man gerade stand, in der Hoffnung, dass man nicht gerade einen Volltreffer bekam, denn im anderen Fall gingen die Splitter über einen weg, selbst wenn der Einschlag in nächster Nähe erfolgte.

Ein Bombenabwurf ist mir noch in guter Erinnerung: Wieder einmal flog eine Formation der Russen den Flugplatz Pitomnik an. Als man die Bomben fallen sah, flüchtete alles in einen großen und langen Bunker, der vorne wie hinten Eingänge und auf seinem Runddach eine beträchtliche Erdschicht hatte, so dass er eine bestimmte Sicherheit bot. Da ich noch zu weit entfernt war, legte ich mich platt auf die Erde und erwartete die Detonationen. Als ich mich danach umsah, erkannte ich, dass der Bunker von einer Bombe getroffen war und dass es dabei eine Menge Verwundete und Tote gegeben hatte. Wieder einmal bin ich mit einem blauen Auge davongekommen.

Ein anderes Bild ist mir auch dauernd in Erinnerung geblieben. Ich war in einer der auf dem Flugplatz aufgestellten Baracken. Plötzlich öffnete sich die Tür und es wurde ein General hereingeführt, ich glaube er hieß Daniel, der in seinem blutverschmierten Gesicht beide Augen verloren hatte. Er war von den Splittern einer Fliegerbombe getroffen worden und dabei erblindet. Von zwei Soldaten wurde er zu einem Stuhl geführt, die ihm sagten: „Herr General, Sie werden sofort nach Hause ausgeflogen, wo Sie die beste Behandlung bekommen werden." Er hat sein Schicksal mit großer Bravour getragen, kein Jammern, kein Wehklagen und sagte nur: „Ja, mich hat es nun wirklich schwer erwischt."

Wie ich bereits erwähnte, mussten wir nach dem 10. 1. Nowo-Alexejewski schnell verlassen, weil die Russen im Anmarsch waren und ich nicht genügend Leute zur Verfügung hatte, musste ich auch eine Reihe LKWs stehen lassen und nahm nur, außer dem Küchenwagen und meinem PKW, auch alle Tankwagen mit, die wir dann auf dem Flugplatz selbst abstellten. Für uns selbst stellten wir Schneehöhlen als Unterkünfte her, das alles nur für einige Tage, weil die deutsche Front mehr und mehr zurückgenommen werden musste und sie sich daher immer mehr der Stadt Stalingrad näherte. Am 15. Januar erfolgte auf Pitomnik schweres russisches Artilleriefeuer, alle Einheiten räumten den Flugplatz, und am 16. Januar war Pitomnik in russischer Hand, was zwangsläufig den Ausfall weiterer Einflugtonnagen bedeutete, denn der nächste Flugplatz Gumrak bildete die letzte für die Luftversorgung zur Verfügung stehende Basis. Gumrak aber war nicht Pitomnik, da der Flugplatz einfach viel zu klein war. Oben berichtete ich bereits, dass das Verpflegungslager auf dem Flugplatz Pitomnik kurz vor dem Eintreffen der Russen gestürmt wurde, außerdem schneite es unaufhörlich, so dass wir mit dem Abtransport der Fahrzeuge Schwierigkeiten hatten, so auch ich mit meinem PKW. Als ich diesen nicht in Gang bringen konnte, blieb mir nichts anderes übrig, als an den Tank ein Streichholz zu halten und den Wagen mit meinem gesamten persönlichen Gepäck anzuzünden. Mit Mühe und Not habe ich dann gerade noch unseren Küchenwagen erreichen können, meine Leute ebenso. Der Russe war keine 500 m hinter uns und nahm uns ganz schön unter Feuer. Auch diese heikle Situation haben wir heil überstanden und kamen auf den letzten Flugplatz, Gumrak, der noch einigermaßen Möglichkeiten zum Landen von Flugzeugen bot. Dieser Flugplatz lag nur etwa 4–5 km von Stalingrad entfernt.

Vielleicht ist es auch ganz interessant zu hören, was sich nach der Aufgabe des Platzes Pitomnik im Allgemeinen tat, welche Auswirkungen das auf die Moral der Truppe hatte, und welche Bilder sich nach dem Zusammenbruch boten, denn als solchen musste man diese Situation schon bezeichnen, wenn man eine so wichtige Position aufgab, die von General Schmidt als das Herz von Stalingrad bezeichnet worden war. Wenn das Herz der Festung nicht mehr schlug, wie sollte da der Körper weiterleben!?

Die vielen hunderttausend deutschen Soldaten wurden auf einen immer kleiner werdenden Raum zusammengedrängt. Durch den dauernden Beschuss waren viele gefallen, und es gab keine Möglichkeit sie zu beerdigen. Es gab Hunderte von Verwundeten, die im Schnee lagen und nicht abtransportiert werden konnten, es fehlte an Medikamenten, es mangelte an Krankenstationen und Ärzten. Auch konnten die Verwundeten nicht mehr ausgeflogen werden, weil so gut wie keine Maschinen landeten oder landen konnten, und weil der Flugplatz Gumrak zu klein und nur behelfsmäßig angelegt war. Verwundete sind im Schnee elend umgekommen, weil sie nicht geholt werden konnten. Viele der Verwundeten sind unter die Räder der schweren LKWs gekommen, sind von Panzern zerquetscht worden, weil keine Wege bestanden, und jedes noch intakte Fahrzeug sich verzweifelt seinen Weg suchte. Es waren furchtbare, einfach unbeschreibliche Zustände, die ersten Zeichen der Auflösung des „Körpers" Stalingrad. Auch die Moral der Truppen ließ immer mehr nach. Da zogen Landser über das schneeweiße Leichentuch von Stalingrad, die ihre Gewehre weggeworfen hatten, weil sie es mit ihren erfrorenen Händen nicht mehr halten, oder einfach vor Erschöpfung nicht mehr tragen konnten. Sie bewegte nur noch der eine Gedanke, sich selbst zu erhalten. Um sich z. B. gegen die grimmige Kälte zu schützen, hatten sie Lumpen und Stroh um die Stiefel gebunden. Durch fortwährendes Marschieren versuchten sie, sich warm zu halten einen wärmenden Unterschlupf zu finden oder eine Krume Brot zu ergattern, da sie schon seit Tagen nichts mehr zu essen hatten.

Diese praktisch völlige Auflösung der Verbände bedeutete, dass keiner mehr einem Vorgesetzten gehorchte und auch nicht mehr für seinen Ungehorsam zur Rechenschaft gezogen werden konnte. Ich sehe heute noch die Gestalten vor mir, Männer in

Lumpen gehüllt, mit vermummten und verweinten Gesichtern, die immer gegen Osten in Richtung Stalingrad zogen, in der Hoffnung, ein schützendes Dach oder etwas Essbares zu finden. Zu diesen Auflösungserscheinungen trugen barbarische Kälte und andauernder Schneefall noch das Ihrige bei. Es waren einfach grauenhafte Bilder, die sich nach dem Fall von Pitomnik einem boten, und an die man sich nur ungern erinnert. Wer nicht über eine stabile Gesundheit verfügte, wer sich nicht gegen die mörderische Kälte schützen konnte, musste einfach umkommen.
Wir kennen nur noch das Ende dieser Tragödie: Von den 360.000 Mann, die ursprünglich im Kessel waren, sind 92.000 Mann in Gefangenschaft geraten, d. h., dass sich nur 25 % in die Gefangenschaft haben retten können, alle anderen sind im Kessel umgekommen. In den russischen Gefangenenlagern sind von den 92.000 nochmals über 90 % gestorben, wovon heute nachweislich nur noch etwa 4000 Mann, also 1 %, leben. Anders ausgedrückt: Von den ursprünglichen Stalingradkämpfern lebt heute nur noch jeder hundertste. Und wenn man sich selbst dazu zählen kann und heute, 30 Jahre nach Beginn der Tragödie, sich i. a. noch gesund fühlt und wie in meinem Fall, ohne „Führergeschenk" (sprich Verwundung) davongekommen ist, hat man wohl allen Grund, dem Herrgott, dem Schicksal oder wie man es auch nennen will, dankbar zu sein, dankbar für so viel Glück, das einem in diesen schweren Jahren zuteil geworden ist.
Zu der hier geschilderten Situation passt wohl am besten ein Kapitel aus dem Buch von Heinz Schröter mit dem Titel „Stalingrad", erschienen im Verlag Eduard Kaiser, das überschrieben ist mit „Die Todesstraße nach Pitomnik."

Die Todesstraße nach Pitomnik

Viele Wege, von Karpowka, Gomschara, Woroponowo und Goroditsche, als auch von Stalingrad, führten zum Flugplatz Pitomnik. Der Weg von der Ringbahn nach Pitomnik war vier Meter breit und gut acht km lang, d.h., er war es, bis dass der Krieg über das Land kam. Im Sommer war der Weg auch noch acht km lang, aber über 100 m breit.

Auf diesem Weg bemühte man sich, aus der todgeweihten Stadt, den Flugplatz zu erreichen. Denn dort standen die großen gutmütigen Jus, die den Flug ins Leben versprachen, mussten aber diese acht km lange Straße hinter sich bringen. Das versuchten Grenadiere, Generäle, Kranke, Verwundete, Krüppel und Gesunde, mit und ohne Befehl, in Pelzmänteln, Fellen, verbrannten Uniformen, in Fellwesten und mit blutgetränkten Decken, die um Kopf und Körper gewickelt waren, Tapfere und Feige, im PKW und auf den Knien. Zuerst waren es ein paar hundert. Die noch ein Bein vor das andere setzen konnten, kamen auch am Flugplatz an, bis auf ein paar, die im Schnee liegen blieben und am nächsten Morgen hart wie ein Brett waren. Um jene Zeit hielten auch die Fahrzeuge noch an, und man konnte zumindest auf dem Kotflügel noch mitfahren. Dann wurden es mehr, die nach Pitomnik wollten. Sie traten immer, um sicher und leichter zu gehen, in die Fußstapfen der anderen. Das war oft schwierig, viele aber schafften es nicht und erfroren zu Menschenbrettern. Um die Menschenbretter im Schnee fuhren die Fahrzeuge und in diese neuen Radspuren setzten die Wanderer ihre Füße, am Tag und in der Nacht. Nach fünf Tagen lagen zehn Dutzend auf der Straße, reckten ihre Arme nach den vorbeifahrenden Wagen, riefen, schrien, brüllten.

Dazwischen fiel Schnee und legte seine Flocken über die grauen Mäntel. Wer im Sturm oder im Dunklen kam, sah das nicht und fuhr sich fest. Zwischendurch kippte ein Fahrzeug um, blieb ein Krad liegen, riss eine Kette, brach eine Welle oder ergab sich ein Getriebeschaden. Und die Nachfolgenden erweiterten ihre Bögen um die Hindernisse im Schnee und um die Körper auf dem Boden, denn man fährt nicht über tote Menschen. Aber bevor sie tot waren, krochen sie auf Brettern und Säcken Meter um Meter weiter, und Kameraden schleppten sie in Zeltbahnen oder zogen sie in Munitionskisten. Dazwischen fiel ununterbrochen Schnee, und in der Nacht holperten die Wagen über die Hindernisse, dass es krachte und knackte. Gefrorene Knochen brechen wie Glas.

Der Elendshaufen wurde länger, und der Weg wurde breiter. Unzählige Wagen steckten im Schnee, und es ebenso viele Ursachen. Der Haufen hinterließ Blutspuren, aus denen hässliche braune Flecken wurden. Ausrüstungsgegenstände lagen herum, und man warf Waffen und eisdurchkrustete blutige Decken und Mäntel weg. Ein Bomber und zwei Jäger gaben ihre Motorenseelen auf und stellten sich auf den Weg oder legten sich in den Graben daneben. Die anderen tapsten um die neuen Hindernisse, und darum wurde der Weg wieder breiter. Es musste schneller gehen, immer schneller, denn der Tod saß ihnen im Nacken, der Hunger im Magen, die Kälte im Blut und das furchtbare Schlucken im Hals.

Die Gruppen der Toten saßen eng aneinandergedrängt, so als ob sie noch im Tode Wärme suchten, und um diese furchtbaren Gruppen sind die noch Lebenden gefahren, gelaufen, gegangen, gekrochen, zu den Inseln der Rettung. Ein paar Tausend haben es geschafft. Vierzehntausend sind auf dem Weg geblieben, auf der Todesstraße nach Pitomnik, im Eiswind erfroren, verblutet, verfault, überfahren, zertrampelt. Sie beteten und niemand hörte sie, sie fluchten und keiner kümmerte sich darum. Ja, genau so war es. Und man war froh, wenn man unter einem schützenden Dach oder in einem Schneeloch lag, um diese furchtbaren Bilder zu vergessen.

Ein paar Erläuterungen noch zur Frage über die allgemeine Stimmung der Kolonne, die Verzweiflung der Leute und ihr Glaube an eine Rückkehr in die Heimat und wie überhaupt die Einkesselung aufgenommen wurde. Es war uns gesagt worden, dass wir von außen her unterstützt werden würden, dass Feldmarschall von Manstein vom Kaukasus aus nach Norden vorstoßen, den Kessel sprengen und uns befreien würde. Auf dieses Versprechen haben wir unsere ganze Hoffnung gesetzt, und Ende November glaubten wir, nahen Kanonendonner der Armee von Mannsteins zu hören und hofften, dass unser Entsatz nur noch Tage dauern könnte. Es mag vielleicht auch so gewesen sein, denn die Armee von Mannstein hatte sich bis auf wenige Kilometer an den Einschließungsring von Stalingrad herangearbeitet, musste dann aber kehrt machen, weil sie selbst in Gefahr geriet, umklammert zu werden. Der Befehlshaber der 6. Armee, Generaloberst und späterer Generalfeldmarschall Paulus, hatte einen Plan an Hitler überbringen lassen, nach dem die gesamte 6. Armee, die im Kessel war, aus eigener Kraft den Umklammerungsgürtel durchbrechen wollte, allerdings unter Aufgabe von Stalingrad. Diesen Plan hatte Hitler verworfen. Wir im Kessel haben dies alles nur gerüchteweise mitbekommen und klammerten uns an jede Parole, die uns erreichte, und davon gab es eine ganze Menge. Aus ehrlicher Überzeugung habe auch ich meinen Männern immer noch Mut gemacht, weil ich mir nicht denken konnte, dass die sieggewohnte deutsche Armee nicht in der Lage sein könnte, den Kessel zu sprengen. Vielleicht – ich sage vielleicht – hat General Paulus den Fehler gemacht, sich an den Befehl Hitlers zu halten. In den ersten Tagen des Kessels aber wäre es uns immer noch möglich gewesen, den Ring der Russen zu durchbrechen, weil er noch nicht sehr stark war. Hätte Paulus aus eigener Verantwortung gehandelt, wären hunderttausend Soldaten gerettet worden, Stalingrad hätte dann allerdings aufgegeben werden müssen. Über Schuld, Pflicht und Soldatengehorsam kann man lange streiten. Die kleinere Schuld müsse man Paulus zuschreiben, die Verantwortung, und damit auch die alleinige Schuld hatte Hitler, denn er hätte unbedingt auf die Generale hören müssen, er aber war ja der große Führer, er allein handelte richtig, was er tat, m u s s t e einfach richtig sein und handelte nach seiner Devise: Wo der deutsche Soldat steht, bleibt er.

Meine Männer waren ursprünglich noch voller Hoffnung auf eine glückliche Lösung der misslichen Lage. Als aber dann auch Pitomnik gefallen war, sanken ihre und meine Hoffnung auf null. Von da an machten wir uns keine Illusionen mehr, zumal rein äußerlich sich die schon geschilderten Auflösungserscheinungen abzeichneten. Von da ab war jeder nur noch darauf bedacht, nach Möglichkeit die letzten Tage gesund zu überstehen. Häufig musste ich gegen meine Überzeugung meinen labilen Männern Mut zusprechen und habe, wie ich meine, es meist geschafft. So manches Vorurteil, das die Männer aufgrund einer hetzerischen deutschen Propaganda von der Gefangenenbehandlung der Russen hatten, musste ich beseitigen. Die letzten Tage waren schwer, wir resignierten und schauten einer unsicheren und ungewissen Zukunft entgegen, hatten Angst vor der Zeit, die vor uns lag. Und das war auch nicht verwunderlich, denn die Frage, was wird, stand immer im Raum und keiner konnte sie in befriedigender und glaubwürdiger Weise beantworten.

Was sich in den letzten Tagen in Pitomnik abgespielt hat, ist kaum zu beschreiben. Jede einfliegende und eingeflogene

Maschine wurde von den Russen sofort unter Beschuss genommen, so dass wir beim Enttanken häufig alles stehen und liegen lassen mussten. Wenn dann die gelandeten Flugzeuge von den russischen Maschinen mit Bomben und Bordkanonen aus niedrigster Höhe unter Beschuss genommen wurden, lagen wir etwa 100 m von unseren Maschinen und Tankwagen entfernt und warteten, mit der Nase im Dreck, den Angriff ab, ging alles gut, liefen wir wieder hin, um unsere Arbeit fortzusetzen. Diese Prozedur wiederholte sich mitunter mehrere Male. Eine deutsche Luftabwehr gab es so gut wie gar nicht, so dass die russischen Flugzeuge am Stalingrader Himmel spazieren flogen. Am 16. 1. 43 war dann der Spuk in Pitomnik zu Ende, und wir bezogen den Flugplatz Gumrak, der nur einige km von Pitomnik entfernt war, den wir, so meine ich, bis zum 19. 1. 43 halten konnten. Der Platz war klein, die Landebahn wurde von uns zunächst mit großen Walzen bearbeitet, d. h., der Schnee wurde dadurch zu einer Landebahn gewalzt. Provisorische Positionslichter wurden angebracht. Auf dieser primitiven Bahn landete, sogar sehr sicher, unsere alte Tante Ju. In den drei Tagen waren es allerdings nur ein paar Maschinen, die eine Landung wagten, die meisten von ihnen warfen ihre Verpflegungsbomben aus der Luft ab. Es war ganz offensichtlich, dass diese wenigen Maschinen die hunderttausend Soldaten nicht versorgen konnten. Außerdem ging uns der Sprit der nicht gelandeten Maschinen verloren, weshalb die Panzer nicht rollten, und die Artillerie keinen Stellungswechsel vornehmen konnte. Da aus dem Spritmangel auch keine Munition mehr geliefert werden konnte, mussten die Geschütze, sowie die liegengebliebenen Panzer, gesprengt werden. Überall wurde es weniger und weniger, ein Rädchen griff in das andere, und dadurch, dass, wenn nun mal ein Rädchen nicht mehr lief, blieben eben auch die anderen stehen, es war eben nur noch eine Frage von Tagen, ja Stunden, bis alles zum Stillstand kam. Durch den Luftangriff der Russen wurden auf dem Flugplatz von Gumrak einige Maschinen so getroffen, dass sie nicht mehr flugfähig waren. Die Trümmer wurden eiligst entfernt, damit die Landebahn wieder für eventuell anfliegende Maschinen frei war. So kam es nicht von ungefähr, dass auch Gumrak aufgegeben werden musste. Ganz in der Nähe von Gumrak, am Stadtrand von Stalingrad, bezogen wir dann noch den letzten Flugplatz, Stalingradski. Diesen Platz konnte man nicht unbedingt als Flugplatz bezeichnen. Es handelte sich vielmehr um ein notdürftig hergerichtetes freies Feld, auf dem, so meine ich, kaum fünf Maschinen landeten. Auch dieser Platz musste aufgegeben werden, und wir wurden in die Stadt Stalingrad hineingedrängt, in der es nun überhaupt keine Landemöglichkeiten mehr gab. Verpflegung wurde von da ab nur noch abgeworfen und ging deshalb meist verloren. In Stalingradski hatten wir uns einen Bunker organisiert, in dem wir alle zusammen hockten, so auch die Mädels, Ukrainerinnen, die die Hauptleute Blau und Löffler mitgebracht hatten. Wir gaben den Mädels den Rat, möglichst bald zu verschwinden, sich in Stalingrad bei Zivilisten andere Kleidung zu besorgen, weil sie bei Gefangennahme vonseiten der Russen Schwierigkeiten bekommen könnten. Unsere gut gemeinten Ratschläge schlugen sie aber aus und meinten, in diesem Falle zu sagen, von uns gezwungen worden zu sein und überzeugt davon, dass ihnen schon nichts passieren würde. Eines der Mädchen ist auch noch durch den Splitter einer Fliegerbombe an der Brust leicht verletzt worden. Bis auf eine, die sich doch stillschweigend entfernt hatte, kamen wir also mit den Mädchen nach Stalingrad selbst, wo wir uns in einem Keller einquartierten.

In Stalingrad

Von Stalingradski kamen wir nach Stalingrad Mitte. Der erste Anblick war trostlos. Soweit das Auge reichte, standen nur Ruinen, kein einziges intaktes Haus. Unter der Erde aber war reges Leben. Die Überlebenden aus dem Kessel hausten in den ausgedehnten Kellern ehemaliger Häuser so auch wir. Unsere übrig gebliebenen Fahrzeuge, das waren einige Tankwagen und von den LKWs nur noch der Küchenwagen, die wir im Schutz einer Ruine abstellten, bezogen wir einen der geräumigen Keller, der uns für einige Tage einen guten Schutz bot, weil sich auf der starken Decke meterhoch der Schutt türmte. Es war ein riesiger Keller, vielleicht 100 m lang und 40m breit, in dem sich hunderte von deutschen Soldaten aufhielten. Die einzelnen Gruppen saßen meist um Lagerfeuer herum, wodurch die vielen den Raum erhellenden Feuerstellen diesem eine gespensterhafte Atmosphäre verliehen, es aber auch durch den hier entwickelten bissigen Qualm zu erheblichen Atembeschwerden kam. Die Augen tränten, man bekam kaum Luft, war aber froh, dass man hier unten nicht um sein Leben bangen musste, weil diese Unterkünfte bombensicher waren. Ganz in der Nähe unserer Kellerunterkunft stand noch ein verhältnismäßig unbeschädigtes, großes Gebäude, das mit dem Roten Kreuz gekennzeichnet war und hunderte von verwundeten deutsche Soldaten beherbergte, ein Lazarett, das in drei oder vier Stockwerken mit Verwundeten überbelegt war. Sie lagen in Zimmern, auf den Gängen, im Keller, auf dem Dachboden, überall da, wo auch nur ein kleiner Platz war, hatten aber keine ärztliche Betreuung oder konnten nur sehr mangelhaft betreut werden, weil das notwendige Personal fehlte. Man hörte nur Jammern, Stöhnen, Schimpfen, Fluchen, Brüllen, Beten und keiner kümmerte sich

um all das Geschehen. Zwischen den Stöhnenden lagen Leichen, Gestorbene, die gelegentlich dann auch fortgeschafft wurden, nackt ausgezogen und auf dem Hof des Lazarettes übereinander gestapelt wurden, ungeordnet, kreuz und quer. Sie lagen dort Tage, weil keine Möglichkeit bestand, sie zu beerdigen, verwesten auch nicht, da barbarische Kälte herrschte. Einige Tage später wurde das Lazarett von den Russen zusammengeschossen. Es sollen sich dort furchtbare Szenen abgespielt haben. Das Gebäude soll durch den Beschuss in sich zusammengestürzt sein, Verwundete, die sich retten wollten, sollen bei dem Brand als lebende Fackeln aus dem obersten Stockwerk gesprungen, viele erstickt oder durch Mauertrümmer erschlagen worden sein.
Nach ein oder zwei Tagen wurde mir im Keller die Nachricht überbracht, dass außer mir noch drei weiteren Männern meiner Kolonne das Eiserne Kreuz 2. Klasse verliehen worden ist. In diesem düsteren und verqualmten Keller habe ich den drei Männern mit den besten Wünschen das Kreuz an die Brust geheftet, und es mir schließlich auch selbst angeheftet. Eigentlich ein Hohn, dass man erst jetzt, wo alles aussichtslos war, sich darauf besann, unsere Anstrengungen und Mühen mit dem Eisernen Kreuz zu honorieren.

Am gleichen Tag haben wir unsere Kasse überprüft. Uffz. Haufler kam zu mir und erklärte, er habe noch eine Menge Geld und fragte, was er damit machen solle. Ich habe daraufhin bestimmt, dass das gesamte Geld im Beisein der Kolonnenangehörigen verbrannt wird, weil ja doch keine Aussicht bestand, jemals aus dem Kessel herauszukommen. So übergaben wir an unserem Lagerfeuer im Keller von Stalingrad etliche tausend Mark den Flammen.

Ich kenne nicht mehr den Grund, warum wir nach einigen Tagen einen Stellungswechsel in den Süden der Stadt machten. Jedenfalls zogen wir mit den noch übrig gebliebenen Wagen in den

Süden der Stadt. Dieser Marsch dahin war mehr als unangenehm. Wir konnten uns nur sprungweise fortbewegen, suchten bei ständigem Beschuss Schutz hinter Mauervorsprüngen. Die meisten von uns gingen zu Fuß, die Wagenführer mussten häufig den Artilleriebeschuss abwarten und in Deckung gehen, ehe sie wieder auf ihre Wagen sprangen und einige hundert Meter weiterfahren konnten. Hinzu kam, dass die Wege von Schutt übersät waren, oder wiesen durch Granateinschläge riesige Löcher auf. So erreichten wir schließlich doch den Roten Platz und das Kaufhaus, in dessen Keller der Führungsstab, also Generalfeldmarschall Paulus, untergebracht war. Ich selbst bin in dem Keller gewesen, habe Paulus gesehen, ihn aber nicht gesprochen. In dieser Gegend haben wir einen „Bunker" ausfindig gemacht, nicht sehr groß, etwa 3 x 3 m mit einer Tiefe von ca. 2 m und oben nur durch Bretter abgedeckt. Über eine Leiter konnte man hinuntersteigen. Einen Ofen gab es natürlich nicht. Vielleicht konnte der Raum auch Teil eines zusammengestürzten oder verschütteten Kellers gewesen sein. Hier hockten wir nun aneinandergedrängt zusammen, um uns ein weinig vor der großen Kälte zu schützen. Über uns detonierten die Granaten, insbesondere die sog. Stalinorgeln, russische Geschütze, die über 10 oder mehr Rohre verfügten und gleichzeitig abgefeuert wurden. Das ergibt eine gewaltige Streuung und deshalb so unangenehm, weil bei Beschuss immer eine große Fläche erfasst wird.

Zwei Begebenheiten möchte ich noch kurz erzählen, die sich in den Tagen unseres Stellungswechsels zugetragen haben: Völlig aufgeregt kam eines Tages mein Bursche und berichtete mir, dass mein Fotoapparat verschwunden sei. Ich hatte ihm seinerzeit den Apparat zur Aufbewahrung übergeben, welchen er im Küchenwagen deponierte. Vor einer Stunde sei er noch da gewesen, jetzt sei er weg. Irgendein Soldat einer anderen Einheit muss ihn an sich genommen haben. In dieser ausweglosen Lage habe ich das nicht so tragisch genommen, tröstete den guten Hahn, fragte mich aber, was dieser Mensch sich in der Situation dabei gedacht haben mag, damit anfangen zu wollen. In unserer Lage hätten wir Millionen besitzen, damit aber auch überhaupt nichts anfangen können.

Der andere Fall betrifft einen Soldaten einer anderen Einheit, der in unseren Küchenwagen eingebrochen war, von meinen Leuten dabei geschnappt wurde. Sie brachten ihn in unseren Bunker und meldeten mir den Vorfall. Ich nahm ihn mir gleich vor und sagte etwa: „Wissen Sie, ich kann Sie einerseits verstehen, wenn Sie vor Hunger auf die Idee kommen, sich etwas zu besorgen, nehme ihnen aber übel, dass Sie sich Soldaten und Kameraden aussuchen, die genau so wenig haben wie Sie. Wären Sie zu mir gekommen und hätten mich gebeten, Ihnen etwas geben zu wollen, dann hätten Sie es auch von mir bekommen. Ich nehme an, dass Sie wissen, welche Strafe auf solch einem Delikt steht, denke aber nicht daran, Sie noch zu belangen. Nachdem sie mit Ihrem Einbruch keinen Erfolg gehabt haben, ich aber auch andererseits weiß, wie weh Hunger tut, wird Ihnen mein Küchenchef noch eine Konserve schenken, die nicht geklaut ist, und Sie diese demnach mit gutem Gewissen essen können. Sollten Sie aber noch ein zweites Mal versuchen bei uns einzubrechen, können Sie mit keiner Nachsicht mehr rechnen.“

Bei der Hektik, die in den letzten Tagen im Kessel herrschte, hätte dieser Einbruchsversuch für ihn u.U. schlimm ausgehen können. Wäre er in andere Hände geraten, und so unverständlich es auch klingen mag, sind Todesurteile mit geringfügigeren Vergehen vollstreckt worden.

Wir schrieben den 28. Januar 1943 und waren alle außerhalb unseres Bunkers, als ein insbesondere mit Stalinorgeln plötzlicher Feuerüberfall erfolgte. Wir gingen in Gräben, Löchern, oder eben gerade da wo wir standen, in Deckung. Ein in Kosel beheimateter Obgfr. namens Schrott, kroch ohne ersichtlichen Grund aus seinem Loch und wurde dabei durch einen Granatsplitter tödlich verletzt. Seine letzten Worte waren nur noch: „Die Schweine". Bei demselben Beschuss ist auch mein Feldwebel Krause, der in München beheimatet war, verwundet worden. Wenn ich mich recht entsinne, hatte er einen nicht so schlimmen Oberschenkelschuss, der mit einem Verband auch gleich wieder laufen konnte und mit uns in Gefangenschaft gekommen ist. Während meine Leute aber noch damit beschäftigt waren, ein Grab für den verstorbenen Schrott zu graben, wurde der Befehl zum sofortigen Abmarsch gegeben, da die Russen im Anmarsch waren. Wir gerieten gleich in Beschuss durch Artillerie und Stalinorgeln und mussten unseren Kameraden unbeerdigt zurücklassen, rückten wieder von Süden nach Stalingrad Mitte und bezogen dort einen länglichen, halbrunden, unterirdischen Bunker, der die Ausmaße von etwa 10 x 4 m hatte, waren also wieder in Stalingrad Mitte, lagen auch wieder in dem Teil von Stalingrad, in dem das Lazarett lag. Hier in diesem Bunker haben wir am Radio die Feierlichkeiten zum Tag der Wiederkehr der Machtergreifung Hitlers am 30. Januar erlebt. Auch haben wir die Rede Görings in voller Länge mitbekommen. Wir hockten um das Gerät und mussten miterleben, wie Göring uns Stalingradkämpfer bis in den Himmel hinein lobte, uns mit Leonidas verglich, mit dem Ausspruch: „Wenn Du hier vorbeikommst, dann sage, dass Du sie hier hast liegen sehen!" Das reichte uns. Von dem Augenblick an wussten wir, dass wir in der Heimat abgeschrieben waren, und dass es für uns keine Rettung mehr gab. Die Moral meiner Männer war auch von diesem Moment an auf dem Nullpunkt. Hinzu kam, dass am Abend dieses Tages ein Offizier in meinen Bunker kam und mir eröffnete, dass wir am nächsten Tag, am 31. 1. 1943, in

Gefangenschaft gehen würden und dass für alle Kameraden von jetzt an, volle Handlungsfreiheit gewährleistet sei. Damit könne jeder tun, was er wolle.
Inzwischen war bei uns bekannt geworden, dass eine Reihe Generäle wegen dieser aussichtslosen Lage Selbstmord begangen hätten, und da der Russe keine Gefangenen nehmen würde, sei es besser, dass man selbst die Konsequenzen ziehen würde. Aus diesem Anlass habe ich meine Leute zusammengerufen und ihnen etwa Folgendes gesagt: „Für uns ist der Krieg zu Ende und wir gehen morgen in die Gefangenschaft. Was uns da erwartet, weiß kein Mensch. Auch wisst ihr von der Parole, dass kein deutscher Soldat in Gefangenschaft gehen darf, und man erwartet sogar von uns, dass wir unserem Leben selbst ein Ende setzen sollen. Und ich sage und erwarte von jedem von euch, dass ihr diesem Befehl nicht Folge leistet. Wir haben volle Handlungsfreiheit, andererseits ist ein Selbstmord eine feigere Tat, als das, was da auf uns zukommt, ins Auge zu sehen. Ihr habt zu Hause Frauen und Kinder, die auf euch warten. Ein toter Vater kann euren Kindern nicht mehr helfen. Deshalb meine Bitte, mit mir zusammen in die Gefangenschaft zu gehen, da die Chancen hier größer sind, zumal der Russe auch der Genfer Konvention angeschlossen ist. Ich möchte mich nun von euch allen verabschieden und mir und euch wünschen, dass wir uns ohne Ausnahme in der Heimat wiedersehen!“ Danach bin ich an jeden einzelnen Kameraden herangetreten und habe denjenigen, die etwas labiler waren versucht, mehr Mut zuzusprechen. Ohne Ausnahme sind alle mit mir in Gefangenschaft gegangen. Die Namen der Einzelnen waren folgende:

Feldwebel Krause, aus München, der verwundet war

Uffz. Wiesner

Lahrmann

Uffz. Pischel, aus Garmisch-Partenkirchen

Ogfr., der heiraten wollte, Vornamen Helmut (?)
Ogfr. Demuth
Ogfr. Willi Hahn, aus Mannheim
Pawelczyk, aus Hindenburg O/S
Haufler, aus München, Isartorplatz 6 II
Russmann
Hechler
Knittel
Weinkauf
Ogfr. Schrott, gef. 28. 1. 1943, den wir leider nicht mitnehmen konnten.

Außerdem unser Iwan, denn den Daniel habe ich ja Gott sei Dank in Makejewka an die deutschen Behörden zurückgeben können.

Iwan hat die Gefangenschaft wahrscheinlich nicht überlebt. Ich sah ihn noch, als wir bereits den Marsch in die Gefangenschaft angetreten hatten, wie er auf meinem Küchenwagen gerade eine Konserve verspeiste. Er hatte aber einen deutschen Militärmantel und eine deutsche Uniform an. Da er aber kein Deutsch verstand und schlussfolgerte, dass er russischer Kriegsgefangener sei, hat man ihn vermutlich umgelegt.

Wir 15 Mann sind gesund in Gefangenschaft gegangen. Auch war die Verwundung von Krause nicht so, dass sie ihm irgendwie hätte schaden können. Und trotzdem - und das will ich schon jetzt vorwegnehmen - von all den Genannten ist keiner, außer mir zurückgekommen. Warum das wohl möglicherweise so war, möchte ich später noch begründen. Mir jedenfalls ist nicht bekannt, dass einer der Genannten zurückgekommen ist.

Von den Mädchen, die die Hauptleute Blau und Löffler mitgebracht hatten, ist es einer, wie ich schon berichtete, gelungen, sich abzusetzen, während die andere bei uns blieb und im Bunker alle ihre Papiere verbrannte, um unerkannt zu bleiben. Was wir ursprünglich nur vermutet hatten, sind nach der Gefangennahme, wie mir mein Bursche, Ogfr. Hahn, berichten konnte, alle von den Russen am Straßengraben erschossen worden. Man kann annehmen, dass diese Gegebenheit wohl allgemein so geahndet worden ist.

In der letzten Nacht vor der Gefangennahme hat wohl keiner von uns ein Auge zugemacht. Am nächsten Tag habe ich meinen Koch angewiesen, alle noch vorhandenen Vorräte an Lebensmitteln zu gleichen Anteilen an die Männer auszugeben. Auf jeden entfielen etwa zwei Konserven und eine Tafel Schokolade. Das war am 31. 1. 1943 morgens um vier Uhr. Noch mit der Ausgabe beschäftigt, standen plötzlich einige Russen mit Maschinenpistolen hinter uns mit den Worten: „Dawei“, was so viel heißt wie „los, marsch!“ Ich habe aber zu verstehen gegeben, dass wir vorher noch die restlichen Lebensmittel verteilen möchten, was sie überraschender Weise auch gestatteten, wurden aber danach aufgefordert, anzutreten und die Waffen wegzulegen. Auch ich warf meine Pistole, die ich vorher unbrauchbar machte und eigentlich von meinem gefallenen Bruder Reinhold aus dem Ersten Weltkrieg stammte, mit auf den großen Haufen. Geschlossen wurden wir danach zu dem Sammelplatz der deutschen Soldaten geführt, wo wir dann aber sofort nach Mannschaften und Offizieren getrennt wurden.

Als ich in Gefangenschaft ging, sah ich aus wie ein Tanzbär, hatte meine weiße Fliegerkombination an, darüber meinen Mantel und über diesem Mantel nochmals einen sog. Fahrermantel, der sehr weit war und sich über den anderen Mantel ziehen ließ. Um die Hüfte hatte ich meine Offizierskoppel. Am obersten rechten Knopf des Mantels hing meine Taschenlampe, hatte noch ein Paar Fliegerlederhandschuhe und die Schiffchenmütze, am Koppel hing mein Brotbeutel mit Rasier- und Zahnputzzeug, den zuletzt empfangenen Konserven und der Tafel Schokolade. Außerdem hatte ich auch meine guten Offiziersstiefel an, worüber ich an anderer Stelle dann noch etwas sagen werde.

Der Marsch in die Gefangenschaft nach Begetowka

Der Marsch begann durch die innere Stadt in südlicher Richtung. Wir vier Offiziere, Blau, Löffler, der Oberleutnant und ich, waren auf dem Marsch zusammengeblieben. Kaum hatten wir die ersten paar hundert Meter zurückgelegt, sahen wir auf einer kleinen Anhöhe, nur etwa 20 m von uns entfernt, eine der Mädchen, in einer russischen „Kufeika“ (Wattejacke) und mit einem Kopftuch bekleidet, die Hände tief in der Jacke vergraben, da stehen. Auch sie hatte uns gesehen und erkannt, wir aber taten so, um sie nicht in Gefahr zu bringen, als hätten wir sie nicht bemerkt. Damit hatten wir wenigstens die Bestätigung, dass sie, im Gegensatz zu dem anderen Mädel, den Krieg überlebt hat. Kurz darauf kam mein Bursche, der am Straßenrand auch auf seinen Abmarsch wartete zu mir in die marschierende Kolonne gelaufen, verabschiedete sich von mir und berichtete, dass er mit eigenen Augen gesehen habe, dass die übrigen Mädchen an einem Straßenrand erschossen worden seien.
Noch ein Wort zu der russischen Truppe. Es handelte sich ausnahmslos um ganz junge Leute, die tadellos gepflegt aussahen, die sich uns gegenüber eigentlich sehr korrekt benommen haben. Auch wurden wir nicht etwa geschlagen, sondern im Gegenteil, klappte etwas, setzten sich die Posten für uns ein. Die Propaganda dagegen hatte uns die Russen ganz anders, als alte, verwilderte Truppe, als das letzte Aufgebot, über das die Russen verfügten, geschildert.
Vom Roten Platz in Stalingrad ging es in die Gefangenschaft. Ein schier endlos langer Zug wälzte sich aus Stalingrad hinaus und zog gegen Süden nach Begetowka, dem ersten Sammellager der deutschen Kriegsgefangenen. Er wurde nur von ganz wenigen

Soldaten mit Gewehr begleitet. In unserem Abschnitt hatte ein russischer Leutnant die Leitung. Es ging vorbei an den Ruinen von Stalingrad, kein Haus, das intakt gewesen wäre und vorbei an den russischen Artilleriestellungen. Man hat uns diese wohl mit Vergnügen präsentiert, um zu sagen, seht, damit haben wir euch erwischt. Rings um uns nur Schnee, der durch den Zug zu einer festgetretenen Straße wurde. Längs der Straße standen eine Menge russischer Artilleriestellungen, aber jetzt kamen auch die „Hyänen", Zivilisten, die sich auf uns stürzten und uns noch unsere wenige Habe abnahmen. Ich hatte auch bald einen „Gepäckträger". Ja, der Russe ist eben ein sehr hilfreicher Mensch, trägt einem das Gepäck, nur vergisst er, es zurückzugeben. So nahm mir der Zivilist meine Koppel, meine Pelzhandschuhe, meine Fellmütze, die Taschenlampe und meinen Brotbeutel mit dem Rasierapparat und den kostbaren Konserven ab. Die Zivilisten taten dies immer erst dann, wenn keine Posten in der Nähe waren; denn von russischer Seite her hatte man versucht, derartige Plünderungen zu vermeiden. In einem Fall war es so, dass ein Kamerad auch seine Habseligkeiten losgeworden ist. Als dieser sich an den begleitenden Offizier wandte und ihm sogar den betreffenden Mann zeigte, der sich bereits etwa 200 m entfernt mit der Beute seitlich auf einem Feld befand und auch auf mehrfaches Anrufen des Offiziers nicht reagierte, gab dieser sogar zwei Schüsse auf ihn ab, allerdings ohne ihn zu treffen. Aus diesem Vorfall konnte man ersehen, dass der Russe darauf achtete, uns gegen solche Übergriffe zu schützen.

Wir zogen bei eisiger Kälte den ganzen Tag in Richtung Süden. Wie wir später erfuhren, hatten wir auf unserem langen Marsch noch sehr viel Glück. Andere Einheiten wurden aus Stalingrad zuerst über die gefrorene Wolga geführt, dann aber wieder zurück nach Stalingrad, von da nach Gumrak, und das einige Male, bis der Haufen infolge der vielen Ausfälle ganz klein geworden war. Was heißt „Ausfälle“? Wer liegen blieb, wurde erschossen! Den auf diese Weise so dezimierten Haufen geleitet man dann erst zu uns nach Begetowka. Von diesen direkt betroffenen Kameraden haben wir es dann erfahren.

Wir „Glücklichen“, die direkt nach Begetowka geführt wurden. Hier mussten wir, ehe wir registriert wurden, die ganze Nacht frierend und hungernd vor dem Eingang stehen. Man nahm uns alle Ausweise ab, das Soldbuch, befragte uns nach unseren Einheiten, der NS-Zugehörigkeit, Personalia etc. Danach wurde uns eine Unterkunft zugewiesen, größtenteils feste Bauten, aber vollkommen leer. Daneben gab es auch etliche Baracken. Uns wurde ein Raum zugewiesen, der 4 x 4 m groß gewesen sein mag, und in dem etwa 50 Mann untergebracht wurden. Es gab hier keinen Stuhl, keinen Tisch, wohl einen Ofen, aber kein Heizmaterial. Wir waren zusammengepfercht, liegen konnte man nicht, deswegen hockten wir Rücken an Rücken auf dem Boden und haben auch in dieser Position geschlafen. Es gab keine Decken, nichts und wärmten uns gegenseitig durch die Körperwärme. Die Wäsche hatten wir ja ohnedies schon seit Wochen nicht mehr gewechselt, ich hatte mich seit zehn Tagen nicht mehr rasiert und mein letzter Haarschnitt war in der Weihnachtszeit, verlaust und verdreckt waren wir. Wasser zum Waschen gab es sowieso nicht, ja nicht einmal zum Trinken. Das Trinkwasser musste man sich eben aus dem Schnee besorgen.

In dem Durchgangslager Begetowka waren wir mit ca. 25.000 Mann untergebracht. Hier blieben wir sechs Wochen, bis zum 15. 3. 43. Zu arbeiten gab es nichts. Die eigentliche Abwechslung, die wir hatten, war, auf das Essen zu warten. Versprochen hatte man uns drei Mal warmes Essen pro Tag, dazu 600 g Brot. Das war auch am ersten Tag in Begetowka der Fall. So mancher deutsche Kamerad hat vielleicht seit Monaten erst wieder einmal eine Mahlzeit zu sich genommen, für viele ein großes Ereignis.

Aber schon am nächsten Tag stand die gesamte Küche in hellen Flammen. Frage: Sabotage oder vom Russen in Szene gesetzt? Die ganze Küche brannte ab, und es wurde dann eine Behelfsküche im Freien aufgebaut. Aus diesem Grunde bekamen wir von da ab alle drei bis vier Tage einmal einen halben Liter warme Suppe, die praktisch nur aus warmem Wasser bestand, in dem einige Schalen von Erbsen schwammen und die ohne einen Fettzusatz zubereitet war. Aber man war schon froh, dass man etwas Warmes zu sich nehmen konnte. Brot gab es allerdings 600 g jeden Tag. Und so wartete man in diesen sechs Wochen nur auf diese 600 g Brot, und wenn man es dann bekam, wurde die Mahlzeit zelebriert, still und andächtig verspeist.
Nun einiges über die hygienischen Verhältnisse, über die Toiletten. Es waren viel zu wenig „Brillen" aufgebaut, die als Einzelhäuschen über das ganze Lager verteilt waren. Nach meiner Schätzung kamen auf eine einzige Brille 600–700 Mann. Der Andrang war naturgemäß ganz ungeheuer. Diese Misere wurde auch noch dadurch erhöht, dass wir in dem Lager eine Menge Ruhr- und Typhuskranke hatten, die meist schleunigst die Toilette aufsuchen mussten, diese aber z.T. gar nicht mehr erreichten und eben da, wo sie gerade standen, schleunigst die Hosen umdrehen mussten. Die Folgen kann man sich vorstellen. Rund um die Toiletten verteilten sich im Schnee diese Fladen, die dann auch noch zertreten wurden, so dass das gesamte Lager einer einzigen Kloake glich.
Schlimmer war die Trinkwasserfrage. Da es kein fließendes Wasser gab, erschien ab und zu ein Kamelfahrzeug mit einem Wasserbehälter, aus dem an die einzelnen Kameraden Wasser ausgegeben werden sollte. Der Andrang zu dieser Aktion war aber häufig so heftig, dass bisweilen das Fahrzeug umkippte, und das Wasser auf diese Weise verloren ging. Es blieb nichts anderes übrig, als aus sauberem Schnee Wasser zu herzustellen.

Da aber der Schnee meist sehr verschmutzt war, war die Folge eine sprunghafte Zunahme der Ruhr- und Typhuskranken.
Ebenso prekär war die Brennholzfrage für die Öfen. Holz wurde nicht angeliefert, weshalb man sich selbst helfen musste. Was lag näher, als die Dächer der Holzbaracken dazu zu verwenden. Das aber war eine gefährliche Angelegenheit, denn, wenn einer der Posten jemanden auf dem Dach erwischte, wurde er kurzerhand abgeschossen. Auf diese Weise haben wir einige Kameraden verloren.
Zudem haben uns die Russen in diesem Lager auch unsere letzten Habseligkeiten abgenommen. Sie betraten unsere Stuben, ließen uns im Hof antreten und durchsuchten uns dort gründlich. Besaß dann jemand noch ein Taschenmesser, einen Füllfederhalter oder gar eine Armbanduhr, dann war er diese Sachen auf alle Fälle los. Auch unser Schuhwerk wurde kontrolliert. Hatte jemand ein paar gute Stiefel an, musste er sie an Ort und Stelle ausziehen, und wenn er viel Glück hatte, bekam er im Tausch ein Paar völlig wertlose und nicht passende, oder eben auch gar keine. Aus diesem Grund habe ich, nachdem mir das Verfahren bekannt wurde, meine Stiefel gekürzt, d.h., ich habe die langen Schäfte meiner tadellosen Stiefel einfach abgeschnitten, hatte somit nur noch hohe Schuhe, aber die Gewissheit, dass mir die Schuhe passten, und dass sie jeder Kontrolle standhalten würden.
Nicht nur die Russen haben uns gefilzt, viel schlimmer war es, wenn deutsche Kameraden uns noch unsere paar Sachen abschwindelten. Da kam doch ein deutscher Soldat und sagte: „Hört mal, Kameraden, ich bin schon längere Zeit im Lager und weiß, wie hier der Hase läuft. Ich kann euch eine Menge Brot besorgen, wenn ihr mir irgendwelche Sachen, wie Taschenmesser oder Uhren mitgebt. Ich wohne im Haus 12 und heiße Fritz Maier, kenne einige Russen, die euch dafür große Mengen

Brot besorgen." Es gab tatsächlich Leute, die auf diesen Schwindel hereinfielen, ihm die Uhren gaben und auf Nimmerwiedersehen verschwand. Ihn bei dieser großen Menge Soldaten danach ausfindig zu machen, war praktisch unmöglich.

Je länger man in diesem Lager war, umso schlimmer wurde die Lage. Man hatte nichts zu tun, schlafen konnte man auch nicht, weil am Tag in dem Raum ein ständiges Hin und Her war, zudem gab es ohnehin keine Betten. Man wartete eben jeden Tag auf sein Stück Brot und nach drei Tagen wieder auf seinen halben Liter Wassersuppe. Dazu wurde das Lager durch die um sich greifenden Krankheiten von Ruhr und Typhus ganz erheblich dezimiert und ich schätze, dass jeden Tag um etwa 100 Kameraden gestorben sind. Es kümmerte sich keiner um die im Sterben Liegenden. Es war auch keine ärztliche Betreuung da, und die Kameraden hatten mit sich selbst zu tun. Man hatte keine Möglichkeit zu helfen, selbst wenn man dem Russen eine Meldung überbrachte, machte er keine Anstalten, auch nur im Ansatz etwas zu unternehmen. Im Gegenteil, sie waren froh, dass sie einen Esser weniger hatten. So habe ich eine ganze Reihe Kameraden sterben sehen. Insbesondere erinnere ich mich an einen älteren Mann, ob er eigentlich älter war konnte man nicht so genau sagen, weil er wie wir alle einen Vollbart hatte. Dieser Mann saß vor seiner Baracke, verdrehte die Augen, schnappte nach Luft und bewegte, vielleicht betete er auch, seine Lippen. Als ich fünf Minuten später vorbeikam, lag er tot da, völlig nackt und kein Mensch kümmerte sich um ihn. Was war geschehen? Die eigenen Kameraden haben ihn ausgezogen, um entweder seine Stiefel, seinen Rock oder die Hose an sich zu nehmen. Unschön waren auch die Bilder, die man immer wieder in dem Lager beobachten konnte, wenn jemand verstorben war. Der Tote wurde nackt ausgezogen, dann packten ihn zwei Soldaten an den Beinen, schleiften ihn, den Kopf auf der Erde, zu einer

Sammelgrube und schmissen den Leichnam auf den großen Haufen der anderen Toten. Am Abend erschienen mehrere LKWs, die die Leichen aufluden, wo sie dann wahrscheinlich irgendwo außerhalb verscharrt wurden. Man braucht sich nicht zu wundern, dass es in Deutschland heute noch so viele Vermisste gibt, denn allein in Begetowka kannte kein Mensch die Namen der Verstorbenen. Auch kümmerte sich niemand um Erkennungsmarken, ein weiterer Grund, dass Angehörige nicht benachrichtigt werden konnten.

Ich nehme an, dass die Männer meiner Einheit auch nach Begetowka gekommen sind, aber bei der gewaltigen Ausdehnung dieses Lagers konnte man jemand nur durch Zufall begegnen. Von meinen Leuten traf ich nur Pawelczyk und Russmann. Es schien mir, als sei da Pawelczyk schon ein wenig durchgedreht, er sprach schon etwas wirr, sah schlecht aus, mir gefiel er jedenfalls gar nicht. Weil er alles gar zu schwer nahm, versuchte ich ihn etwas aufzumuntern und erinnerte ihn an seine Kameraden, die das Gleiche durchmachen mussten und hatte jedenfalls den Eindruck, dass er so krank war und nicht mehr lange durchhalten würde. Ich habe die beiden nur ganz kurz gesprochen, von den anderen habe ich später nie mehr etwas gehört oder gesehen. Möglicherweise haben sie auch zu dem Trupp gehört, der durch die Gegend gejagt wurde und dabei zugrunde ging.

Verlegung von Begetowka nach Jelabuga

Eines Tages war diese furchtbare Zeit zu Ende. Auf einmal hieß es, wir sollten uns fertig machen und antreten. Nach Mannschaften und Offizieren wurden wir hausweise zusammengefasst, rückten jedenfalls ab und kein Mensch wusste, wohin es ging, was uns aber auch völlig gleichgültig war, wir waren froh dort wegzukommen. Der größte Teil des Transportes bestand aus Offizieren. Verladen wurden wir mit 44 Mann pro Güterwagen. Zu unserer größten Überraschung fanden wir in den Wagen Holzpritschen vor, zweistöckig, auf den Pritschen loses Stroh wie auch Decken. Wir waren deshalb heilfroh uns nach langer Zeit wieder einmal ausstrecken zu können. Als der Zug sich in Bewegung setzte, wussten wir immer noch nicht, wohin die Fahrt gehen sollte. Erst später konnten wir sie rekonstruieren. Von Stalingrad ging es zunächst entlang der Wolga über Kasan nach Jelabuga. Die gesamte Fahrt von Begetowka nach Jelabuga dauerte ganze 14 Tage. Jelabuga ist eine ehemalige orthodoxe Bischofsstadt und liegt an der Kama, einem mächtigen Nebenfluss der Wolga, der bei Kama in die Wolga mündet. Was wir auf der Fahrt erlebten, soll im Folgenden geschildert werden.

Zunächst einiges über die Ausstattung der Wagen. Links und rechts der Schiebetür waren in zwei Etagen Pritschen aufgebaut, darauf Stroh und Decken, so dass wir in zwei Reihen auf einer Pritsche nebeneinander, die Füße gegeneinander, liegen konnten. Wenn ich mich nicht irre, hatten wir sogar einen Ofen, allerdings kaum Holz. War das Holz verbraucht, bekamen wir, wenn auch sehr spärlich, Nachschub. Die Toilettenfrage wurde so gelöst, dass die Schiebetür nicht ganz zugemacht wurde. In dem so schmalen Schlitz wurde eine aus zwei Brettern bestehende

Rinne, als „Pinkelrinne" gedacht, geschoben. Aber da hinein musste man auch das „große Geschäft" erledigen. Wenn man bedenkt, dass wir viele Ruhr- und Typhuskranke hatten, die öfter als normal die Toilette nutzen mussten, war diese mehr als stark frequentiert. Aus diesem Grund ergab sich unwillkürlich ein bestialischer Gestank in diesem Wagen, hinzu kam der Kampf um den Platz neben der „Toilette", der auch vergeben werden musste, aber keiner dort liegen wollte. Dieses Problem führte zu einem kleinen Zwischenfall, über den man heute lacht, damals aber zu einem Aufruhr führte. Ein ruhrkranker Kamerad musste des Nachts die Toilette aufsuchen und tastete sich in der Finsternis bis in die Gegend der Rinne vor, drückte ab, traf aber nicht die Rinne, sondern den Kopf des daneben liegenden Kameraden. Die Folgen brauche ich wohl nicht zu schildern. Es ergab sich ein kleiner Aufstand, Geschrei, Gelächter, Schläge, und das alles in der Finsternis. Dazu bestand kaum die Möglichkeit, sich zu säubern, da weder Wasser noch Lappen vorhanden waren.

Unsere Hauptbeschäftigung auf der Fahrt war das Lausen. Sobald es hell wurde, und wir die Klappen an den Wagen aufmachen konnten, begannen wir mit dem Lausen. Ich machte dies dreimal am Tag. Durch das Knacksen der Läuse waren die Finger völlig blutig. Wir hatten tausende davon, aber alles hatte so gut wie keinen Sinn, denn, wenn man sich auch selber versuchte sauber zu halten, krabbelten die Viecher vom Nachbarn herüber, und man konnte wieder von vorne beginnen. Zwecklos, man wurde sie einfach nicht los.

In diesen 14 Tagen sind wir lediglich zweimal aus dem Wagon ins Freie gelassen worden und das auch nur für 10–15 Minuten. Die Verpflegung auf der Fahrt war, gemessen an der in Begetowka, gut. Wir bekamen regelmäßig unser Hartbrot, dann Tee oder Kaffee, hin und wieder gab es auch eine Suppe. Auf der gesamten Fahrt wurden wir einigermaßen gut verpflegt. Aber 14 Tage sind dann letztlich doch eine lange Zeit, zumal man auf diese paar Quadratmeter angewiesen war. Obwohl die Lage für uns aussichtslos war, und wir tausende Kilometer von der Heimat entfernt waren, gab es doch einige Kameraden, die sich mit dem Gedanken befassten, zu flüchten und trotz aller Widrigkeiten meinten, sich nach Hause durchschlagen zu können. Tatsächlich haben zwei Kameraden während des Transportes zu flüchten versucht. Zu diesem Zweck haben sie in ihrem Wagen einige Bohlen entfernt und sind beim Aufenthalt an einer Station über dieses Bodenloch nach außen gelangt, wo sie in knietiefem Schnee zu flüchten versuchten. Die Flucht wurde natürlich von den Zug begleitenden Posten bemerkt, die mit Skiern die Flüchtenden verfolgten und sie nach kurzer Zeit wieder zurückbrachten. Ziemlich unsanft hat man die beiden ausgerechnet in unseren Wagen verfrachtet und sie deswegen in unseren Wagon gebracht, weil wir drei Tote hatten, die schon seit Tagen in der Mitte unseres Wagens lagen. Zwar hatten wir die Posten längst informiert, aber erst jetzt wurden die Leichen entfernt, an ihre Stelle rückten die beiden Flüchtlinge.

Nach langen 14 Tagen sind wir dann schließlich und endlich an einem winzigen Bahnhof ausgeladen worden, der an der transsibirischen Eisenbahnstrecke lag. An den Namen kann ich mich nicht mehr erinnern. Er lag 80 km von Jelabuga entfernt. Diese 80 km mussten zurückgelegt werden und zwar zu Fuß. In knietiefem Schnee haben wir diese Strecke in dreieinhalb Tagen geschafft. An der Spitze des Zuges wiesen uns einige Russen den Weg, wir gingen, krochen oder schlichen hinterher. In Begetowka wurden 1800 Mann auf die Reise geschickt, aber nur 1200 Mann sind in Jelabuga angekommen. In einigen Stunden hatte sich der Zug so auseinandergezogen, dass er schätzungsweise eine Länge von 5 km gehabt haben mag. Viele Kameraden konnten diese Strapazen nicht meistern, blieben liegen und wurden von den nachfolgenden Posten kurzerhand erschossen. Immer wieder hörte man Schüsse fallen, ein Zeichen dafür, dass wir um einen Kameraden ärmer waren. Wir, die wir noch einigermaßen bei Kräften waren, haben den Schwächeren so gut es ging geholfen, so, dass immer zwei Mann sich einen Kameraden schnappten, um ihn zu unterstützen. Ich versuchte, immer an der Spitze des Zuges zu marschieren. Wenn ich ermüdete und eine Pause einlegte, wusste ich, dass ich 5-6 km Zeit hatte, mich zu erholen. Ich habe einige Zeit im Schnee gesessen, bin wieder weitergelaufen und habe versucht, wieder die Spitze zu erreichen. Schwierigkeiten machte mir meine Tanzbäruniform und die vielen Sachen, die ich am Körper trug. Daher entledigte ich mich der ledernen Fliegerkombination, rollte sie zusammen und trug sie dann auf einem Stock über der Schulter bis nach Jelabuga. Obwohl es sehr kalt war, ist man bei dem beschwerlichen Marsch doch ins Schwitzen geraten. Dreimal haben wir übernachtet, meist in großen Schulen. Die Räume, die wir belegten, waren aber wieder so überfüllt, dass wir uns nicht ausstrecken konnten und Rücken an Rücken auf dem Boden sitzend geschlafen haben. Nach der letzten Übernachtung wurde uns freigestellt, sofort oder erst einen halben Tag später aufzubrechen. Uns wurde gesagt, dass man zwei Gruppen bilden wolle, um den Erschöpften eine größere Ruhepause zu gewähren. Ich habe die erste Kolonne gewählt und habe mich wohl auch richtig entschieden. Damit war ich früher da und hatte eine sichere Unterkunft. Ganz überrascht war ich von dem ersten Blick auf Jelabuga. Bei herrlichem Sonnenschein bot sich uns von einer Anhöhe aus ein herrliches Bild. Die Stadt war nicht sehr groß, herrlich aber der Anblick der Kirchen mit ihren Zwiebeltürmen, im Hintergrund die breite Kama und der Ural. Beim Anblick dieses Panoramas kam mir unwillkürlich der Gedanke: Hier wirst du nun für unbestimmte Zeit leben müssen, hier ist dein neues „Zuhause". Für lange? Für immer? Kommst du hier mal lebend heraus? Fragen und Feststellungen, die Hoffnung, aber auch eher Zweifel und Verzweiflung beinhalteten. Zunächst einmal war ich froh und dankbar, dass ich diesen beschwerlichen Marsch gut überstanden hatte. Noch immer tönten mir die Schüsse der Posten auf dem Marsch in den Ohren, durch den jedes Mal ein Kamerad sein Leben lassen musste. Das gleiche Schicksal hätte mir ja auch widerfahren können. Auf dem Marsch galt nämlich die Parole: wer nicht mitkommt, ist unweigerlich verloren. Dankbar war ich für die bestandene Belastungsprobe, ein Hoffnungsschimmer für eine ungewisse Zukunft.

Das Lager Jelabuga an der Kama (Lager Nr. 97)

Als wir von der Höhe hinunterstiegen und schließlich das Lager erreichten, wurden wir in einen großen Raum geführt und angewiesen, sämtliche Kleidungsstücke, auch die Unterkleidung, abzulegen. So standen wir alle splitternackt da und wurden angewiesen, unsere Kleidung mit Vor- und Zunamen und Dienstgrad zu versehen, diese dann abzugeben mit dem Hinweis, dass wir später alles wiederbekommen würden. Im Anschluss wurden wir registriert und die Personalien aufgenommen. Daraufhin erschienen eine Menge junger Mädchen, so zwischen 16 und 20 Jahren, die uns mit Haarschneidemaschinen sämtliche Körperhaare entfernten, was ihnen offensichtlich großen Spaß bereitete. Uns ließ diese Prozedur ziemlich kalt, auch dann, wenn wir an manchen und bestimmten Körperpartien es vorzogen, besser Hilfestellung zu leisten, um nicht von der gnadenlos rasierenden Maschine über die Maße hinaus traktiert zu werden. Nach dieser Behandlung sahen wir aus wie nackte Sperlinge. Jeder hatte eine Platte, also einen ganz kurz geschorenen Kopf, am gesamten Körper kein Haar, eben ganz junge, nackte Sperlinge. Auch wurden unsere Barthaare zunächst mit der Haarschneidemaschine beseitigt, erst dann erfolgte die Rasur.

Das angenehmste Gefühl aber hatten wir, als wir in einen großen Raum geführt wurden, wo wir alle eine große Blechschüssel mit heißem Wasser bekamen, dazu Seife, so dass wir uns seit Wochen erstmalig wieder gründlich waschen konnten, ein Gefühl des größten Glücks, sich nun endlich sauber zu fühlen. Unsere Kleidung kam in sog. Entlausungsöfen. Dies war ein großer Raum, in dessen Fußboden Röhren eingelassen waren, die zum Glühen gebracht werden konnten. Darüber lag ein Gitter aus Holz, damit man den Raum betreten konnte. Im oberen Teil des Raumes verliefen Stangen, an die mit Kleiderbügeln die Kleider aufgehängt wurden. Nach geschlossenen Türen herrschten in dem Ofen Temperaturen von 120° bis 150°, so dass das Ungeziefer mitsamt der Brut vernichtet wurde. Mit Rückgabe der Kleider erhielten wir neue russische Unterwäsche. Von meinen drei Garnituren an Uniformen bekam ich nur eine zurück und zwar die schlechteste. Meine schöne, warme Fliegerkombination war auch weg. Lange Zeit später sah ich sie an einem Russen.

Wieder angezogen, wurden wir in unsere Unterkünfte geführt, feste Häuser, also keine Baracken, ausgestattet mit großen Räumen, in denen etwa 40 bis 50 Mann Platz hatten. Wir trauten unseren Augen nicht. Es gab da zweistöckige Holzbetten, mit sauberer bunter Wäsche überzogen, als Matratze allerdings eine Strohmatratze. Die Füllung des Kopfkissens bestand ebenfalls aus Stroh, dann eine Wolldecke, die in einem blau-weiß karierten Bettbezug steckte. Es war für uns dann ein Wonnegefühl, sich in diese sauberen Betten legen zu können.

Die nächste Überraschung, die uns bevorstand, war das Essenfassen. Uns wurde eröffnet, dass wir dreimal am Tag warmes Essen bekämen, dazu 600 Gramm Brot pro Tag. Wir wollten das zunächst gar nicht glauben. Die erste Mahlzeit, die uns beschert wurde, bestand aus einem halben Liter Erbsensuppe, 200 g Erbsenbrei, dem sog. „Kascha“, 600 g Brot. Dazu gab es dann 40 g Zucker, 30 g Butter und 10 gute Zigaretten am Tag. Man glaubte, dass man träume, kniff sich unwillkürlich kräftig in den Arm, um festzustellen, ob es Wirklichkeit sei. Dazu ist noch zu bemerken, dass der Russe, auch bei seinen eigenen Leuten, in der Verpflegung zwischen Mannschafts- und Offiziersverpflegung unterschied. Die Offiziersverpflegung war etwas besser zubereitet als die Mannschaftsmahlzeiten. Die Mannschaft bekam z.B. keine Butter und statt 40 g Zucker nur 30 g, an Zigaretten, meine ich, nur drei, statt wie bei uns zehn Stück, die Menge Brot betrug auch 600 g. Wenn vorhanden, bekamen Offiziere helles Weißbrot, Mannschaften Schwarzbrot. Zur Qualität des Brotes wäre zu sagen, dass man sich bei 600 g Brot nicht dieselbe Menge quantitativ vorstellen darf, wie wir es gewohnt waren, weil das russische Brot nicht weniger als 55 % Wasser enthielt. Der erste Tag im Lager hat uns alle sehr angenehm überrascht. Wir hätten es nicht für möglich gehalten, dass der Russe so großzügig sein konnte. Das angenehmste und wohltuendste Gefühl aber war, dass man endlich sauber war, dass man den ganzen Dreck und Schmutz ablegen konnte, dass man in einer sauberen Kleidung steckte und vor allen Dingen, dass man nun endlich die lästigen Läuse los war, jedenfalls vorläufig.

Das Lager 97 in Jelabuga war ein verhältnismäßig großes Lager, das neben unseren 1200 Mann, die wir stellten und den dann noch weiter eintreffenden Transporten, insgesamt ca. 4000 Mann fasste. Unsere Unterkünfte waren große Räume in festen Häusern. Das Lager verfügte über ein eigenes Lazarett, wo deutsche Ärzte und russische Ärztinnen zusammen arbeiteten. In unmittelbarer Nähe floss die Kama. Wir, die sie fast jeden Tag sehen konnten, waren jedes Mal erstaunt über die gewaltige Breite dieses Stromes. Der Fluss, der auch im Sommer von Schiffen befahren wird, ist, weil die Bahn zu weit weg gelegen ist, eben diese besagten 80 km, die einzige Versorgungsgrundlage für die Stadt. Im Winter, wenn der Fluss zugefroren ist, fällt dieser Versorgungsweg aus.

In der ersten Zeit hatten wir nicht viel auszustehen, trugen alle noch unsere Uniformen mit allen Orden und Rangabzeichen und durften uns innerhalb des Lagers vollkommen frei bewegen.

Man konnte spazieren gehen oder sich aus der Bibliothek ein Buch ausleihen, in dem man dann gelesen und sich so die Zeit vertrieben hat. Selbstverständlich handelte es sich um „einschlägige" Literatur, Bände von Marx und über Marx und Lenin, so dass wir in kürzester Zeit bestens über die kommunistische Ideenwelt informiert waren. Nach einiger Zeit kam dadurch etwas Unruhe in das Lager, das sich das sog. „Nationale Komitee Freies Deutschland" bildete, das - wie kann es auch anders sein - von Deutschen ins Leben gerufen wurde ist und die Nichtzugehörigkeit später ein Druckmittel für das Verhalten des Einzelnen darstellte. Mit der Zugehörigkeit zu diesem Verein schlug man sich automatisch auf die Seite der Russen. Das Ziel war, mit allen Mitteln die schnellste Beendigung zu bewirken, z. B. durch Propaganda die noch kämpfenden deutschen Soldaten zum Überlaufen aufzufordern oder und diese sogar aufforderte, im vordersten russischen Graben mit der Waffe in der Hand, gegen die eigenen Brüder zu kämpfen. Kein geringerer als Walter Ulbrich, der so viele Jahre der maßgebliche Mann in der DDR war, war es, der als Propagandamann ins Lager kam, diese Ansichten propagierte und uns zu Kommunisten machen wollte. Er führte mit uns Gespräche und Verhandlungen. In der ersten Zeit war es verhältnismäßig einfach, weil wir ihm Kontra gaben und ihn auslachten. Aber nach einiger Zeit schwenkten einige Kameraden um und legten als äußeres Zeichen der Zugehörigkeit das Hoheitszeichen auf der Uniform, den „Pleitegeier", wie wir ihn nannten, ab, so dass man daran erkennen konnte, ob jemand dem Verein angehörte oder nicht. Im Lager bildeten sich dadurch zwei Parteien. Die Überläufer wurden natürlich vom Russen bevorzugt, indem sie in „nahrhafte" Stellungen einrückten. Das hatte zur Folge, dass sich immer mehr Kameraden dafür entschieden, weil sie verpflegungsmäßig besser gestellt waren als wir, die wir standhaft blieben und einen Übertritt als Verrat am eigenen Volk ansahen. Am Schluss waren wir, die Nichtbeigetretenen, nur noch ein kleiner Haufen, die eine Menge auszustehen hatten. In seinen Äußerungen musste man sehr vorsichtig sein, um nicht von den eigenen Kameraden angeschwärzt zu werden, weshalb wir auch des Öfteren vom Russen vernommen wurden. Mindestens einmal in der Woche wurden man hin zitiert, wo man uns androhte, niemals mehr, wenn wir nicht beitreten, nach Hause zu kommen, wohingegen Mitglieder sofort nach Beendigung des Krieges nach Hause geschickt würden. Auch mussten wir jedes Mal einen Lebenslauf schreiben. Ich glaube, dass ich es in der gesamten Zeit auf mindestens 29 Lebensläufe gebracht habe. Es war vom Russen auch eine Taktik, weil er dann die einzelnen Lebensläufe vergleichen konnte um festzustellen, ob sie in allen Punkten übereinstimmten oder aber Abweichungen zeigten und wenn, dann wurde man erneut zitiert und nach den Gründen dieses Widerspruchs befragt. Eine schwere Zeit, die an die Nerven ging.

Im Lager gab es auch eine ganze Reihe katholischer Priester, ehemalige Divisionspfarrer. Drei Namen sind mir noch in Erinnerung, nämlich: Mohr, Ludwig und Kaiser. Mit Mohr war ich näher bekannt und schätzte ihn auch sehr, bis er eines Tages, wie auch die anderen, in das „Nationale Komitee" eintraten und alle zu einem „Kursus" nach Moskau abgeschoben wurden. Wahrscheinlich wurden sie dort geschult, wie sie andere Kameraden ebenfalls zum Übertritt bewegen könnten. Wie ich später hörte, ist Pfarrer Mohr irgendwo im Saargebiet Pfarrer und lässt jeden Tag zur Erinnerung der Gefallenen und Verstorbenen des Stalingrader Kessels eine Glocke läuten. Ist das nicht Heuchelei? Pfarrer hatten im Lager auch die Möglichkeit, die hl. Messe zu lesen, die auch recht gut besucht wurde. Es war alles nur provisorisch. Die Messgewänder bestanden aus zurechtgemachten Bettlaken, der Kelch war ein Blechbecher, die Hostien unser Schwarzbrot.

Der Russe versuchte mit allen Mitteln, die Soldaten für das Komitee zu gewinnen. So wurde auch ein Nachkomme des Fürsten Bismarck hereingezogen, der dann im Lager Propagandareden hielt, seine Abstammung besonders hervorhob, ein blutjunger Offizier, der von uns aber ausgelacht wurde. Auch wurden deutsche Soldaten aus anderen Lagern eingesetzt, bei uns Propagandareden zu halten und uns aufforderten, sich aktiv an dem Kampf der Russen gegen unsere deutschen Verbände zu beteiligen. Wie wir aus der deutschsprachigen Zeitung des Komitees, die sich „Freies Deutschland“ nannte und mit einem schwarz-weiß-roten Rand eingerahmt war, erfuhren, scheint dieser Aufruf tatsächlich auch Erfolg gehabt zu haben, da hier einige deutsche Soldaten aufgeführt wurden, die im russischen Graben gefallen sind. Sie wurden natürlich auf ein Ehrenschild gehoben. Andere haben aus dem russischen Graben heraus mit Megaphonen die deutschen Kameraden auf der Gegenseite zum Überlaufen aufgefordert und ihnen geschildert, wie gut es ihnen bei den Russen gehe. Kein Mittel hat man unversucht gelassen.

Wie vorsichtig man mit seinen Äußerungen sein musste, zeigte mir eine Begebenheit. Ich zog jeden Morgen mit einem jungen Kameraden, einem Leutnant, zur Arbeit aus. Auf dem Weg sprachen wir über die vielen Übertritte zum Komitee. Bei dieser Gelegenheit äußerte er: „Für mich kommt so etwas gar nicht in Frage, ich bin doch kein Lump und denke nicht daran, die eigenen Brüder zu verraten!“ Und siehe da, am nächsten Tag kam er ohne den Vogel, den „Pleitegeier“ zur Arbeit. Er war übergetreten!!!

Das Lager wurde in der Folgezeit für Wochen und Monate von einer Epidemie, dem Fleckfieber, heimgesucht. Das Fleckfieber ist eine Krankheit, die durch Läuse übertragen wird und eine längere Inkubationszeit hat und äußert sich nicht durch Schmerzen, aber durch ein sehr hohes Fieber von 41° und mehr und eben des hohen Fiebers wegen meist tödlich war. Die Kranken wurden sofort in unser Lazarett gebracht. Da es aber sehr ansteckend war, erkrankte fast das ganze Lager, so dass die Räume im Lazarett nicht mehr ausreichten, die Kranken aufzunehmen, und einzelne Gebäude zum Lazarett erklärt wurden. Ende April 1943 waren etwa 90 % der Belegschaft an Fleckfieber erkrankt, und es starben sehr viele. In unserem Lager war die Sterberate noch verhältnismäßig gering, ich meine 60 %, in anderen Lagern, insbesondere in den Mannschaftslagern, sollen 95 % der Insassen gestorben sein. Wahrscheinlich gehörten auch einige meiner Männer der Kolonne dazu. Ich habe mich noch immer ganz gut gehalten, aber Anfang Mai 1943 erwischte es mich dann auch. Obwohl ich anfangs mit dem Fieber nur etwas über 37° lag, schaffte mich die Schwester, obwohl ich mich sehr wehrte, ins Lazarett. Am nächsten Tag war ich bereits bei über 40°. Drei Wochen lang bin ich dann mit schwerem Fieber bei 41° und mehr gelegen und hatte gleichzeitig auch noch die Ruhr. Wir lagen alle auf unseren Pritschen in unseren alten Unterkünften, und es kam fast jeden Tag vor, dass ich drei oder vier neue Nachbarn hatte, weil die Kameraden um mich herum praktisch unbemerkt starben. Kaum dass ich einen neuen Nachbarn bekam, und ich ihn nach einiger Zeit ansprechen wollte, war er bereits verstorben. Der Tote wurde nackt ausgezogen, sein Name wurde mit einem Art Lippenstift auf den Oberschenkel geschrieben, die Leiche wurde weggeschafft, der nächste wurde neben mich gelegt, der z.T. nach kurzer Zeit auch weggetragen wurde, weil er verstorben war. So schnell und still kam dort der Tod.

Die Verstorbenen wurden zunächst in einem Schuppen gelagert und übereinander getürmt. In der Nacht froren die Leichen am

Boden fest. Anfangs Mai war es immer noch sehr kalt, zumindest in der Nacht. Sie wurden mit der Spitzhacke losgeschlagen, auf einen Laster verladen und vor den Toren irgendwo verscharrt. Nach dem Namen wurde nicht gefragt. Zu Hause hieß es dann: „vermisst".

Das Fleckfieber habe ich überstanden, aber ich war eine Ruine, völlig entkräftet, schlapp, konnte mich kaum auf den Beinen halten, das Treppensteigen war fast unmöglich, wenn, musste ich mich immer am Geländer hochziehen. Deprimierend war für mich die alltägliche Morgengymnastik, zu der das gesamte Lager anzutreten hatte. Die einfachsten Übungen waren für mich eine Qual. Allein das Armbeugen und -strecken wollte nicht gelingen. Ich war jedes Mal verzweifelt und glaubte nicht mehr daran, jemals wieder zu Kräften zu kommen. Ebenso erging es mir beim Faustballspielen, das die Kameraden von der Küche betrieben. Beim Zurückschlagen des Balles saß ich schon auf dem Hosenboden, weil ich einfach nicht die Kraft hatte, dem kleinen Schlag standzuhalten. Die Wochen nach dem Fleckfieber waren für mich sehr schlimm. Aber letztlich ist es besser verlaufen, als ich zu hoffen gewagt hatte. Ich kam langsam zu Kräften, da mir aber das Lagerleben nicht behagte und ich nicht ohne eine Beschäftigung sein wollte, habe ich mich freiwillig zur Außenarbeit gemeldet. Obwohl uns der Russe versicherte, dass ein Offizier nicht zu arbeiten brauche, hat er uns dann schließlich doch zu Arbeiten eingesetzt, die für das Lager bestimmt waren. Später aber mussten wir aber auch Arbeiten verrichten, die nichts mit dem Lager zu tun hatten, Arbeiten, die eigens für den Russen gedacht waren. Um aber nicht den ganzen Tag die Lagerluft einatmen und untätig herumsitzen zu müssen, habe ich mich schon sehr zeitig, d. h., als ich mich nach der Fleckfiebererkrankung einigermaßen stark fühlte, freiwillig zu leichten Arbeiten außerhalb des Lagers gemeldet.

Neben der Tatsache, dass man dann auch Kontakt mit der Zivilbevölkerung bekam, und dass die langen Tage schneller vergingen, wurde diese Mehrarbeit durch zusätzliche Verpflegung honoriert. Es gab dafür einen halben Liter Suppe, 200 g Kascha und 200 g Brot zusätzlich. Zunächst wurden von uns leichtere Arbeiten verlangt, so mussten wir z. B. bei verschiedenen Getreidearten jäten, also das Unkraut heraus zupfen und auf den Boden legen, damit es vertrocknete. Deprimierend bei diesen Ausmärschen war, dass wir von Frauen bewacht wurden, von Flintenweibern, die mit ihren Gewehren neben uns her liefen und viel schlimmer waren als ihre männlichen Kollegen. Eine andere Betätigung waren Arbeiten zum Aufbau eines zweiten Lagers in Jelabuga, in das wir dann auch später verlegt wurden und in unser bisheriges Lager Japaner einzogen. Meist wurden wir sehr früh zur Arbeit herausgeführt. Unsere Arbeit bestand darin, aus alten Gebäuden die Dielenbretter herauszureißen, um sie in den neuen Unterkünften zu Schlafpritschen umzubauen. Es handelte sich um kolossal stabile Bretter, Bohlen, die etwa vier Meter lang und ca. fünf Zentimeter stark waren, die zurechtgeschnitten zu zweistöckigen Pritschen zusammengebaut wurden, auf denen wir dann geschlafen haben.

Auch gab es nahrhaftere Arbeiten, wie z. B. das Pflücken von Tomaten. Arbeiten, die wir gerne machten, weil man während der Arbeit so viele Tomaten essen wie man vertragen konnte. Es ist kaum zu glauben, wie viel ein Mensch davon letztlich vertragen kann. Man kann das auch nur mit ein in sich Hineinfressen bezeichnen, einen Heißhunger, der als zusätzliche Verpflegung unsere Situation darstellte. Bei der Rückkehr ins Lager sind wir aber regelmäßig gefilzt, d. h., körperlich auf versteckte Tomaten untersucht worden. In dem Falle wurden sie uns kurzerhand abgenommen. Bei einer solchen Filzerei gab es auch einmal einen kleinen Spaß. Ein Kamerad hatte einen kleinen

Hasen gefangen und ihn einfach in die Tasche gesteckt, lebend. Als er beim Eingang zum Lager gefilzt wurde, und der Russe den Hasen entdeckte, erschrak er ganz furchtbar. Als wir in lautes Gelächter ausbrachen, verfiel der Posten in verfluchende Schimpfkanonaden und beendete seinen Ausbruch mit dem bei den Russen geläufigen Schimpfwort „Job twoju mat“, was bei uns etwa „Donnerwetter“ entspricht, aber ins Deutsche übersetzt einen Ausdruck darstellt, der etwas ganz Gemeines beinhaltet. Den Hasen hat er ihm abgenommen und ihn, zum Entsetzen des Kameraden, der ihn hätte verzehren wollen, wieder laufen lassen.
Schließlich sind wir in das von uns neu gebaute Lager verlegt worden. Das Lager hatte auch die Nr. 97 und die Adresse: Kriegsgefangener Georg Eduard Haberstroh, was bedeutete, dass der Russe immer neben dem eigenen Vornamen auch den Vornamen seines Vaters angibt, deswegen bei mir Georg Eduard Haberstroh, Lager Nr. 97 CCCP, auf Deutsch, UDSSR. Dieses Lager möchte ich kurz beschreiben.
Jelabuga war eine alte orthodoxe Bischofsstadt. Die Häuser, die wir jetzt bezogen, wurden früher von den Bischöfen bewohnt. Das waren große und stabile Gebäude mit Mauern von einer Dicken von 2 m. Links und rechts von den Häusern standen zwei Kirchen, wunderbare Kirchen mit mehreren Zwiebeltürmen. Im Inneren enthielten sie schöne Fresken, die aber leider von den Russen zerschossen worden waren, das heißt, man hatte den Heiligenfiguren die Augen zerschossen und die Malerei zerkratzt. Wir waren mehrmals in diesen Kirchen und konnten uns all dieses ansehen. Eine der Kirchen war sogar zweistöckig. Eine andere Kirche wurde dann später als Lagerhalle benutzt, dort lagen dann große Mengen an Speck und Vorräten und Lebensmitteln aller Art. Die andere Kirche wurde dazu benutzt Zählungen durchzuführen. D. h., wir wurden abgezählt in die

Kirche geschickt, beim Rückmarsch aber nochmals zur Kontrolle durchgezählt, und wenn die Russen sich immer noch nicht einig waren, ging es von vorne los. Dies nahm manchmal den ganzen Tag in Anspruch. Die neuen Zimmer, in denen wir untergebracht waren, waren sehr groß, etwa vier Meter hoch und fassten etwa 50 Mann. Der Boden bestand aus Parkett und in die Mauern waren Öfen eingelassen, die es ermöglichten, dass man Holzscheite von einem Meter einschieben konnte.

Im Folgenden will ich von den Ereignissen und Vorfällen im Lager berichten und von den Arbeiten, die wir durchführen mussten. In Jelabuga war ich drei ein Viertel Jahre bei den verschiedensten Arbeiten eingesetzt, z. B. mit Arbeiten in Verbindung an der Kama. An der Kama, ein schiffbarer Nebenfluss der Wolga, legten in den Häfen insbesondere Verpflegungsschiffe an, die Vorräte für die Wintermonate geladen hatten, die wir bergen mussten. Aus dem Inneren der Schiffe mussten wir Kisten und Säcke nach oben bringen, wo sie dann mit Wagen in ein Lager transportiert wurden. Interessant war die Entladung eines Schiffes, das nur Salz geladen hatte, was offen in dem gewaltigen Rumpf des Kahnes lag. Unsere Aufgabe war es, dieses in Säcke zu schaufeln, um es aus den untersten Etagen des Schiffes über Leitern nach oben zu bringen. Einige Meter vom Ufer entfernt wurde das Gut wieder auf einen großen Haufen geschüttet, der völlig im Freien lag und eine Höhe von etwa fünf Metern hatte, ein Haufen, der nicht abgedeckt und den Witterungsverhältnissen völlig ausgesetzt war. Was machte es schon aus, wenn einige Zentner Salz sich auflösten. Das Salz wurde schließlich auf kleinen Handwagen oder im Winter mittels Schlitten in die einzelnen Geschäfte transportiert und dort verkauft.

Häufig hatten wir aber auch bei russischen Familien irgendwelche Arbeiten auszuführen, unter anderem auch Malerarbeiten. Zu diesem Zwecke bekamen wir etwas Kalk, womit wir die Wände der Wohnungen gestrichen haben. Wurde ein Muster gewünscht, wurde einfach ein Lappen in den rot oder grün getönten Kalk getaucht, dieser ein wenig ausgewrungen, und dann der zu einer Wurst zusammengerollte Lappen an der Wand entlang gerollt, so dass ein wirklich passables Muster entstand. Diese Arbeiten haben wir als „Lebensaufgabe“ aufgefasst, d. h., wir haben sie so lange hinausgezögert, wie es nur eben möglich war. Denn dadurch konnten wir nicht für andere unangenehmere Arbeiten eingesetzt werden. An einem Raum, der normalerweise in drei bis vier Stunden hätte fertiggestellt werden können, haben wir drei bis vier Tage gearbeitet. Als Entschädigung bekamen wir, außer der uns zustehenden Lagerverpflegung, von unseren Wohnungsinhabern jeden Tag eine ganzen Eimer Kartoffeln, die wir an Ort und Stelle auch kochen und verdrücken konnten. Man stelle sich vor, was es heißt, mit vier Mann einen ganzen Eimer Kartoffeln zu verdrücken. Sogar dem Posten haben wir davon einiges abgegeben, der sich natürlich freute, auch eine zusätzliche Mahlzeit zu erhalten. Unvorstellbar wie viel mengenmäßig vertragen kann, wenn man Hunger hat.

Bei russischen Privatleuten haben wir auch Öfen gesetzt. Wir bestanden aus einer Gruppe von vier Mann, wovon einer natürlich ein Fachmann war, ein Maurer, der von Ofensetzen etwas verstand. Zunächst wurde natürlich der alte Bestand eingerissen. Da es ja ein reiner Ziegelofen werden sollte, wurde zunächst der Unterbau mit den Zügen gemauert, wobei die Anordnung und Führung der Züge eine ausschlaggebende Rolle für das Funktionieren des Ofens darstellte. Nach der Fertigstellung wurde mittels brennenden Papieres das Ziehen des Ofens ausprobiert, zog er nicht, wurde der gesamte Ofen wieder rigoros auseinandergerissen und die Züge neu angeordnet.

Für die Küche des Lagers musste auch das Wasser geholt werden. Da Wasser für den Russen eine Rarität war, musste man sich für das Waschen meist nur mit einer T a s s e Wasser begnügen. Wie man das machte, haben wir vom Russen gelernt: Man nimmt einen Schluck Wasser in den Mund, spuckt es anschließend in die hohlen Hände und wäscht sich damit das Gesicht oder den ganzen Körper, je nachdem, ob man sich „waschen" oder „baden" will. Das geht an sich wunderbar und staunt, mit wie wenig Wasser man den Körper sauber halten kann. Die Küche aber war ein Großverbraucher. Das dafür benötigte Wasser wurde in großen Fässern, die wir eigenhändig befüllen mussten, aus der Kama geholt, ein zeitaufwendiges Verfahren, das dazu führte, dass es vielfach erst am späten Abend das Mittagessen gab.
Kurze Zeit später war ich auch in der Wäscherei, der Tischlerei und in der Schlosserei tätig und habe dort nach Anweisung kleine Arbeiten wie hobeln, sägen, zuschneiden, leimen usw. durchgeführt. Während meiner Tätigkeit in der Schlosserei hatte ich den Auftrag, eine Tür rechtwinklig mit Ziegeln zuzumauern. Während ich gerade einen Ziegel einsetzte wurde ich gerufen, wobei ich mir beim ruckartigen Umdrehen mit dem Hammer dabei so kräftig auf den Zeigefinger meiner linken Hand schlug, dass der sofort stark zu bluten begann. Im Revier hat mir dann der deutsche Arzt bei örtlicher Betäubung den Nagel mittels einer gewöhnlichen Schere herausoperiert, so dass ich einige Tage krankfeiern musste.
Auch war ich längere Zeit in einer Maurerbrigade als „Spezialist" eingesetzt, obwohl ich davon keine Ahnung hatte. Ich habe lediglich bei solchen Maurerarbeiten zugeguckt, mir so Technik und Vorgehensweise angeeignet und damit als Spezialist galt. Es ist ganz ulkig, wie der Russe da vorgeht. Soll etwas Neues gebaut werden, muss zunächst das Alte eingerissen werden. Für

den Neubau werden zunächst die alten Ziegelsteine gesäubert. Wegen Mangel an Kalk wurde der Mörtel nur aus Sand, Lehm und Wasser gemischt. Der Leiter und Verantwortliche für dieses Projekt nannte sich Brigadeführer und war ein deutscher Ingenieur namens Dohms. Er holte sich vom Russen den Auftrag und teilte uns für die einzelnen Arbeiten ein. Er selbst brauchte nicht arbeiten. Das Materialwie den Lehm holten wir uns aus dem Keller eines Hauses, das in dem Bereich des sog. SS-Lagers lag, sowie über die Herstellung des Kalkes, wird noch zu berichten sein. Wir haben dann im Lager verschiedene Mauern gebaut, an deren Errichtung ich maßgeblich beteiligt war. Ob sie heute noch bestehen, bezweifle ich, denn sie waren mitunter recht windschief geraten. Aber schließlich war ich ja Spezialist, und Spezialisten liefern ja schließlich keine Schundarbeit.

Neben der Tätigkeit als Maurer war ich dann eine lange Zeit beim Holzholen beteiligt, eine eigentlich angenehme Arbeit, weil man erst einmal aus dem Lager herauskam, sich etwas freier bewegen, Kontakt mit der Zivilbevölkerung hatte und mit dieser sogar Geschäfte abschließen konnte. So haben wir öfter unser Weißbrot gegen die doppelte Menge Schwarzbrot eintauschen können, oder handelten uns unsere Butterration gegen eine alte Zeitung, die Iswestia oder Prawda ein, die uns als brauchbares Zigarettenpapier dienten. Weil die deutschen Zeitungen geleimt und beim Rauchen qualmten und stanken, waren sie für diesen Zweck völlig ungeeignet.

Die Strecke bis zu der Stelle, an der wir das Holz holten, war ca. 16 km entfernt und umfasste damit einen Gesamtweg von 32 km. Das Holz wurde immer im Winter mit etwa 50 großen Schlitten geholt, mit denen wir über die zugefrorene Kama mussten. Vor jeden Schlitten wurden sechs Kameraden gespannt, die diesen mit Seilen zogen, deren Schlinge man sich um die Schultern hing. So stampften wir mit den 50 Schlitten und ca.

300 Mann durch knietiefen Schnee, zunächst mit den leeren Schlitten, bis zu Ladestelle in einem Wald. Hier wurde jeder Schlitten mit 1 ½ cbm Holz, mit Stämmen bis zu 4 m, beladen, kürzere oder auch längere, aber jeder 1 ½ Kubikmeter. Die Stämme wurden mit Knebeln und Seilen an Schlitten verzurrt, nachdem man zunächst die Baumstämme mit den Händen aus dem meterhohen Schnee freigelegt und aufgeladen hatte. Gewöhnlich sind wir früh um 6 Uhr abmarschiert und kamen häufig erst, je nach Wege- und Witterungsverhältnisse, um 22 Uhr wieder im Lager an. In der gesamten Zeit gab es nichts zu essen. Der schlimmste Punkt auf dem Rückweg war der Weg über die Kama, und weil die Ufer der Kama sehr steil waren, und die mit 1,5 cbm Holz beladenen Schlitten bei der Abwärtsbewegung der steilen Ufer der Kama sehr schnell wurden, wurden nur zwei Mann an der Deichsel belassen, vier Mann mit ihren Seilen hinter das Gefährt gespannt, um den Schlitten zu bremsen. Vielfach aber passierte es, dass man sich der Glätte wegen nicht halten konnte, der beladene Schlitten ins Laufen kam, die beiden Deichselmänner zur Seite springen mussten und der gesamte Schlitten umkippte oder aber zerbrach. Vonseiten des Russen gab es nun eine kolossale Aufregung mit Geschrei und Geschimpfe. Die gesamte Kolonne wurde gestoppt, der verunglückte Schlitten musste repariert werden, und erst wenn alles wieder in Ordnung war, setzte sich der Zug dann wieder in Bewegung. Diese unerwünschten Aufenthalte waren auf diesen Märschen eigentlich üblich. Erst nach dem Abladen der Stämme im Lager, gab es dann für uns das Essen, das aus Mittag- und Abendessen und der Zusatzverpflegung bestand, d.h., wir pumpten uns insgesamt etwa zwei Liter Suppe, 600 g Kascha, 600 g Brot plus 600 g Zusatzbrot in den Magen, eigentlich eine unvorstellbar große Menge.

Nun erwähnte ich, dass wir unseren Kalk selbst hergestellt haben, Dazu wurde ein Kalkofen gebaut, den Dohms konstruiert und die Form eines Turmes mit einem konischen Aufsatz hatte. Auch er wurde aus alten Mauerresten hergestellt. Im unteren Teil befand sich eine riesige Feuerstelle, wo gewaltige Holzmengen ein mächtiges Feuer entfachten, darüber Eisenstäbe als Rost, worauf Kalksteine lagen, die wir aus einem Steinbruch gewonnen hatten. Durch das Feuer wurden diese Steine erhitzt, zum Weißglühen gebracht, die einige Zeit, ich glaube einige Tage glühen mussten und abgekühlt, einen zunächst ungelöschten Kalk ergaben, der dann zur Weiterverarbeitung erst gelöscht werden musste. Dazu wiederum kamen die Steine in einen Behälter, wo sie mit Wasser übergossen wurden, das im gleichen Augenblick zu Kochen begann, was man dann letztlich als Löschen des Kalkes bezeichnete. Bei diesem Prozess entwickelte sich eine derartige Hitze, die wir nutzten, irgendwo geklaute Kartoffeln zu garen.
Ich glaube, dass ich in der Zeit, in der ich in Jelabuga war, sämtliche Handwerkerarbeiten ausgeführt, die es überhaupt gibt, auch wenn es manchmal nur für kurze Zeit war. Ich habe alle diese Arbeiten auch gerne gemacht, vor allem auch aus dem Grund, etwas Neues dazuzulernen, war aber auch froh, einer Beschäftigung nachgehen zu können und nicht nur stupide im Lager herumzuhängen. Wenn man wirklich mal im Lager blieb, war man nie sicher, zu irgendwelchen Aufgaben herangezogen zu werden, die meist dann auch wesentlich unangenehmer waren, als die Arbeiten außerhalb des Lagers. Um sich dem zu entziehen, gab es oft ein Katz- und Mausspiel mit den Russen. Sah man ihn im vorderen Eingang hineingehen, entschlüpfte man zum Hinterausgang, kam er von hinten, entwischte man zum Vordereingang.

Was hatte es für eine Bewandtnis mit dem sog. SS-Lager? Das gesamte Lager umfasste etwa 4000 deutsche Kriegsgefangene, darunter auch viele SS-Leute, die innerhalb des Lagers in einen eigenen, abgeschlossenen Komplex lebten, der von den anderen durch Stacheldraht abgegrenzt war. Auch war es uns verboten, mit diesen Leuten Kontakt aufzunehmen. Die SS-Leute, von einem Oberst Wolf, der auch in diesem Lager wohnte, geführt, hörten ausschließlich auf sein Kommando. Wenn der Russe sie z.B. aufforderte, zur Arbeit zu gehen, weigerten sie sich und beriefen sich darauf, dass ein deutscher Offizier nicht zu arbeiten brauche. Selbst wenn ein russischer General kam und ihnen etwas befahl, blieben sie mit einem „niet" stur. Weil sie dem Russen allerlei Ärger machten, wurden sie sehr kurz gehalten, bekamen eine schlechtere Verpflegung, bekamen zum Schlafen keine Decke und mussten z.T. im Keller liegen.
Ich erwähnte schon, dass wir in einem der Keller des SS-Lagers, den Lehm holen mussten. Wir fuhren also mit einem Wagen dort vor, beluden ihn und fuhren dann wieder in Begleitung eines russischen Postens aus dem SS-Lager heraus.
Ich war also auch mal eingeteilt. Die SS-Leute durften ja mit uns nicht sprechen, hatten aber außerhalb ihres abgeschotteten Lagers bei uns auch Freunde, die uns baten, den SS-Leuten irgendwelche Briefe oder Lebensmittel mitzunehmen. Diesen Wunsch erfüllten wir gerne, und legten dann die mitgenommenen Sachen an eine bestimmte Stelle im Keller. Während wir zu zweit mit einer Trage Lehm an den herumstehenden SS-Leuten vorbeigingen, taten wir angesichts des Postens, der immer in der Nähe blieb und unser Verhalten kontrollierte, so, als würden wir beide uns belanglos unterhalten, sagten aber dann auch im Vorbeigehen laut vor uns hin: "Übrigens, im Keller liegen für Euch einige Sachen. Holt sie Euch, wenn wir hier raus sind!" Die SS-Leute, die wir dabei nicht ansahen, sagten

bloß: „Verstanden!“ Diese Mitteilungen fanden im Beisein des Postens statt, wobei wir annahmen, er verstünde es ja doch nicht. Aber da haben wir uns gewaltig in den Finger geschnitten. Als wir dann aus dem Lager herausfuhren, blieb der Posten zurück, ging in den Keller und brachte alle die von uns dort deponierten Sachen mit, um sie der Lagerleitung abzuliefern. Aus den Briefen war der Adressat leicht zu ermitteln, aber auch uns ging es an den Kragen. Unser Brigadeführer Dohms wurde vor den Russen zitiert, und ihm befohlen, die Namen von all denen anzugeben, die irgendwelche Sachen in das Lager geschmuggelt hätten. Dohms kam dann zu uns und sagte: „Ja, Läute, das und das hat der Russe befohlen, abzuleugnen ist da nichts. Wir werden daher mindestens einen von Euch namhaft machen müssen. Wer meldet sich freiwillig?“ Natürlich meldete sich keiner. Dohms versprach uns dafür zu sorgen, dass demjenigen vonseiten des Russen nichts passierte. Nachdem sich niemand bereitfand, wurde gelost. Wie konnte es auch anders sein, das Los fiel auf mich. Mein Name wurde also dem Russen gemeldet, wobei Dohms versuchte, mich noch einigermaßen herauszupauken. Die Strafe war, dass ich aus der Brigade verstoßen und der Holzbrigade zugeteilt wurde.

Wie haben wir uns nun außerhalb der Arbeitszeit beschäftigt? Im Lager hatte man sich mehr oder minder mit einigen Kameraden befreundet. Es bildeten sich kleine Interessensgruppen, in unserer Gruppe waren meist Schlesier, die sich an besonderen Tagen, wie an Geburts- oder Feiertagen, sich gegenseitig kleinere Geschenke machten. An Geburtstagen war es üblich, dass jeder, der aus etwa zehn Mann bestehenden Gruppe, dem Geburtstagskind von seiner Brotportion etwa 100 g abgab, ferner die Hälfte des Zuckers und der Butterration, so dass das Geburtstagskind an seinem Festtag zusätzlich über 1 kg Brot, 200 g Zucker und 150 g Butter verfügte, womit er seine Geburtstag wirklich festlich begehen konnte. Dazu gab es noch kleine selbstgebastelte Geschenke, wie ein Zigarettenetui, eine Zahnbürste, einen selbstgeschriebenen kleinen Gedichtband usw. Das bereitete viel Freude, und niemand der Gemeinschaft wurde ausgelassen. Aus dieser eigentlich gewaltigen Menge von Brot, Zucker und Butter, haben wir uns an den Geburtstagen vielfach auch kleine Cremetorten hergestellt, in der Weise, dass zunächst ein Teil des Weißbrotes in Scheiben geschnitten, und ein Teil zerkrümelt und geröstet wurde. Aus der Butter und dem Zucker wurde eine Buttercreme geschlagen, die, vermischt mit dem gekrümelten Röstbrot, dann, Schicht für Schicht, zwischen die Weißbrotscheiben verteilt wurde. Das Ganze wurde dann mit Buttercreme oder Zuckerguss überstrichen und irgendwie garniert. Diese kleinen Kunstwerke, die da entstanden und besonders gut schmeckten, wurden dann mit Andacht verzehrt. Unter den schlesischen Kameraden hatte ich im Lager einen Ziegenhalser, Dr. Anders, einen Wetterfrosch, also Meteorologen, dann einen Lehrer Salhof aus Branitz, und einen ehemaligen Schüler von mir, Siegfried Hohmeyer, der allerdings erst später ins Lager kam, und dessen Vater General war. Zu der Gemeinschaft gehörten dann aber noch andere Kameraden, deren Namen mir entfallen sind. In diesem harmonischen Kreis haben wir also unsere Freizeit verbracht und uns gegenseitig beschenkt. Man sagt das so selbstverständlich, beschenkt. Was sollten wir uns schenken? Wir hatten ja eigentlich nichts, und das was wir hatten, ist uns abgenommen worden. Wir hatten uns außerhalb der Arbeit aber mit verschiedenen handwerklichen Arbeiten befasst. Ich habe z.B. eine kleine Erfindung gemacht, Erfindung wäre vielleicht zu viel gesagt, sagen wir, ich hatte eine Idee. Um unsere Tage der Gefangenschaft schneller abstreichen zu können, und auch zu wissen, welches Datum wir hatten, habe ich einen Kalender gebastelt. Dazu habe ich aus einem

Weichholz von 12 cm x 12 cm mit einem selbstgebastelten Messer, den inneren Teil herausgeschält, so, dass vorne eine nur 3mm dicke Schicht blieb. In diese wurde in der Mitte ein größeres quadratisches Fenster, und links und rechts daneben eine Öffnung von 0,5 cm x 2,5 cm, geschnitten. Das mittlere Fenster enthielt den Tag, das linke den Wochentag und das rechte den Monat. In dem ausgehölten Bereich habe ich dann einen Mechanismus eingebaut, mit dessen Hilfe man dann jeden Tag das Datum einstellen konnte, also z. B. Mittwoch, 15. Mai. Man brauchte nur an einem kleinen Rädchen oder an einer Rolle zu drehen, um jeden gewünschten Tag einzustellen. Das Papier für die Beschriftung entnahm ich den Papirossi, dem Hohlmundstück der verrauchten Zigaretten. Die Beschriftung erfolgte mithilfe von Beize, die ich mir in der Tischlerei erbettelte. Als Schreibgerät diente wie zu Ur-Ur-Großmutters Zeiten, ein angespitzter Gänsekiel. Die Einstellung des Datums erfolgte mittels einer Welle, die man außen drehen konnte. Damit das Ganze etwas netter wirkte, habe ich mit Federkiel und Beize an der linken Vorderseite aus dem Gedächtnis, die Ziegenhalser Kirche, in den freien Raum an der rechten Seite, eine der neben dem Lager stehenden russischen Kirchen, gemalt. Dieses Kunstwerk habe ich dann Dr. Anders, der sich darüber sehr gefreut hat, geschenkt, das dann in seiner Unterkunft über seiner Pritsche hing.

Eine andere Bastelarbeit war das Herstellen einer brauchbaren Zahnbürste:
Man nehme ein Stückchen Holz, bearbeite es mit einer Glasscheibe und einem Messer so weit, bis das Holz die Form einer Zahnbürste hat, höhle dann den vorderen Teil etwa 1mm aus und bohre dann mit einer stärkeren Nadel oder einem Stück

Draht vorsichtig hintereinanderliegende Löcher in drei Reihen im ausgehölten Teil auf der Oberseite der Zahnbürste,

schneide etwa 3cm lange Pferdeborsten zurecht, verbinde die einzelnen Schlaufen mittels eines dünnen Drahtes fest miteinander, verklebe den ausgehölten Teil mit Teer oder Pech,

und fertig ist die einsatzfähige Zahnbürste.

Diese selbstgebastelte Zahnbürste besitze ich heute noch. Übrigens, das einzige Erinnerungsstück an meine Gefangenschaft.

Wie wird ein Messer gemacht? Auch das mussten wir uns selbst herstellen weil man uns ja rigoros unsere Taschenmesser abgenommen hatte. Wir nahmen einen großen drei Zoll langen Nagel und bearbeiteten diesen mit einem harten Stein auf einer harten Unterlage so lange, bis der Nagel platt war. Dann wurde er an einem anderen Stein geschliffen, so, als würde man an einem Lederriemen, ein Rasiermesser schärfen. Wenn man dann dafür noch einen Holzschaft bastelt, ist dieses Messer ein ganz brauchbares Instrument, um z. B. damit Brot zu schneiden oder damit eine Schnitzarbeit herzustellen. Kameraden, die in der Schlosserei beschäftigt waren, haben sich Taschenmesser hergestellt, die von käuflichen Messern nicht zu unterscheiden waren. Bei den Kameraden waren sie auch gegen Brot, Butter und Tabak zu kaufen.

Wir haben auch kleine Bücher gebunden. Als Grundlage dafür dienten uns die Hülsen der Zigaretten, die Hohlmundstücke hatten. Wenn auch der eine Teil durch das Nikotin etwas gelb war, schadete das nicht. Die Bücher hatten eine Größe von etwa 4 cm x 4 cm. Mittels Federkiel und Beize haben wir aus dem Gedächtnis Gedichte aufgeschrieben, das Ganze mit einem festen Deckel versehen, gebunden, und fertig war ein Gedichtband. So habe ich z. B. „Die Weise von Liebe und Tod des Cornets Christoph Rilke“ von Rainer Maria Rilke in so einem Buch festgehalten. Ich weiß gar nicht mehr, wer mir dazu den Text geliefert hat. Solche kleinen Kostbarkeiten haben wir uns dann zum Geschenk gemacht. Schade nur, dass wir diese wirklich interessanten und auch letztlich wertvollen Produkte nicht in die Heimat haben retten können.

Von einer guten Kameradschaft konnte man leider nicht immer reden. So wurden Kameraden häufig bestohlen, die sich Brot für den nächsten Tag aufgehoben hatten. Irgendwie kam das aber raus, so dass die Täter ausfindig gemacht werden konnten. Unsere Selbsthilfe sah dann so aus, dass die Kerle von mehreren Kameraden überwältigt über einen Tisch gelegt wurden, zog ihnen die Hosen herunter und wurden dann derartig verdroschen, dass sie tagelang nicht sitzen konnten. Eine zusätzliche Strafe bestand darin, dass man den Übeltätern von vorne bis hinten eine Furche in die Haare schnitt. Diese Kennzeichnung war deshalb besonders wirksam, nachdem wir später keine Glatze mehr tragen mussten und unsere Haare in normaler Länge tragen durften.

Geklaut habe ich persönlich auch, aber nicht bei den Kameraden sondern beim Russen, wie folgt. Ich war damals in der Brigade Dohms, also in der Maurerbrigade. Ein Kamerad und ich hatten den Auftrag, einen Ofen in der Bäckerei zu reparieren. Mit unseren Werkzeugen bewaffnet machten wir uns auf den Weg zur Bäckerei, die innerhalb des Lagers gelegen war. Nach der üblichen Methode wurde erst einmal der schadhafte Teil des Ofens eingerissen, und der Schutt mittels Eimer außerhalb der Bäckerei entsorgt. Dabei sahen wir, dass auf Rosten hunderte fertig gebackene Brote lagen. Während der eine von uns Schmiere stand, ließ der andere ein Brot in den Eimer gleiten, das dann mit dem zu entsorgenden Schutt überdeckt, nach draußen getragen, dort ausgebuddelt aufs Zimmer gebracht, wo es dann sicher verstaut wurde. Wenn man dann zurückkam, wiederholte sich das gleiche Spiel mit dem anderen von uns beiden, bis jeder dann mit zwei Broten eine ganz schöne zusätzliche Verpflegung hatte, denn jedes der Brote dürfte etwa zwei kg gewogen haben. Durch diese Klauerei wurde aber kein Kamerad benachteiligt und jeder, trotz der fehlenden vier Brote, seine ihm zustehende Ration bekam. Allgemein war die Einstellung bei uns so: Wenn wir den Russen irgendwie schädigen konnten, taten wir es und hatten auch keinerlei Skrupel. So ähnlich haben es auch zwei Kameraden gehalten, die in eine Kirche eingedrungen waren und sich hier unbemerkt, mehrere Speckseiten aneigneten, dann aber doch von den eigenen Kameraden, vermutlich aus Neid, an den Russen verraten wurden.

Kurz möchte ich noch auf die Krankheiten, die ich im Lager Jelabuga hatte, eingehen. Wie ich schon erwähnte, mussten wir im Winter Holz holen. Für diesen Marsch bekamen wir Filzstiefel, die man uns aber erst kurz vor dem Marsch lieferte, und wir diese anziehen mussten, ob sie passten oder nicht. Selbstverständlich haben wir innerhalb der Zimmergemeinschaft die Stiefel getauscht, wenn sie nicht passten. Eines Tages bemerkte ich nach etwa zwei km Marsch, dass die Stiefel zu groß waren und an der Ferse scheuerten. Nach weiteren zwei km stellten sich Schmerzen ein, so dass ich kaum mehr laufen konnte. Umkehren konnte ich auch nicht, da man mich nicht allein zurückschicken durfte, ließ mich daher von den Kameraden ziehen, wenigstens bis zur Ladestelle. Aber auch auf dem Rückweg war an ein Laufen nicht mehr zu denken, viel weniger noch an ein Mitziehen. Auch konnte ich mich nicht auf den Schlitten setzen, weil ich den Kameraden nicht zumuten konnte, dass sie neben der schweren Last auch noch mich mitzogen. Daher humpelte ich hinter dem Schlitten her, und hielt mich an den Balken fest, um besser laufen zu können. Für mich war das ein grausamer Weg, immerhin 16 km hin und 16 km zurück. Jedenfalls biss ich die Zähne zusammen, ging sofort nach der Rückkehr ins Revier, wo nur noch, weil es schon nach 22 Uhr, ein Sanitäter anwesend war. Der Sanitäter brachte es nicht fertig, mir den Stiefel abzuziehen, da schon der ganze Fuß verschwollen war. Es blieb also nichts anderes übrig, als den Stiefel aufzuschneiden, wo man jetzt ganze Bescherung sah. Der gesamte Fuß war bis zum Knie blau angelaufen. Da auch der Arzt nicht mehr benachrichtigt werden konnte, gab er mir den Rat, am nächsten Morgen zeitig wiederzukommen, um das dem deutschen Arzt zu zeigen. Der Arzt, Dr. Kohler, der, wie ich glaube jetzt in Köln ist, wurde nach seiner Rückkehr aus der Gefangenschaft mit dem Bundesverdienstkreuz ausgezeichnet, weil er noch freiwillig in Russland blieb, obgleich er hätte nach Hause fahren können, um die deutschen Kriegsgefangenen weiter zu betreuen. Als ich dann am nächsten Morgen auf einem Bein im Revier angehopst kam und mich dem Dr. vorstellte, machte dieser ein bedenkliches Gesicht und überwies mich sofort ins Lazarett, das ebenfalls im Bereich des Lagers lag. Hier angekommen empfing mich ein anderer deutscher Arzt, der mich auf eine Pritsche legte und mir eine Narkose gab. Nach dem Aufwachen sah ich, dass die Ferse des linken Fußes blau angelaufen war, ein Schnitt rund um die Ferse gemacht wurde, das geronnene Blut herausgekratzt und das Ganze dann vernäht wurde. Anschließend legte man mich in ein Bett, das völlig verdreckt war. Es graut mir, mich da hinein zu legen. Was aber blieb einem übrig? Nach zwei Tagen bemerkte ich, dass ich Läuse hatte, aber nicht unsere lieblichen Tierchen vom Stalingrader Kessel, sondern Filzläuse, Läuse, die sich vornehmlich in den Schamhaaren aufhielten. Das hatte mir gerade noch gefehlt. Es bedurfte aller möglichen Prozeduren, bis ich diese Tierchen los war. Obgleich ich anfangs drei Wochen bleiben sollte, wurde ich bereits nach zehn Tagen aus dem Lazarett entlassen. Allerdings war noch lange danach ein Arbeitseinsatz nicht möglich. Ich blieb im Lager und brauchte auch nicht zu arbeiten. Aus diesem Lazarettaufenthalt haben sich dann noch zwei weitere Krankheiten, die Krätze und eine Furunkulose entwickelt, über die ich dann später berichten werde.

Vor diesem Lazarettaufenthalt hatte ich mir aber beim Holzholen die große Zehe des rechten Fußes erfroren, eine Erfrierung

3. Grades, die normalerweise zur Amputation der großen Zehe hätte führen müssen. Wie es überhaupt dazu kam lag daran, dass wir beim Holzholen so lange warten mussten, bis alle Schlitten beladen waren. Da wir damals noch keine Filzstiefel bekamen, sondern mit gewöhnlichen Halbschuhen auf die Reise geschickt wurden, habe ich mir durch das lange Herumstehen bis auch der letzte Schlitten beladen war, die rechte Zehe erfroren, was ich vor Ort erst gar nicht bemerkt habe. Erst nach der Rückkehr, als ich mir die Socken auszog, bemerkte ich, dass die große Zehe sehr weiß war. Ein bei uns auf dem Zimmer liegender Arzt diagnostizierte eine Erfrierung. Durch Einreiben mit Schnee, versuchten wir wieder Leben in den Zeh zu bekommen. Nach etwa einer halben Stunde, in der wir beide kräftig gerieben hatten, verspürte ich dann ein Brennen, ein möglicherweise vermeintliches Lebenszeichen. Am nächsten Tag bin ich dann gleich zum Arzt ins Revier, hatte dann schon riesige Schmerzen, die Zehe wurde ganz schwarz und fing an zu riechen, nein zu stinken. Nach ein paar Tagen löste sich auch der Zehennagel, der dann entfernt wurde. Mit dieser Erfrierung wollte mich die russische Ärztin unbedingt ins Lazarett schaffen, wogegen ich mich aber mit Händen und Füßen erfolgreich gewehrt habe, weil es nämlich kurz vor Weihnachten war, und ich unbedingt mit meinen Kameraden, insbesondere mit der schlesischen Gruppe, feiern wollte. Außerdem wollte ich meine Zehe, koste es was es wolle, erhalten. Ab jetzt wurde ich ambulant behandelt und musste jeden Tag im Revier erscheinen. Tagsüber lag ich dann auf meiner Pritsche, musste den Fuß hochlagern, denn sobald ich ihn in eine andere Position brachte, hatte ich kolossale Schmerzen. Zudem fing die Zehe an, richtig zu faulen und verbreitete einen impertinenten Gestank, so dass ich schon die Befürchtung hatte, an einer Amputation nicht vorbeizukommen. Aber ich hatte Glück, denn nach vier bis fünf

Wochen, war auch diese Sache durchgestanden. Die Zehe hatte keinen Nagel mehr, später ist ein völlig verkrüppeltes „Nagel-etwas" nachgewachsen, aber ich habe meine Zehe gerettet, auch wenn sie etwas kürzer ist als die Zehe des linken Fußes.
Wie oben angemerkt, habe ich mir im Lazarett auch die Krätze geholt, eine sehr unangenehme Krankheit. Zwischen den Zehen und den Fingern bilden sich zunächst kleine Pusteln, die von Milben, die sich röhrenförmig in die Haut einfressen, herrühren und ein unangenehmes Jucken hervorrufen, das sich dann auch auf die Brust überträgt. Vor dieser Krankheit haben die Russen eine große Angst. Nachdem nun der deutsche Arzt diese Krankheit festgestellt hatte, wurde ich sofort isoliert, durfte nicht mehr im Zimmer sein, sondern in einem Keller in Quarantäne gesetzt. Ich wurde von allen Kameraden abgeschirmt, durfte mein Essen auch nicht mit den anderen zusammen im Speisesaal, sondern nur im Keller einnehmen, aber durfte zur Arbeit gehen, wo ich den ganzen Tag über mit den anderen zusammen sein musste. Das waren schon eigenartige Bestimmungen, die da der Russe getroffen hatte. Anscheinend war ihm die Arbeitskraft, die er dadurch verloren hatte wichtiger, als die Gefahr der Ansteckung. In dem gleichen Keller landeten dann noch zwei weitere Kameraden, die ebenfalls mit mir im gleichen Lazarett gelegen haben und an Krätze erkrankt waren, ein Beweis, dass wir uns nur dort diese Krankheit geholt haben konnten, und dass die dort beispiellose Unsauberkeit wohl ein Auslöser gewesen sein muss.
Man hätte beinahe von einer Kettenreaktion reden können, als ich nach der Krätze dann eine Furunkulose bekam. Am Rücken und Gesäß bildeten sich eine Unmenge Furunkel. Hätte man sie zusammengezählt, wäre man ohne weiteres auf mindestens 150, von bestecknadelgroßen Pickeln bis zu Fünfmarkstück großen Furunkeln, gekommen. Diese Furunkulose war eine sehr

unangenehme Angelegenheit, denn man konnte grundsätzlich nicht sitzen, und es bildeten sich Eiterbeulen, die an der Unterwäsche scheuerten, aufplatzten, die gesamte Unterwäsche beschmutzten und verkrusteten und zudem sehr schmerzhaft waren. Natürlich war ich auch damit in ärztlicher Behandlung, die aber gewöhnlich von einem von einem deutschen Sanitäter durchgeführt wurde. Wenn ich die Schmerzen nicht mehr aushalten konnte, ging ich zu ihm, der dann einfach sagte: „Lass mal die Hosen runter und bück Dich!" Er nahm dann eine Schüssel und ein Messer, schnitt den Furunkel ohne jegliche Betäubung auf, fing den herausfließenden Eiter mit der Schüssel auf und säuberte den OP-Bereich mit einem Lappen. So schlimm die Situation für den Patienten vorher war, war dieser nach dem Eingriff aber sofort von den unsäglichen Schmerzen befreit, ja erlöst, weshalb man auch ohne zu zögern, sich dieser etwas ungewöhnlichen Operationsmethode unterzogen hat. Mit dieser Furunkulose musste ich auch zur Arbeit ausrücken. Dazu waren wir auf Feldern beschäftigt, wo man sich dauernd bücken musste. Die Unterwäsche scheuerte an den wunden Stellen, die Eiterbeutel platzten auf, beschmutze dann die Unterwäsche, die dann am Körper klebte, riss andere Furunkel auf, das wieder große Schmerzen verursachte. Der Russe war aber so vernünftig, mir jeden Tag ein neues Hemd und eine neue Unterhose zu geben. Zusätzlich wurde die Furunkulose mit Salben und Sitzbädern behandelt, das mir sehr wohl tat und auch zur Heilung sehr beigetragen hat. Als letzter Furunkel hat sich in der rechten Hüfte ein Riesenapparat gebildet, den man als „Karbunkel" bezeichnete, eine Fünfmarkstück große Eiterbeule mit nicht weniger als 30 Eiterpfropfen, die sich an den Wurzeln der Körperhaare gebildet hatten. Da ich auch Fieber bekam, schaffte man mich wieder ins Lazarett, wo diese Karbunkel auf nicht gerade zimperliche Art und Weise behandelt wurden. Ich

musste mich hinlegen, wonach mir der Arzt mit einer Pinzette jedes einzelne vereiterte Haar ausriss, ein für mich nicht gerade angenehmes Gefühl, zumal alles wieder ohne Betäubung erfolgte. Die Narbe dieses Karbunkels habe ich heute noch, hat die Größe eines Fünfmarkstücks und sieht so aus, als handele es sich um die Ausschussstelle einer Gewehrkugel.
Während ich noch damit laborierte, wurde ein großer Teil des Lagers verlegt. Zunächst war ich sehr traurig darüber, dass ich nicht mitgehen konnte, dann aber später eher wieder ausgesöhnt, als es hieß, dass diese Kameraden in ein furchtbares Lager gekommen seien, wo ein Großteil verstorben ist. Wieder einmal Glück gehabt, sagte ich mir und habe von da an nicht mehr mit meinem Schicksal gehadert, sondern ließ mich fortan treiben, d.h., ich habe mich von da an niemals mehr aus eigenen Stücken zu irgendetwas gemeldet, sondern ließ mich einfach schicken. Damit bin ich wohl vielleicht am besten gefahren. Nach einiger Zeit bin ich dann aber doch in ein Lager an der Wolga verlegt worden, worüber ich später noch berichten werde.
Hier noch ein paar kleine Episoden, die sich im Laufe der Jahre in Jelabuga zugetragen haben, kann aber nicht garantieren, dass es in chronologisch richtiger Reihenfolge geschildert wird.

Zählappelle

Jeden Abend wurde das gesamte Lager durchgezählt. Dazu auf dem großen Hof des Lagers antreten, wurden durchgezählt und wenn die Zahlen übereinstimmten, konnten wir wieder wegtreten. Stimmte es aus welchen Gründen auch immer nicht, konnte es Stunden dauern, bis wir wieder entlassen wurden. Bei diesen Appellen hat sich vermutlich der Russe auch einen Spaß erlaubt, vielleicht sogar aus Gründen der Versöhnung, oder aber auch, um uns Deutschen den soldatischen Drill nicht vermissen zu lassen. Diese Zählappelle wurden nämlich auf streng militärische Weise durchgeführt, zu der er sogar Musikkapellen aufziehen ließ, die vor und nach der Zählung Militärmärsche spielten, zu denen wir an- und abrücken mussten. Zu dem Ablauf, bei dem ein Kamerad das Kommando übernahm, marschierten wir unter den Klängen eines Militärmarsches an, wonach die bekannten Kommandos ertönten: „Abteilung halt! Links um! Richt' Euch! Augen gerade aus! Zur Meldung die Augen links"! Dann erfolgte die Meldung: „Gruppe Meier mit 87 Mann zum Appell angetreten"! Nachher wieder die Kommandos: „Augen gerade aus! Rührt Euch!" In der gleichen Art erfolgte dann der Abmarsch. War mal keine Kapelle da, rücken wir mit Gesang an und ab, und es ertönten dann die damals üblichen Soldatenlieder, z. B.: Es zittern die morschen Knochen, auf der Heide blüht ein kleines Blümelein, der Westerwald u.a.m. Es war einfach zum Lachen und wir fühlten uns ganz einfach „vergackeiert". Möglicherweise war das Ganze auch vonseiten des Russen keine Böswilligkeit und tue ihm mit meiner Einstellung sogar damit Unrecht, da der Russe ungemein musikliebend ist und das Ganze vielleicht auch nur aus reiner Freude zur Musik aufgezogen hat, denn bei irgendwelchen musikalischen Veranstaltungen unserer Lagerkapelle waren er und häufig sogar viele Zivilisten anwesend, die begeistert Beifall klatschten. Uns jedenfalls kam das Auf- und Abmarschtheater affig vor.

Gelegentliche große Zählappelle

Diese Apelle fanden tagsüber statt, wobei wir mit sämtlichem Gepäck antreten mussten, das zunächst nach irgendwelchen unerlaubten Gegenständen, wie Messer, Uhren, Fotos, durchsucht wurde. Dann wurden wir durch ein kleines Gartentor geschleust und jeder einzeln vom Russen gezählt: „dwa, tschri, piat, schet, ßedim, oßim, dewiat, deßat, als eins bis zehn, dann durch die benachbarte Kirche geführt, und durch das gleiche Gartentor, wo die Zählerei von Neuem begann, zurück ins Lager entlassen. Diese Prozedur dauerte mitunter Stunden. Bei dieser Filzerei fanden die Posten bei einem Kameraden eine Serie von Fotos, die Aufnahmen von Liebesspielen und Liebespraktiken darstellten. Die Posten hatten großes Interesse an diesen Fotos, weshalb sie auch die sie sehr amüsierenden Bilder sofort konfiszierten.

Wöchentlicher Hausputz und Entwanzen

Jeden Samstag mussten wir mit dem gesamten Gepäck, mit allen Betten, Bettgestellen oder aber Pritschen und der herausgenommenen Bretter, ins Freie treten, wo nun alles nach Wanzen untersucht wurde. Die Entwanzung wurde in der Weise durchgeführt, die Scharniere der Bettgestelle so zu behandeln, mit brennenden Kiensparen die sich dort verkrochenen Wanzen abzufackeln. In einem einzigen Bettgestell, insbesondere in den Ritzen der Bretter, die auf die gleiche Art gesäubert wurde, gab es tausende Wanzen, so dass zu einer solchen Aktion, mehrere Stunden nötig waren. Während der eine Teil der Stube sich damit im Freien vergnügte, wurde der andere Teil der Belegschaft im Raum selbst zum Saubermachen des Fußbodens eingesetzt. Wie ich schon erwähnte, besaßen wir in den Räumen Parkettfußboden. Nach einer intensiven feuchten Aufwischaktion wurden dann alle Kameraden eingesetzt, den gesamten Boden mit Glasscherben abzuziehen, so dass man nach einer solchen Behandlung von einem buchstäblich glänzenden Ergebnis sprechen konnte. Allein das Bild, das sich einem während der Reinigung bot, wenn die Kameraden auf ihren Knien auf dem

Fußboden herumrutschten und schrubbten, war zum Schmunzeln. Ich glaube, wenn wir noch länger dort geblieben wären, wäre bei diesem Einsatz und der Methode, das schöne und kostbare Parket dahin gewesen. Eine Gesamtreinigung wurde insbesondere bei Ankündigung einer „Kommission aus Moskau“ in dann noch erhöhtem Maße durchgeführt. Beim Russen war die Kommission nicht gerne gesehen, die er einerseits mit Respekt, andererseits aber auch mit einem gewissen Bammel erwartete. Wir hatten nämlich das Recht uns bei diesen Leuten über irgendwelche Missstände im Lager zu beschweren, was wir natürlich auch entsprechend ausnutzten, z. B. dass gegen die Vorschrift, Offiziere zur Arbeit eingesetzt wurden. Die Folge war, dass die Kommission allen hier angetretenen Lagerinsassen bekannt gab und deutlich machte, dass wir grundsätzlich nicht zu Arbeit verpflichtet werden können, es sei denn, wir würden aus freien Stücken zustimmen. Schon am nächsten Tag las man uns beim Zählappell von einem Fetzen Papier einen „Befehl“ vor, nach dem wir alle zur Arbeit und zwar zu jeder Arbeit verpflichtet seien. Diese Praktiken sind nicht nur einmal vorgekommen, sondern alles verlief wieder im alten Trott, nachdem die Kommission das Lager verlassen hatte.

Wöchentliche Entlausungen

Die auch vom Russen wöchentlich angesetzte Entlausung war eine begrüßenswerte Einrichtung. Wir mussten blockweise mit allen unseren Sachen, auch mit Bettwäsche und Strohsack, wöchentlich zur Entlausung gehen, wo wir auch die Möglichkeit hatten, uns zu waschen und jedes Mal auch neue Unterwäsche bekamen. Diese Entlausungen waren gründlich und wirksam. Nur die Entlausung der Strohsäcke hatte einen Haken. Wir mussten nämlich vor Abgabe der Hülle, das Stroh im Hof auf einen großen Haufen entleeren. Nach der Entlausung wurde dann von diesem Haufen das Stroh wieder in die Säcke gefüllt, so dass diejenigen, die zuletzt kamen, die Angeschmierten waren. Die Kameraden nämlich, die bislang einen dünnen Strohsack hatten, diesen nun prall füllten, so dass für den letzten nichts übrig blieb. Diese armen Kerle mussten eine Woche auf blanken Brettern liegen, um sich dann in der nächsten Woche, wenn sie Glück hatten, ihren Strohsack wieder prall füllen zu können. Manche Strohsäcke bestanden häufig nur noch aus Häcksel, weil das Stroh mit der Zeit durchgelegen war, und es gab nur ganz selten neues Stroh.

Bei der wöchentlichen Entlausung ist auch einmal ein kleines Malheur passiert. Es war im Sommer und wir gaben wie gewohnt unsere gesamte Kleidung ab, die in den Entlausungsöfen behandelt wurden. Dabei muss wohl ein Kleidungsstück heruntergefallen sein, das auf den glühenden Rosten sofort Feuer fing und bald darauf auch der ganze Ofen hell in Flammen stand. Einen Teil der Kleidung konnte man noch retten, der größte Teil aber war angesengt und unbrauchbar. Wir, die wir splitternackt herumstanden, warteten auf Ersatzkleidung, die wir tatsächlich dann auch irgendwann bekamen. Kurz zuvor aber entdeckte ich unter den geretteten Sachen meinen angebrannten Mantel, den ich mir unbemerkt angelte, erhielt dann noch einen neuen Mantel, weil ja meiner angeblich verbrannt war, dazu. Aus den noch brauchbaren Teilen meines angebrannten Mantels, hab ich mir dann später eine Weste geschneidert, die ich unter meinem Uniformrock trug, und ich mit dem zusätzlichen Kleidungsstück, es angenehm warm hatte.

Musik im Lager

Eine schöne Tatsache war die Tatsache, dass wir im Lager über zwei Musikkapellen, eine Konzert- und eine Tanzkapelle, verfügten. Es gab genügend Kameraden, die sich dafür interessierten und sich zur Verfügung stellten und zwei Kameraden, die die Leitung dieser Kapellen übernahmen. So gab es abends häufig Konzertveranstaltungen, an denen Klassik oder auch Unterhaltungsmusik angeboten wurde, wozu fast jedes Mal die gesamte russische Polit-Prominenz erschien, häufig aber auch Zivilisten anwesend waren und mit Beifall nicht geizten. Leichtere Musik wurde von der Tanzkapelle geboten. Die dafür notwendigen Noten haben die Kameraden sich aus dem Gedächtnis selbst geschrieben. Zu den schönsten Einrichtungen auf diesem Sektor gehörten die sonntäglichen Matinees, die gewöhnlich zwischen elf und zwölf angeboten wurden, und bei denen ich kaum gefehlt habe. Zu den meist klassischen Musikstücken wurden zwischendurch irgendwelche passenden Gedichte vorgetragen, so dass das Ganze ein feierliches Erlebnis war.

Herstellung von Musikinstrumenten

Die beiden Kapellen verfügten auch über die notwendigen Musikinstrumente, wie trompeten, Klarinetten, Posaunen, Hörner etc. , die vom Russen geliefert wurden, einen großen Teil der Streichinstrumente aber, wie Cellos, Bassgeigen und Bratschen, haben sich die Kameraden der Kapelle selbst hergestellt. Bei der Herstellung einer Geige haben sie z. B. in mühevoller Arbeit, ein Brett mit Glasscherben so lange bearbeitet, bis es die Form eines Geigenbodens angenommen hatte, der Geigenhals wurde auf ähnliche Weise zurecht geschnitzt und das ganze so zusammengesetzt, dass man es von einer käuflichen geige kaum unterscheiden konnte und dazu noch einen herrlichen Klang hatte. In gleicher Weise sind sogar Cellos und Bassgeigen entstanden, und man musste immer wieder staunen, welch wunderbare Gegenstände mit den primitivsten Mitteln im Lager hergestellt worden sind.

Theater- und Gesangsvorführungen

Im Lager unterhielten wir eine gar nicht so schlechte Theatergruppe, die uns neben Theateraufführungen, auch Operetten und musikalische Aufführungen bot. Sangesfreudige und sangesbegabte Kameraden schlossen sich zusammen, und führten mit allem Drum und Dran z. B. die Operette „Maske in Blau" auf. Die Hauptrolle sang ein rumänischer Kamerad, namens Slezak, der eine herrliche Stimme hatte und uns auch in der arbeitsfreien Zeit draußen auf dem Hof durch den Vortrag von Liedern erfreute. Eine ebenso herrliche Stimme hatte ein Kamerad mit Namen Adams, der früher selbst Kapellmeister war und in der Gefangenschaft sogar einige Lieder dichtete und vertonte und sie dann auch in seinem herrlichen Bass vortrug. So saßen wir dann so manchen Abend draußen auf dem Hof des Lagers, lauschten andächtig den Liedervorträgen oder sangen auch mal gemeinsam deutsche Volkslieder. Diese Abende waren für uns immer gewisse Höhepunkte und brachten damit die Sehnsucht nach der Heimat und die Verbundenheit mit ihr so recht zum Ausdruck. Den Kameraden Adams habe ich vor einigen Jahren nach meiner Rückkehr aus der Gefangenschaft, in Rheydt, wo er jetzt wohnte, besucht. Er arbeitete nach seiner Heimkehr wieder als Kapellmeister in Düsseldorf und schenkte mir auch eines der Lieder, die er damals in Jelabuga komponiert hatte.

Zu den Theater- und Gesangsaufführungen erschienen auch häufig Russen, die, obwohl sie kein Wort verstanden, nach der Vorstellung durch ihren Applaus ihr Interesse bekundeten. Wie man also auch sehen kann, haben wir uns nicht nur körperlich, sondern auch in kultureller Hinsicht ausgiebig, betätigt.

Unterricht

Im geistigen Betätigungsbereich boten einige Kameraden Sprachkurse an, z. B. in Französisch oder Englisch, die recht gut besucht waren. Bei diesen den Unterricht erteilenden Kameraden handelte es sich meist um Kollegen, die als Studienräte tätig waren. Ich selbst habe meinem Zimmerkameraden, Horst Weißmann, ich glaube, er stammte aus Dorsten i. Westf. , die Grundlagen der Algebra beigebracht. Weißmann war Volksschüler, aber sehr aufgeschlossen und wollte sich unbedingt auf diesem Gebiet fortbilden. Aus dem Kopf habe ich mir zunächst einen methodischen Plan zurechtgelegt, ihm die Grundlagen beigebracht, das Vermittelte durch Beispiele untermauert, habe ihm dann für die nächste Stunde Aufgaben gestellt, die wir dann wieder gemeinsam durchgesprochen haben. Eine für uns beide über Monate angenehme Nebenbeschäftigung.

Bastelarbeiten

Neben den schon erwähnten, von uns laienhaft produzierten aber durchaus interessanten Bastelarbeiten, gab es auch Kameraden vom Fach, die Uhren herstellten. Das Faszinierende bei den Uhrwerken war, dass sämtliche Räder und Rädchen aus Holz, und lediglich die Achsen aus Stahl oder Stahldraht, bestanden. Es handelte sich dabei meist um größere Uhren, die dann auf den Fluren der einzelnen Häuser hingen, kleine, in mühevoller

und präziser Arbeit hergestellte Kunstwerke, die sehr genau gingen.
Ich selbst habe eine kleine Hebelwaage gebaut, die das Gewicht auf ein Zehntel genau anzeigte, und auf der alle unsere Verpflegungsrationen wie Zucker, Brot und Butter abgewogen und portioniert wurden. Auf die Idee so etwas zu bauen kam ich, weil ich als Brotholer für die gesamte Stube, dann auch für eine gerechte Verteilung verantwortlich war. Um die einarmige Hebelwaage herzustellen zu können, besorgte ich mir zum Eichen der Waage aus der Bäckerei ein 50-g-Gewicht. Der Zwischenraum zwischen der Nullstellung der Waage wurde dann in 50 gleiche Abschnitte eingeteilt, so dass ein Strich einem Gramm entsprach. Die restlichen Markierungen konnten man mit dem Lineal abgetragen werden. Diese meine Waage wurde in allen Stuben nachgebaut, wurde häufig bei Kontrollen vom Russen zerbrochen. Am nächsten Tag stand aber eine neue Waage da.

Brotholer und Betreuer der Kameraden mit Verpflegung

Innerhalb des Lagers übte ich noch zwei Tätigkeiten aus, die mit der Verpflegung zu tun hatten. Einmal war ich Brotholer für unsere Stube mit etwa 40 bis 50 Mann. Meist schon um fünf Uhr früh musste ich bei der Bäckerei für die gesamte Stube das Brot holen, abwiegen und verteilen. Normalerweise wäre das kaum erwähnenswert gewesen, wenn nicht die „Fresserei" Thema eins in der Gefangenschaft gewesen wäre. Deshalb auch besonders wichtig die Waage, weil sie, und nur sie allein, eine gerechte Aufteilung des Gewichtes garantierte. Bei der Aufteilung des Brotes saß die ganze Belegschaft um mich herum und kontrollierte, ob das Gewicht auch stimmte. Statt der 600 g wurden immer nur 590 g Brot ausgewogen, der Rest wieder in 200-g-Stücke aufgeteilt, und dieser sog. „Nachschlag“ genau nach Liste, zusätzlich zu den 590 g ausgegeben. Die Ausgaberegeln wurden, nachdem die jeweiligen Portionen geschnitten waren, noch dadurch verschärft, dass, ein Kamerad, der abseits saß und die Stücke nicht sehen konnte, aus der ihm vorliegende Liste einen Namen aufrief, wem das nächste Stück zugeteilt werden sollte.

Dann gab es noch beim Kastenbrot eine sog. „Kantenliste“. Hier waren die Kanten ihrer knusprigen Kruste wegen allgemein bevorzugt und damit heißbegehrt. Deshalb wurde auch eigens eine „Kantenliste“ geführt, wo der Reihe nach, die Kanten vergeben wurden.

Ähnlich genau wurden Zucker und Butter mit „Nachschlag“ verteilt

Insgesamt konnte man feststellen, dass mit dem Einsatz der Waage und dem damit verbundenen, allerseits anerkannten und gerechten Ausgabeverfahren, eine im gesamten Lager, sozusagen, ausgewogene Zufriedenheit zu bemerken war.

Zum Brotholen benutzte ich einen“ Bauchladen“, ein Brett, das ich an einem Band um den Hals vor dem Bauch trug. Da die Ausgabestelle im Keller lag und es um fünf Uhr noch dunkel war, habe ich mich dort immer hinunter tasten müssen und wurde eines Tages in der Finsternis überfallen und einiger Portionen beraubt. Der Täter, den ich nicht erkennen konnte, flüchtete. Obgleich ich sofort Alarm schlug, konnte der Täter nicht gefunden werden, bekam aber die geklauten Portionen anstandslos von der Bäckerei ersetzt. Um mich gegen einen künftigen Überfall zu schützen, legte ich um das Brett ein sauberes Bettlaken. Aber auch mit dieser Sicherung wurden mir dann später nochmals in der Dunkelheit drei oder vier Portionen unter dem Tuch heraus geklaut, ohne dass der Täter gefasst werden konnte. Auf dem Sektor Verpflegung hatte ich dann noch vier Kameraden zu betreuen, die im Auftrag des Russen mit Gießen von Goldringen beschäftigt waren. Es handelte sich um Fachleute, denen diese nahrhafte Aufgabe übertragen wurde. Da sie mit dieser Beschäftigung vom Russen eine Sonderverpflegung erhielten, waren sie auf die Lagerverpflegung nicht angewiesen, wollten sie aber auch nicht verfallen lassen und baten mich, weil sie selbst nicht abkommen konnten, ihnen diese Warmverpflegung zu besorgen. Diese haben sie dann aber mir zukommen lassen, so dass ich jeden Tag außer meiner eigenen Warmverpflegung noch vier Portionen, einschließlich des Kaschas, verdrückt habe. Das waren ungeheure Mengen, die ich da täglich verdrückt habe, die auch zur Folge hatten, dass ich mehr als gewöhnlich, ein gewisses Örtchen aufsuchen musste. Verpflegungsmäßig ist es mir in dieser Zeit recht gut gegangen. Hunger habe ich nicht gehabt, zumal ich ab und zu noch das Brot von den vier Kameraden bekam.

Die Verpflegung im Lager

Normalerweise wurden drei Mahlzeiten ausgegeben, früh, mittags und abends. Allerdings gab es hier keine Abwechslung, sondern zu allen Mahlzeiten immer dasselbe, z.B. Hirse, und die in allen Schattierungen, also: früh Hirsesuppe, mittags: Hirsebrei (Kascha), abends: Hirsesuppe und Hirsebrei, zusätzlich 600 g Brot und wir als Offiziere, 30 g Butter und 30 g Zucker. Und diese Hirse gab es so lange, bis alle Hirsesäcke aufgebraucht waren, meist zwei Monate lang. War die Hirsezeit vorbei, folgte zwei Monate lang die Erbsenzeit, danach die Weizenzeit. Es war furchtbar. Wir machten uns den Spaß, wenn jemand fragte, was es denn heute gäbe, zu antworten: „Dasselbe wie übermorgen.“ Die Suppen waren häufig auch als Fischsuppen zubereitet, d. h.

sie hatte einen etwas fischigen Geschmack, wobei vom Fisch nichts zu sehen war. Hatte man Pech und den Rest aus dem Topf serviert bekam, dann erwischte man nur noch Gräten. Wir nannten es dann „Grätenkascha".
Zum Weizenessen sei noch zu sagen, dass uns die Suppe wie der Brei mit ganzen, nicht gedroschenen, weder gequetscht noch gemahlenen Weizenkörnern, die zudem auch noch ihre harten Spelzen besaßen, vorgesetzt wurden und daher unverdaulich waren. Obendrein hatte das Essen noch einen furchtbar bitteren Nachgeschmack, der von irgendeinem Unkraut herrührte. Anfangs ließen wir uns das noch gefallen. Nach einiger Zeit aber verweigerte die gesamte Lagerbelegschaft das Essen und beschwerte sich bei der Lagerverwaltung, einem Oberst, Kudrilow, oder ähnlich. Dieser Oberst war übrigens ein patenter Mann, der nicht nur in diesem Fall, sondern auch bei anderen Gelegenheiten, zu unseren Gunsten entschieden hat. So hat er auch hier entschieden, dass das Essen sofort weggeschüttet werden sollte und für das gesamte Lager, neues Essen zubereitet werden musste. Das Angenehme in Jelabuga war die Tatsache, dass wir das Essen in einem großen Speisesaal einnehmen konnten. Später mussten wir in anderen Lagern das Essen weit her holen und es auf unseren Zimmern einnehmen. In den Küchen haben insbesondere solche Leute gearbeitet, die dem Nationalen Komitee angehörten. Darunter waren einige Ritterkreuzträger und auch der Kinobesitzer von Ruhpolding, dessen Name ich nicht mehr kenne, der aber an einer Art Hexenschuss erkrankt war und praktisch nur auf allen Vieren durch die Gänge kriechen konnte.
Zur Verpflegung gehörte auch der Tabak, und wie ich schon erwähnte, gab es für Offiziere, zehn Zigaretten oder zehn Gramm Tabak pro Tag, sofern überhaupt vorhanden. Manchmal vergingen Wochen, wo nicht ein einziges Krümelchen Tabak

geliefert wurde. Für die Raucher waren das schlimme Tage. Man musste dann den sog. „Machorka“ kaufen, ein Tabak, der von den Russen gerne geraucht wurde und so aussieht, als sei es Tee. Er wird vor allem aus den Stengeln der Tabakpflanze gewonnen, die gehäckselt werden. Unter die so zerkleinerte Masse wurden dann die zerriebenen Blätter der Tabakpflanze gemischt. Beim Rauchen zischt und qualmt es ganz gewaltig. In diesen Notzeiten wurde eigentlich alles Mögliche, wie getrocknete Blätter, Wacholder, Heu usw., geraucht. Tabak konnte nur mit Lebensmittel wie Brot, Butter oder Zucker gekauft werden, immer vorausgesetzt, dass man überhaupt welchen bekam. Wurde dann aber irgendwann einmal Tabak angeliefert, gab es Unmengen, so dass man manchmal ein bis zwei Kilo auf einmal bekam. In der Situation, qualmte das ganze Lager aus sämtlichen Knopflöchern, und die Preise für Tabak fielen rapide. In gleicher Weise verfuhr man bei der Nachlieferung mit Zucker. Wenn er mal längere Zeit ausfiel, erhielten wir ebenso kiloweise Zucker auf einmal. Mir ist es in der Gefangenschaft jedenfalls so ergangen, dass ich einen regelrechten Heißhunger auf Süßigkeiten hatte. Wurde dann der Zucker in Unmengen nachgeliefert, legte ich mich genüsslich auf die Pritsche und verdrückte auf einen Ruck die gesamte, nachgelieferte Zuckermenge, ohne mit der Wimper zu zucken.

Schreibmöglichkeiten Post

Schon in den ersten Tagen der Gefangenschaft eröffnete man uns, dass wir nach Hause schreiben durften. Jeder erhielt eine „Rotkreuz-Karte“, auf der anfangs platzsparend und in Kleinstschrift ausgefüllt, von zu Hause alles Mögliche, wie warme Wäsche, Briefpapier, Schokolade etc. angefordert wurde. Diese Karten sind aber über das Lagertor nie hinausgekommen. Erst

1945 kamen dann die ersten Karten zu Hause an. Später erhielten wir regelmäßig jeden Monat eine Rotkreuz-Karte, auf der wir allerdings nur 25 Worte schreiben durften. Zu diesem Zweck hatte man sich unendlich lange zusammengesetzte Worte gebildet, um nur möglichst viel mitteilen zu können. Anfang 1949 kamen dann auch die ersten Antworten aus der Heimat bei uns an, was natürlich große Freude auslöste. Nur ich stand immer nur, obwohl ich an alle möglichen Verwandten und Bekannten neben der Post geschrieben hatte, traurig und mit leeren Händen da. Die Karten aber, was ich wiederum nicht wusste, konnten ja gar ankommen, da meine Frau bereits aus Schlesien flüchten musste. In Jelabuge bekam ich überhaupt keine Post, erst in dem anderen Lager erreichte mich dann die erste Karte, worüber ich noch berichten werde. Auch Karten konnte man für Butter, Zucker oder Tabak von Kameraden kaufen, die aus verschiedenen Gründen nicht nach Hause schrieben und deshalb ihre Karten gegen Lebensmittel eintauschten. Ich habe häufig von dieser Möglichkeit Gebrauch gemacht und konnte deshalb auch an Verwandte und Bekannte schreiben, um sie zu bitten, mir bei der Suche nach meiner Familie behilflich zu sein, was letztlich dann auch erfolgreich war.

Nachrichten und Informationsmöglichkeiten

Man wird sich vielleicht auch fragen, ob wir über die Vorgänge in Deutschland und über den Verlauf und Stand der Kriegsergebnisse Bescheid gewusst haben. Über Radio wurden uns, mitunter sogar mehrfach am Tag und sehr genau, die neuesten Nachrichten vermittelt. Besonders am Schluss des Krieges, als der Russe bereits in Deutschland stand, wurde jeder Ort, der in Schlesien von den Russen erobert wurde, namentlich genannt. So hörte ich von Leobschütz, Ziegenhals, aber auch von kleineren Dörfern, die hier aufgeführt wurden. Auch hörten wir am 9. 5. 1945 von der bedingungslosen Kapitulation Deutschlands. Diese Nachricht wurde uns auch offiziell vom Russen mitgeteilt und eröffneten uns freudestrahlend: „Krieg zu Ende! Deutschland kaputt! Kameraden bald „domoi“ (nach Hause)! Alle sofort nach Hause“! Vielleicht war das sogar ihre ehrliche Überzeugung. Sie haben sich riesig gefreut, und dann sind es aus dem „sofort“, doch noch fünf Jahre geworden. Aber schließlich waren wir ja schon so lange in Gefangenschaft und gewohnt, solch überschwängliche Beteuerungen nicht ernst zu nehmen, sondern eher darauf eingestellt, geduldig zu warten, was nun kommen würde.

Über die Stalingrader Generäle

Was ist nun aus den Generälen Paulus und Seydlitz geworden? Unmittelbar nach der Gefangenschaft ist, wie viele andere Generäle, General von Seydlitz mit fliegenden Fahnen in das Lager der Russen übergewechselt, hat mit ihnen das bereits erwähnte „Nationale Komitee Freies Deutschland“ gegründet, das gemeinsam von Lager zu Lager zog, um für Beitritte zu werben. Bei ihren Auftritten sind sie, im Gegensatz zu unserer zerlumpten Uniform, in tadelloser Kleidung erschienen und machten auch sonst nicht den Eindruck, als ob es ihnen schlecht ginge. Paulus selbst hat sich sehr zurückgehalten. Ein ganzes Jahr hat man von ihm nichts gehört. Auch in der deutschen Lagerzeitung ist, während die anderen laufend Hetzartikel schrieben, jemals von ihm ein Artikel erschienen. Erst nach etwa einem Jahr lasen wir eine kurze Mitteilung von Paulus, in der er erklärte, dass er dem Komitee beigetreten sei. Ich vermute, dass er von allen Seiten dazu gedrängt worden ist und keinen anderen Ausweg mehr sah.

Feiern und Feiertage in Gefangenschaft

Die üblichen Feiertage, z.B. Weihnachten und Ostern, haben wir uns in Gefangenschaft möglichst nett gestaltet, soweit es die Mittel überhaupt zuließen. Einen Weihnachtsbaum haben wir uns selber hergestellt, indem wir aus Hölzern und Stecken zunächst die Form eines Baumes modellierten, und in das Holzgerippe, Tannengrün einschraubten. Als Weihnachtskerzen dienten kleine Gelenkknochen vom Hammel, indem das Kugelgelenk so abgesägt wurde, dass ein Hohlraum entstand. In diesen Hohlraum wurde dann Petroleum gefüllt, der abgesägte Teil durch ein mit einem Loch versehenen Blechplättchen abgedeckt, und durch das Loch ein Docht gesteckt, den wir uns aus den Wollfäden unserer Schlafdecken gezupft hatten. Die so entstandenen Knochen-Petroleum-Weihnachts-Kerzen hatten, bis sie wieder mit Petroleum gefüllt werden mussten, eine Brenndauer von etwa einer Stunde. Die Feier wurde mit Musik und Liedern untermalt, und innerhalb der einzelnen Gruppen haben wir uns, wie berichtet, dann auch gegenseitig kleine Geschenke gemacht. Zu diesen Feiern haben wir sogar den Russen, also die Lagerleitung, insbesondere den Lagerkommandanten, Oberst Kudrilow mit seiner Frau, eingeladen. Wir haben ihm seinerzeit als Weihnachtsgabe einen Kronenleuchter und seiner Frau ein aufklappbares, hölzernes Nähkästchen geschenkt, das in der Schreinerei hergestellt worden ist, mit dem sie zunächst nichts anzufangen wusste. Erst nachdem ihr dann die Handhabung erklärt worden war, hat sie sich riesig darüber gefreut. Der Kronleuchter, der in der Schmiede hergestellt wurde, sah wirklich gut aus. Für diese unsere Geste hat sich der

Oberst anständig revangiert, indem er am nächsten Tag dem gesamten Lager ein schönes Essen servieren ließ und zwar gab es, erst- und einmalig in der Gefangenschaft, einen Hammelbraten mit verschiedenen Zutaten, so, wie wir es eigentlich von zu Hause gewöhnt waren.

Die Russen feiern ja ihr Weihnachtsfest, das ganz groß begangen wird, an Neujahr. Zur Vorbereitung und Ausschmückung dieses Festes waren wir einmal, so auch ich, als Arbeitskräfte abkommandiert. Dabei stellten wir die Weihnachtsbäume auf, schmückten sie, wobei uns auffiel, dass die Russen ihre Geschenke an die Weihnachtsbäume, z. B. Spielzeug, Puppen etc. hängen. Bei dieser unserer Tätigkeit haben wir eine Kammer ausfindig gemacht, in der ein großer Bottich mit frisch angemachtem Kartoffelsalat stand, der voraussichtlich als Essen für die Feier gedacht war. Wir, die wir mit etwa zehn bis zwölf Mann zur Ausschmückung des Festes angesetzt waren, machten uns mit den blanken Händen über diesen Bottich her und verdrückten auf diese Weise einen Großteil des Salates, ohne dass dies aufgefallen ist. Für uns aber war es, Kartoffelsalat „à la Muttern" essen zu können, ein besonderes Geschenk.

Der Dichter

In der Gefangenschaft habe ich bei mir eine Ader entdeckt, und mich so zu einem kleinen Gelegenheitsdichter entwickelt und trat immer dann in Aktion, wenn ein Kamerad Geburtstag hatte. Zur Umsetzung meiner neu entdeckten Fähigkeit, besorgte ich mir von dem Betreffenden selbst oder von einem seiner Bekannten, ein paar persönliche Daten, die ich dann in kleine Gedichte umsetzte. Dass die Gedichte allgemein auch großen Anklang fanden, hat dazu geführt, dass ich diese später sogar auf Bestellung lieferte. Aus den mir zugestellten Unterlagen verfasste ich eine Laudatio, die voll und ganz auf das Geburtstagskind zugeschnitten war. Zu diesem Dichterdasein erinnere ich mich noch an einen Kameraden, namens Fischer aus Hamburg, über den ich auch ein solches Gedicht verbrochen hatte, der mir dann nach seiner Rückkehr in die Heimat noch voller Freude schrieb, dass er dieses Gedicht hat nach Hause durchbringen können.

Die Kama im Winter

Unser Lager lag in der Nähe der Kama, die im Winter völlig zugefroren war, und man über den an dieser Stelle etwa ein Kilometer breiten Fluss, trockenen Fußes auf die andere Seite laufen konnte. Kam dann aber im Frühjahr die Schneeschmelze, krachte es dann, wenn die dicken Eisschichten zerbarsten, gewaltig. Dabei türmten sie sich zu hohen Eisbergen auf und stauten das Wasser, was dann eine riesige Überschwemmung zur Folge hatte, die auch unser Lager in Mitleidenschaft zog. Erst wenn die Eismassen wieder weggeschwemmt wurden, ging auch das Hochwasser zurück. Auf diese Schneeschmelze wartete man schon sehnsüchtig, zumal die Kama ja einzige Versorgungsbasis für das Lager als auch für die Bevölkerung darstellte.

Nochmals Ingenieur Dohms

Wir erinnern uns vielleicht noch an die Brigade Dohms, bei der ich auch eine Zeit lang als Maurer gearbeitet habe. Dieser Dohms stand bei den Russen in hohem Kurs. Eines Tages erschien der Russe und befahl Dohm, sich mit dem Gesicht zur Wand in die Ecke zu stellen und verbot seinen Mitbewohnern, mit ihm zu sprechen. Was war nun geschehen? Man bezichtigte ihn der „Sabotage“ und soll nach Meinung der Russen einen Kamin derart schlecht gebaut haben, dass die Gefahr eines Brandes bestand. Kurz darauf wurde er aus dem Lager entfernt, abgeführt und in ein anderes Lager gebracht. Über sein weiteres Schicksal ist nichts bekannt geworden. So aber war der Russe, nutzte das Können und die Arbeitskraft eines Menschen so lange aus, wie er ihn brauchte. Bei aber auch nur dem kleinsten Fehler, ließ man ihn rigoros fallen und degradierte einen auf der Stelle.

Sterbefälle und Krankheiten

Von meinen Krankheiten hatte ich schon eingehend berichtet. Im Lager hatten wir aber auch sehr viele Erfrierungen, die neben Amputationen einzelner Glieder, auch solche von Händen, Armen und Beinen erforderlich machten. Auch habe ich mir in den strengen Wintern leichte Erfrierungen zugezogen, die ich heute noch spüre, besonders dann, wenn es etwas kälter wird. Dann habe ich kein Gefühl in den Fingern, sie werden nicht richtig durchblutet, und ich sie dann tüchtig reiben muss, um wieder Gefühl zu bekommen. Leider hatten wir auch eine Menge Sterbefälle. Zwei meiner Kameraden sind mir noch gegenwärtig: Ein Hauptmann Möglich oder Müglich, verstarb im ersten Lager, dem sog. Lager A, innerhalb von wenigen Stunden, an einer Fischvergiftung. Dann, Oberleutnant Ahlgrimm, ein sehr junger Offizier und einziger Sohn der Familie, dessen Vater eine große Möbelfabrik in der Nähe von Grünberg (Schlesien) besaß, starb innerhalb weniger Stunden an den Folgen einer Tuberkulose. Nach meiner Rückkehr hatte ich dem Roten Kreuz diese beiden Sterbefälle mitgeteilt. Von den Angehörigen bekam ich aber erst jetzt die Bestätigung, dass diese Meldung vom Roten Kreuz an die Eltern weitergeleitet worden sei. Es ist kaum zu glauben, dass man fast zwanzig Jahre gebraucht hat, um den Angehörigen den Tod mitzuteilen.

Pflegepersonal und Ärztinnen in der Gefangenschaft

Vorweg muss ich bemerken, dass das Pflegepersonal und die Ärzte alles getan haben, um uns zu helfen. Ihr Einsatz ging so weit, dass man häufig sogar Medikamente von Moskau anforderte, wenn diese vor Ort nicht zu beschaffen waren. Insbesondere ist hier eine Ärztin lobend zu nennen, die sich in unserem ersten Lager aufopfernd um uns gekümmert hat, die bis zu Erschöpfung auch Fleckfieberkranke betreute und sich dabei selbst infizierte. Auch ihr wurden alle Haare abgeschnitten, hat die Krankheit überstanden und dann wieder im gleichen Lager ihre Tätigkeit als Ärztin aufgenommen und uns behandelt. Auch über die späteren Ärzte und das Pflegepersonal in anderen Lagern ist nur Lobenswertes zu berichten, die ihr Möglichstes hergaben, um uns zu helfen.

Arbeitsfähigkeit und Kommissionierungen

Um unsere Arbeitsfähigkeit zu überprüfen, wurden wir von Zeit zu Zeit „kommissioniert", d. h., wir wurden vor die russischen Ärztinnen zitiert, wo wir in langen Reihen und völlig nackt vor der jeweiligen Ärztin standen. Diese sah sich unsere mehr oder minder schönen Körper an, ließ uns kehrtmachen, kniff uns in die Hinterpartie, um festzustellen, ob wir noch ein kleines Fettpolster haben, zog dabei aber die Haut straff an und teilte uns je nach Menge des noch vorhandenen Fetts, in eine der mit römischen Zahlen bezifferten vier Kategorien ein. Kat. I und Kat. II waren die voll Arbeitsfähigen, also die Kameraden, die zu jeder Arbeit eingeteilt werden konnten, Kat. III waren die bedingt arbeitsfähigen, und Kat. IV die nicht arbeitsfähigen

Kameraden. Ich hatte immer das Pech, dass ich meistens in II, oft aber auch in I, also für alle Arbeiten geeignet, eingestuft wurde. Mein Jelabuga-Aufenthalt dauerte von März 1943 bis Sommer 1946, also drei ein Viertel Jahre. Zwar haben wir so manche harte Zeit erlebt, aber verglichen mit den Jahren, die noch auf uns zukamen, war Jelabuga noch ein Ort, in dem man noch einigermaßen menschenwürdig leben konnte, weil die kommenden Lager sich, allein schon äußerlich, total von Jelabuga unterschieden, wo wir meist in Baracken untergebracht waren, wo Wind und Schnee durch die Ritzen pfiff, und wo die Ratten als Haustiere mit uns zusammenlebten. So manches Mal habe ich der Jelabuga-Zeit nachgetrauert. Immer Sommer 1946 wurden wir in ein neues Lager verlegt und zwar nach Krischin.

Das Lager Krischin, Lager-Nr. 399/5-10

Wir verließen also im Sommer 1946 Jelabuga und wurden nach Krischin verlegt, einem Ort, der in der Nähe von Kuybischew an der Wolga gelegen war. Schon bei unserer Ankunft fielen uns die Unterschiede zu Jelabuga auf, keine festen Unterkünfte, sondern primitive Holzbaracken, es gab keine Musikkapellen, keine sonstige Abwechslung, und weil es sehr klein war, einen sehr beschränkten Auslauf im Lager, in jeder Beziehung also wesentlich schlechter als Jelabuga. Auch eine neue Arbeitsstelle kam auf uns zu, nämlich Arbeiten in einem Steinbruch, die wir bisher noch nicht kennengelernt hatten, aber jetzt damit bekanntgemacht wurden. Gemessen an späteren Arbeiten in anderen Steinbrüchen, in denen ich etwa zwei ein halb Jahre gearbeitet habe, war die Arbeit im Krischiner Steinbruch eine Erholung denn, einmal war es Sommerzeit, und dann lag der Steinbruch zur ebenen Erde, der in einer Wiese lag und mit einer nur einen halben Meter starken Erdschicht überdeckt war. Man musste also zunächst die Erdschicht abtragen, unter der sich eine etwa zwei Meter dicke Schiefergesteinsschicht befand. Hatte man sich also zunächst erst einmal durch Abtragen der darüber liegende Humusschicht einen Art Graben geschaffen, konnte man das von der Struktur her geschichtete Schiefergestein mühelos mit einer Brechstange ausheben. Diese Bruchstücke mussten dann, um vom Russen vermessen werden zu können, in Quaderform geschichtet werden. Gewöhnlich arbeiteten in einer Gruppe immer drei Kameraden zusammen, wovon jeder eineinhalb Kubikmeter Steine brechen musste, die Gruppe, also viereinhalb Kubikmeter pro Tag. Hatte man diese vorgegebene Norm vor Arbeitsschluss erfüllt, konnte man aufhören, und sich am Waldesrand in die Sonne legen. Die Situation, dass wir uns schon mittags die Sonne auf den Pelz haben scheinen lassen können, ist oft passiert, und sofern die Norm geschafft war, hatte auch der Posten nichts dagegen einzuwenden. Gewöhnlich sind wir um 17 Uhr abmarschiert und erreichten nach einem eineinhalb stündigen Fußmarsch das Lager. Diese Arbeit wiederholte sich Tag für Tag in der gleichen Form.

Im Laufe der Jahre habe ich in der Gefangenschaft eine Menge verschiedenartiger Tätigkeiten ausgeführt, von denen ich heute, nach 25 Jahren, nicht mehr genau sagen kann, in welchem Lager was geschah, ist aber wert, über das Ein oder Andere zu berichten:

Eine der Aufgaben bestand darin, Kartoffeln zu pflanzen. Zu diesem Zwecke erhielten wir einen Spaten und einen Eimer, wurden auf ein Feld getrieben, auf dem riesige Berge Kartoffeln gelagert waren, die nun hier verpflanzt werden mussten. Man wies uns an, etwa alle 40 cm eine Kartoffel in den Boden zu stecken und diese dann mittels des Spatens, mit Erde zu bedecken. Mit dieser Pflanzanweisung wurde uns auch versichert, nach Hause gehen zu können, wenn der Kartoffelberg verpflanzt sei. Auf dieses Versprechen hin haben wir uns alle bemüht, unsere Arbeit möglichst schnell zu verrichten. In dem Augenblick aber, als wir mit dem Kartoffelberg fertig waren, kam der Russe und meinte: „Nix domoi! Erst noch den (einen anderen) Berg fertig machen, dann nach Hause!", führte uns zu einem anderen Kartoffelberg, den wir also auch noch verpflanzen mussten. Wir sträubten uns zunächst, vor allen Dingen wurmte es, dass der Russe uns hier ausnutzen wollte. Wir hatten nun die Möglichkeit, langsam zu arbeiten, um dann zur vorgesehenen Zeit im Lager zu sein, kamen dann aber doch eine andere Idee: Da weit und breit kein andere Kartoffelberg mehr zu sehen war, und wir damit nicht nochmals zu einer zusätzliche Arbeit eingesetzt werden konnten, füllten wir unsere Eimer mit den Pflanzkartoffeln und, sobald der Posten außer Sichtweite war, gruben wir ein großes Loch und schütteten den gesamten Eimer Kartoffeln in diese Grube und bedeckten sie mit Erde. Mit diesem Verfahren schrumpfte der Kartoffelhaufen zusehends, so dass er nach einer Rekordarbeitszeit völlig verschwunden war, und wir nach Hause geführt werden konnten. Die Russen werden sich dann später wohl sehr gewundert haben, dass an verschiedenen Stellen urwaldähnliche Riesenbüschel Kartoffelkraut heranwuchsen.

In dem gleichen Lager waren wir eines Tages zur Feldarbeit eingeteilt und wurden, um einen Acker umzupflügen, was wohl als Gipfel der Entwürdigung anzusehen ist, gezwungen, uns selbst vor den Pflug zu spannen. Zu jedem Pflug gehörten vier bis sechs Kameraden. Den vor den Pflug gespannten Kameraden wurde ein Seil um Brust und Schulten gelegt, und hinten war ein Kamerad, der den Pflug führte. Auf diese Weise wurde mit Menschenkraft das gesamte Feld umgepflügt. Etwas Gemeineres und Erniedrigenderes konnte es wahrhaftig nicht mehr geben.

Noch eine andere Arbeitsmethode aus dem gleichen Lager muss ich hier deswegen erzählen, weil sie wohl auch einmalig auf der Welt ist und vielleicht nur dort durchgeführt werden kann, wo große Menschenmengen zur Verfügung stehen. Es handelt sich wieder um das Ackern oder besser, um das Umgraben von riesigen Feldflächen. Dabei wurden diesmal nicht Pflüge, sondern Spaten eingesetzt. Viele Wochen sind wir mit über 3000 Mann auf das Feld geführt worden, jeder mit einem Spaten bewaffnet, den die Russen selbst hergestellt hatten, wobei es sich nicht um eine dünne, sondern um eine mindestens 5 mm dicke Stahlschaufel handelte, und der Spaten schwer und dazu noch stumpf war. Jedem Kameraden wurde dann ein Streifen zugeteilt, den er nun im Laufe des Tages umzugraben hatte. Auch hier war eine bestimmte Norm zu erfüllen, die aber so hoch angesetzt war, dass man sie nur mit Mühe schaffen konnte. Wenn man Pech hatte, bekam man ein Stück zugeteilt, das festgefahren war, so dass man den klobigen Spaten überhaupt nicht in die Erde bekam. Andere Kameraden erwischten lockeren Boden und konnten ihre Norm schnell erfüllen. Die meisten Kameraden, so auch ich, aber hatten harten und schwer zu bearbeitenden Boden. Verlangt wurde von uns, einen Spaten tief umzugraben. Wie haben wir dieses Problem gelöst? Solange der Russe in der Nähe war, haben wir versucht, nach Vorschrift zu arbeiten, war er aber außer Sicht, wurde dann richtig gefuscht, derart, dass man etwa nur ein Fünftel oder ein Zehntel der Spatenlänge tief umgrub, gerade so viel, dass man sah, hier ist gegraben worden. Nur mit diesem Schwindel konnten wir dann unsere Norm erfüllen. Hier etwas zu pflanzen, war unmöglich. Aber auf diese Weise wurde beim Russen überall gemogelt und schlecht gearbeitet. Nach dieser Methode zu arbeiten, haben wir aber letztlich vom Russen selbst gelernt. Häufig sind wir nämlich mit russischen Zivilisten zusammen gewesen, die uns gezeigt und vorgemacht haben, wie man mit möglichst wenig Arbeitseinsatz, das größtmögliche vortäuschen kann.

Zum Thema „Fleckfier", über das ich bereits berichtet habe, möchte ich doch noch etwas nachtragen. Allgemein wäre zu sagen, dass bei allen Erkrankungen in der Gefangenschaft es im Wesentlichen darauf ankam, dass derjenige, der die Krankheit überstand, auch einen gewissen Lebenswillen gezeigt hat. Diejenigen, die verzweifelten und den Kopf hängen ließen, sind meist schnell verstorben. Ich erinnere mich an Kameraden, die, die groß und stark waren, einen Rücken wie ein Panzerschrank hatten und auch körperlich gut beisammen waren, haben wir vielfach nach zwei oder drei Tagen begraben. Andere, die weniger kräftig waren, aber einen starken Lebenswillen zeigten, haben gewöhnlich schnell die Krankheit überstanden, was ich auch von mir sagen kann. Als mir ein deutscher Arzt mitteilte, dass ich Fleckfieber habe, antwortete ich ihm, dass ich davor keine Angst hätte, denn ich war davon überzeugt, dass ich, trotz der vielen Todesfälle im Lager, die Krankheit überstehen würde. Und es ist ja auch gut gegangen, obwohl ich, wie schon berichtet, des hohen Fiebers mit mehr als 41°, Tage lang, bewusstlos da lag. Den Grund der Überlebenschance schreibe ich einmal meinem als Sportlehrer gut durchtrainierten Körper zu, was mich zäh und widerstandsfähig gemacht hat, andererseits maßgeblich aber auch meinem Willen, der mir immer wieder sagte, du musst durchkommen.

Bei der Gelegenheit wäre noch etwas über die unterschiedlichen Auswirkungen zu sagen, die sich bei den erkrankten Kameraden zeigten. Der eine war apathisch, lag still da und ließ alles über sich ergehen, andere waren, infolge des hohen Fiebers, praktisch durchgedreht. Als ich noch gesund war, traf ich auf dem Hof einen mir gut bekannten Kameraden, der aber krank war und mir in voller Kriegsbemalung, also in Uniform, Mantel und Mütze und mit schnellem Schritt, entgegenkam. Als ich ihn ansprach, wo er denn hinwolle, antwortete er: „Ich gehe zum Flugplatz! Ich fliege jetzt nach Hause! Die Maschine wartet schon auf mich". Ich nahm ihn nun am Arm und sagte: „Du hast Dich in der Richtung getäuscht! Komm, der Flugplatz liegt hier". Ich führte ihn in das provisorische Lazarett und übergab ihn dann einer Schwester, die sich seiner annahm.

Auch ich hatte in der Zeit meiner Fleckfiebererkrankung alle möglichen Fantasievorstellungen. In den Träumen sah ich mich in derselben Aufmachung, wie wir in der Gefangenschaft herumliefen, vor meiner Klasse in Ziegenhals stehen, wo ich mich über den Russen beklagte und sagte: „Seht, so behandeln uns die Russen. Sie geben uns zerrissene Uniformen, sind verdreckt, weil wir uns nicht waschen können, müssen hungern

und schwer arbeiten. Aber auch das Flugzeug spielte in meiner Fantasievorstellungen eine große Rolle. Ich flog oft mit dem Flugzeug nach Ziegenhals, landete auf dem Sportplatz ganz in der Nähe meiner Wohnung, war aber immer nur auf Urlaub da und musste kurz darauf wieder zurückfliegen. So wirkt sich halt das Fieber bei dieser Krankheit aus. Als äußeres Zeichen der Erkrankung bildet sich ein rötlicher Ausschlag, man hat auch keine Schmerzen, aber eben das hohe Fieber. Man verabreichte uns zwar Tabletten, die aber keine Wirkung zeigten.
In einem anderen Fall ist ein Kamerad im Fieber an der Regenrinne auf das Dach geklettert, fing, oben angekommen, fürchterlich zu brüllen an, so dass wir ihn mit Hilfe einer Leiter aus seiner misslichen Situation erretten mussten.
Die Erinnerungen an Krischin sind bei mir nur sehr spärlich, was wohl daran gelegen haben mag, dass wir in diesem Lager ohnehin nicht sehr lange waren und sich hier auch keine weltbewegenden Dinge ereignet haben. In Erinnerung aber sind mir noch die Vorfälle auf den Anmarschwegen zum Steinbruch. Der Weg zur Arbeitsstelle dauerte etwa eineinhalb Stunden und führte an riesigen Sonnblumenfeldern vorbei. Es war üblich, sich den Kopf einer Sonnenblume abzubrechen, und die Kerne während des Marsches zu essen. Auch die Posten, die uns begleiteten, haben uns immer gewähren lassen. Der Ablauf, sich eine Sonnenblume zu besorgen war, dass eine Reihe der marschierenden Kameraden sich absetze, eine Sonnenblume pflückte und sich dann wieder in die Truppe eingliederte. Eines Tages aber reißt einer der Posten plötzlich seine Flinte von der Schulter und schießt auf die sich gerade im Feld befindlichen Kameraden, hat allerdings nicht getroffen. Wieder ein Beispiel dafür, dass der Russe einfach unberechenbar ist. Wenn man glaubt, ein Privileg zu haben, so ist das am nächsten Tag nicht mehr der Fall.

Wenn ich nicht irre, ist auch die folgende Geschichte im Lager Krischin passiert. Wir waren bei der Arbeit im Steinbruch als ein russischer Bauer kam und uns einen lebenden, jungen Adler brachte, den er vermutlich aus einem Nest stammte, das in der Nähe des Steinbruches war. Wir haben uns natürlich sehr darüber gefreut, ihm dann den Hals umgedreht, ihn der Federn entledigt, und ihn über einem Feuer gebraten. Jeder bekam eine kleine Kostprobe, so habe ich erstmalig Adlerfleisch gegessen.

Ich sprach so selbstverständlich von Feuermachen. Wie aber macht man Feuer, wenn man keine Streichhölzer hat? Wir machten das mit einem, nennen wir es einmal, „Lumpenfeuerzeug". Feuersteine fand man doch da und dort in der Natur, ebenso ein Stückchen Stahl, und als Lunte benutzten wir die Fäden aus unseren Schlafdecken. Stahl und Lunte wurden nun nebeneinander gehalten, mit dem Feuerstein schlug man dann Funken aus dem Stahl, die auf die Lunte fielen und sie entzündeten. Durch zusätzliches Blasen musste man dann die Lunte zu einem starken Glimmen bringen. Auf diese Weise haben wir uns die Zigaretten angezündet und auch Feuer gemacht, eben wie es bei primitiven Völkern gemacht wird.

Auch kann ich die nun folgenden Schilderungen zeitlich nicht mehr richtig einordnen, bin aber der Meinung, dass sie sich in diesem Lager abgespielt haben muss. Wir waren zum Bäumefällen abkommandiert worden, eine für uns eigentlich angenehme Tätigkeit, einmal, weil uns nur ganz wenige Posten begleiteten und andererseits, weil man sich wesentlich freier bewegen konnte, als bei den anderen Arbeiten. Unsere Arbeit bestand darin, bestimmte Bäume zu fällen, sie zu entasten, die auf eine bestimmte Länge zugeschnittenen Stämme dann auf einen Wagen zu laden und fortzuschaffen. Der Posten kümmerte sich so gut wie gar nicht um uns, meist saß er unter einem Baum, das Gewehr zwischen den Beinen und - schlief. Wir hatten damit die Gelegenheit im Wald Pilze zu suchen oder Beeren zu pflücken. Aus diesem Grund, waren wir sehr weit verstreut, und wenn es dann nach Hause gehen sollte, hatte der Posten große Mühe, uns wieder vollzählig einzusammeln. Hundertmal hat er dann gezählt, ob er auch alle seine Schäfchen beisammen hatte. Weil wir eben einen so großen Auslauf hatten, entdeckten wir, immer auf der Suche nach Essbarem, einen Bach, in dem sich eine Unmenge Flussmuscheln befanden. Diese wurden nun gesammelt und über einem Feuer in einem Bottich oder in unseren Kochgeschirren gekocht. Zur Verfeinerung des Geschmacks wurden, dass schon junge, zerkleinerte Lindenblätter mit gekocht, was zusammen eine vorzügliche Lindenblätter-Muschelsuppen-Mahlzeit ergab. Noch auf dem Heimweg haben wir die gekochten, jungen Lindenblätter genüsslich gekaut und gegessen. Natürlich wurde auch bei dieser Arbeit viel gemogelt. Auf unseren Waldausflügen entdeckten wir, dass schon vor uns irgendjemand Bäume gefällt hatte, und zugeschnittene Baumstämme im Wald lagen. Diese haben wir zusammengetragen und dem Russen als unsere Arbeit deklariert, ließen sie vermessen und hatten auf diese Weise und ohne großen Arbeitsaufwand, unsere Norm erfüllt. Leider wurde diese sonst angenehme Arbeit von einem tragischen Unfall überschattet, dass beim Aufladen der Stämme ein Kamerad von einem herunterrollenden Baumstamm erschlagen wurde.

In tiefer Erinnerung wird mir aber das Eintreffen meiner ersten Post bleiben. Wie schon erwähnt, hatte ich in Jelabuge, im Gegensatz zu meinen Kameraden, die andauernd Post bekamen, keinerlei Post erhalten. In Krischin wurde aber wurde eines abends, als wir gerade von der Arbeit heimkamen, bei der Verteilung der Post erstmalig auch mein Name aufgerufen. Zuerst wollte ich es gar nicht glauben, als ich aber dann die Karte meiner Frau in den Händen hielt, machte ich einen Luftsprung und verzog mich still auf meine Pritsche, wo ich dann in aller Ruhe, Buchstabe für Buchstabe und mehrmals die Karte las. Es war die erste Post nach beinahe vier Jahren, denn die letzte erhielt ich, wie berichtet, am Heiligen Abend 1942. Diese Karte, die ich hier in Krischin erhielt, muss etwa im Oktober 1946 eingetroffen sein. Ich, von meiner Seite, hatte alles getan, um endlich Verbindung mit meiner Familie zu bekommen, hatte mir zusätzlich für Butter, Tabak oder und Zucker Karten gekauft und an alle meine Bekannten verschickt und sie gebeten, mir bei der Suche nach meiner Familie zu helfen. So gingen Karten an meine Schwägerin Olly, die Schwester meiner Frau, nach Berlin, an meine Frau nach Ziegenhals, obwohl sie gar nicht mehr dort war, an meine Mutter nach Beuthen, an meinen früheren Batteriechef Baublies, an meine früheren Wirtsleute Heyer in Süchterscheid, an die Familie Schmitz nach Lückerath, an Frau Koch in Rondorf etc. letztlich hatte sich das auch bezahlt gemacht, denn die Karten an meine Schwägerin und an Frau Heyer kamen etwa gleichzeitig an, die dann meine Frau benachrichtigten, worauf diese Verbindung endlich, nach vier Jahren, hergestellt werden konnte. Die Freude über die erste Post, war erklärlicherweise sehr groß.

Von Krischin wäre vielleicht auch noch zu berichten, dass um unser Lager regelmäßig Wölfe herumschlichen und ihr ständiges Jaulen gerade unsere Posten sehr interessierte. In dieser Zeit wurden durch die Posten unzählige Wölfe geschossen, die nämlich für jeden erlegten Wolf, eine Prämie bekamen.

Es mag wohl Ende 1946 gewesen sein, dass wir von Krischin aus in ein anderes Lager nach Perewoloki verlegt worden sind.

Das Lager Perewoloki – Nr. 7399/1

Perewoloki lag im Gebiet von Pensa und in der Nähe von Kuybischew. Rückblickend glaube ich wohl sagen zu können, dass die Zeit meines Aufenthaltes in Perewoloki bis Mai 1948, die für mich schlimmste Zeit der Gefangenschaft darstellte. Die Arbeit war sehr schwer, die Bekleidung mangelhaft, die Verpflegung völlig unzureichend. Hinzu kamen die Schikanen übelster Art, die sich der Russe hier ausgedacht hatte.

Unsere Haupttätigkeit war wieder einmal die Arbeit im Steinbruch, eine Arbeit, die aber an unseren Kräften und vor allem an unserer Gesundheit nagte und nicht im Entferntesten mit dem Steinbruch in Krischin mit seinen, gegenüber Perewoloki, Sanatorium ähnlichen Bedingungen, zu vergleichen wäre. Fast zwei Jahre habe ich diese schwere Steinbrucharbeit ausüben müssen. Wenn man bedenkt, dass man jeden Tag, bei jeder Witterung und mit riesigem Kräfteaufwand, das zwei Jahre lang machen musste, kann man vielleicht nachvollziehen, wie sich diese Knochenarbeit dann auf die körperliche Verfassung auswirken musste.

Dieser Steinbruch lag an der Wolga. Die Ufer fielen hier etwa 10 bis 15 m senkrecht ab und enthielten riesige Gesteinsblöcke, die von uns gebrochen werden sollten. Bis zum eigentlichen Flussbett waren es noch ca. 50 m. An diesem Steilufer wurden wir nun eingesetzt und arbeiteten in mehreren Etagen, ja, besser gesagt, klebten Gesteinsbrocken, quasi an diesen steilen Wänden in auf mehrere Etagen verteilten Gruppen. Im Gegensatz zum Schiefergestein in Krischin gab es hier angeschwemmte, kleinere und größere, im Sand abgelagerte Gesteinsbrocken, wobei der Sandanteil das Drei bis Vierfache der gerochenen Steine ausmachte, gemessen wurden aber nur die Steine. Das Arbeiten war daher sehr schwierig, da beim Brechen so viel Sand anfiel, dass die Norm einfach nicht zu schaffen war, und wir als Werkzeug außer einer Spitzhacke, nur noch eine Brechstange zu Verfügung hatten. Manches Mal haben wir mehrere Stunden gebraucht, um einen einzigen größeren Brocken aus dem Sand herauszupulen. Auch hier betrug die Norm 1,5 cbm pro Person. Hatten wir bis Mittag nicht die Norm erfüllt, gab es kein Essen. Gekocht wurde nämlich vor Ort, also im Steinbruch selbst. Das ausgefallene Essen wurde dann erst abends im Lager gefasst. Die gebrochenen Steine wurden dann wieder in Quaderform geschichtet, damit der Russe sie am Abend vermessen konnte. Weil wir hier solch schwierige Verhältnisse vorfanden, haben wir wieder einmal zur Selbsthilfe gegriffen und haben beim Aufbau des Quaders zunächst einmal in seiner Mitte einen großen Sandhaufen angelegt, diesen dann mit Steinen so umbaut, dass nach außen der Eindruck eines soliden Steinhaufens erweckt wurde, und so vermessen, unser Soll gewaltig aufbesserte. Den Russen an der Nase herumzuführen, haben wir uns noch eine andere Methode ausgedacht. Häufig wurden die gebrochenen Steine, der weiteren Zerkleinerung wegen, noch von anderen Gruppen abgeholt. Wenn aber am nächsten Tag noch der Haufen des Vortages vorhanden war, wurden zu den neu gebrochenen Steinen, die Steine des Vortages hinzugefügt, wo wir dann am Abend diesen Haufen nochmals vermessen ließen. Es kam also vor, dass wir Steine drei bis vier Mal vermessen ließen und nur so unsere Norm erfüllen konnten.

Mit der Zeit aber kam uns der Russe aber auf den Trichter. Zunächst hat er den Haufen erst einmal ganz normal vermessen, ihn aber dann auseinandergerupft und sich überzeugt, ob nicht im Inneren Sand vorhanden ist. War dies der Fall, gab es großen Ärger mit der Konsequenz, dass das Essen gesperrt oder aber die Arbeitszeit verlängert wurde.

Die im Sommer durchgeführten Steinbrucharbeiten waren ja noch erträglich, wehe aber, der Winter war hereingebrochen. Da wir bei jeder Temperatur zur Arbeit mussten, haben wir bei häufig um 40° unter null liegenden Temperaturen dann durch schnelleres Arbeiten versucht, uns vor dem Erfrieren zu schützen. Während die Posten dicke Pelzmäntel besaßen, mussten wir uns mit unseren alten, zerschlissenen, deutschen Militärklamotten, mit unzureichender Unterbekleidung und mit Handschuhen begnügen, die wir aus deutschen Militärmänteln selbst hergestellt hatten. Dass es für mich, wie ich oben sagte, die schwersten Jahre in der Gefangenschaft waren kann man vielleicht schon daraus entnehmen, welchen Schikanen wir bei der Arbeit und im Lager ausgesetzt waren. Es begann schon bei der unzureichenden Bekleidung: Keine Pelzmäntel und Filzstiefel wie in Jelabuga, das einzig Gute an der Bekleidung war die Kopfbedeckung, die aus einer russischen Pelzmütze mit Ohrenklappen bestand, wie sie auch die Russen während des Krieges trugen, dann die sog „Kufeika", eine kurze Wattejacke, die keinen Wind durchließ. Diese beiden Sachen waren Gold wert. Eine weitere Schikane war der Umstand, dass wir während der Arbeit im Winter, um uns die Hände aufzuwärmen, kein Feuer anmachen durfte. Ein trotz des unsinnigen Verbotes von uns entfachtes Feuer, wurde vom Posten mit den Stiefeln ausgetrampelt. Des Weiteren, uns bei 40 und mehr Kältegraden zur Arbeit hinauszujagen, uns dann auch noch, das Essen zu sperren, wenn wir die Norm nicht erfüllt haben, besser, nicht erfüllen konnten, waren Sachen, die sich eben nur der Russe ausdenken konnte. Wenn wir wirklich mal das Essen draußen fassen durften, war es so, dass das Essen in den Kochgeschirren gefror, wenn man es nicht schnell genug verzehrte. Stellte sich dann neben der mörderischen Kälte auch noch Wind ein, war die Gefahr des Erfrierens von Nase und Ohren besonders groß. Bei derartigen Methoden mussten zwangsläufig Ausfälle eintreten, weshalb auch das vielleicht der Grund war, dass wir, wie dann später vom Russen angeordnet wurde, nur noch bei Kältegraden bis zu 27° und Windstille ausmarschieren durften. Unvergesslich und in unangenehmer Erinnerung werden mir diese Ausmärsche sein. Vor dem Ausrücken machten wir uns für die Arbeit fertig, und mussten uns regelrecht vermummen, um gegen die grimmige Kälte geschützt zu sein. Zunächst wurde die Pelzmütze aufgesetzt, die Ohrenschützer herunter- und der Kragen des Mantels hochgeklappt. Die Enden des Kragens wurden dann mit einer Sicherheitsnadel oder einem Bindfaden zusammengehalten und um den hochgeschlagenen Mantelkragen, zum Schutz der Nase, ein Tuch oder Lappen gelegt. Zusätzlich dazu haben wir uns noch einen selbst gebastelten Nasenschutz hergestellt, der über die Nase gelegt, am Hinterkopf festgebunden, dann auch noch von der Pelzmütze gehalten wurde. Bei dieser Vermummung sah man praktisch nur noch die Augen. Bei dem fast zweistündigen Anmarsch bildeten sich durch die Atemluft am Mantelkragen und an den Augenbrauen Eisschichten. Tag für Tag lief diese Prozedur in der gleichen Form ab. Beim Ausmarschieren schlich ein schier unendlicher Zug von mehreren tausend deutscher Kriegsgefangenen im sog. „Pleni-Schritt", das ist der Gefangenenschritt, der etwa 2–3 km pro Stunde betrug, zum Arbeitseinsatz, dem die begleitenden russischen Posten noch durch Schreien, Anfeuerungsgebrüll und Kolbenschlägen, Nachdruck verliehen. Es war ein Bild des Jammerns, wenn sich der Zug durch den hohen Schnee wälzte, wenn die Kameraden vor Entkräftung hinfielen und durch Kolbenschläge wieder auf die Beine gebracht, von den Kameraden weitergeschleppt wurden.

Ausmarschiert wurde gewöhnlich um sieben Uhr früh, zurück kamen wir normalerweise um 18 oder 19 Uhr, wenn die Norm nicht geschafft wurde, gegen 20 oder 21 Uhr. Vor dem Ausmarsch saßen wir vermummten Gestalten auf unseren unteren Betten und warteten auf den Abruf, der sich häufig wegen der Entscheidung, ob nun abmarschiert werde oder nicht, um eine Stunde oder mehr verzögerte. Keiner sprach ein Wort, und es war mäuschenstill in der Baracke, obwohl wir 40 bis 50 Mann waren. Jeder dachte nur an das Grauen, an die Kälte und an die Strapazen, die uns draußen erwarteten. Wenn dann der Abruf erfolgte, schlich man förmlich zum Sammelplatz vor dem Lagertor. Oft passierte es, dass Kameraden vor dem Abmarsch zusammenbrachen, ob simuliert oder vor Entkräftung, mag dahingestellt bleiben. Auf alle mussten dann diejenigen wieder in die Baracke geschafft werden, was den Abmarsch dann erneut verzögerte. Ging es dann los, begann das Durchzählen der Viererreihen, hinter dem Tor, bevor sich dann der Zug in Bewegung setzte, wurde nochmals gezählt.

Am Arbeitsplatz konnten wir die Vermummung nicht gebrauchen. Deswegen wurde alles das, was uns bei der Arbeit hinderlich war, abgelegt. Wir haben dann, muss ich wirklich sagen, schnell gearbeitet, schon allein deswegen, weil wir uns durch die ständigen Bewegungen vor Erfrierungen schützen wollten. Als Werkzeug hatten wir nur Pickel und Brechstangen, gesprengt wurde nie. Bei dieser Kälte brachen sehr oft die Holzstiele der Pickel, so dass viel Zeit verloren ging, ehe sie durch die zwei Mann, die eigens für die Reparatur der Stiele eingesetzt, wieder in Ordnung gebracht waren.

Die mit schlimmste Schikane, die sich der Russe einfallen ließ, war wohl folgende: Eines Tages verlangte der Russe, dass wir mit unseren Pickeln das Eis der 50 m entfernten Wolga aufschlagen und mithilfe des Pickels und der bloßen Hände aus dem eiskalten Wasser, die sich dort befindlichen Steine fördern sollten. Die so geförderten Steine mussten wir ebenfalls am

Rande der Wolga stapeln mit der üblichen Auflage, 1,5 cbm pro Mann und Tag. Dabei ergab sich später, dass die Steine nicht fortgeschafft, sondern bei der nächsten Schneeschmelze mit dem Hochwasser, wieder in den Fluss gespült wurden. Mit einer solchen Schikane haben wir uns so manches Mal, die Tage in Jelabuga zurückgewünscht. Auch blieb natürlich nicht aus, dass sich durch Erfrierungen, Ermattungen und den sich sonst noch ergebenden Erkrankungen, ein großer Ausfall an Arbeitskräften einstellte. In solchen Fällen aber entschied man sich, die Kranken im Lager zu belassen, wo sie zu leichteren Arbeiten eingesetzt wurden, ihnen die doppelte Verpflegung gab, bis sie nach drei Wochen wieder arbeitsfähig waren, sie dann wieder so lange hinausschickte, bis sie nicht mehr konnten. Dieses Spiel wiederholte sich dann fortwährend. In dieser Zeit war ich mit meinem Gewicht drei bis vier Mal unter 50 kg, wurde mit Erreichen der 55 kg wieder, bis es nicht mehr ging, zur Arbeit geschickt und kann wohl sagen, dass ich dem Totengräber einige Male von der Schippe gehopst bin.

Nun etwas über das Lager und seine Einrichtungen: Es handelte sich um ein sehr ausgedehntes Lager und mag etwa 1,5 km lang und 400 m breit gewesen sein, war von einem doppelten Stacheldrahtzaun, der etwa vier m hoch gewesen sein mag, umgeben. Zwischen den beiden Stacheldrahtzäunen war, um die Spuren eventueller Ausreißer besser verfolgen zu können, umgepflügter Boden. An den Ecken standen Wachtürme, die mit einem oder mehreren, mit Maschinenpistolen ausgerüsteten Posten, besetzt waren. Mitten durch das gesamte Lager verlief die Lagerstraße, wo links und rechts davon, die Baracken standen. Beim Eingang hatte das Lager seinen höchsten Punkt und fiel dann 1,5 km leicht ab, wo sich am anderen Ende dann die Küche und die Bäckerei befanden. Meine Baracke war die zweite von oben und lag ganz in der Nähe des Eingangstores, so

erwischt, musste man nicht nur einen riesen Palaver über sich ergehen lassen, sondern wurde auch dazu verdonnert, neben seiner eigenen Hinterlassenschaft, sämtliche vorhandene Spuren zu beseitigen.

In der Baracke stand ein mächtiger Ofen, der bis zum Dach reichte, wo dann der Rauch über ein Ofenrohr nach außen abgeleitet wurde. Das Ofenloch war eine riesige Öffnung, die Holzscheite von einem Meter Länge aufnehmen konnte. Allerdings wurden wir sehr selten mit Holz versorgt, so dass wir gezwungen waren, uns das nötige Holz von der Arbeitsstelle mitzubringen. Je nach Einschätzung seiner Belastbarkeit bemühte sich jeder Kamerad, ein entsprechendes Holzstück zu liefern, das dazu beitrug, einen warmen Raum zu haben.

Bei dieser Gelegenheit erinnere ich mich an einen Vorfall, der sich eines Abends ereignete: Mit einem Kameraden saß ich noch spät am Abend, gegen 24 Uhr, auf der Bank am Ofen. Wir saßen mit dem Rücken zum Ofen, und unterhielten uns bei wohliger Wärme, als plötzlich ein Kamerad aus seinem Bett krabbelte, um zur Toilette zu gehen. Doch nach einigen Schritten fiel er hin, blieb liegen und rührte sich nicht mehr. Als wir ihm zu Hilfe eilten, merkten wir, dass er ohne Besinnung war. Im gleichen Moment will uns ein anderer Kamerad, der durch den Krach aufgewacht war, zu Hilfe kommen und legt sich mit den gleichen Erscheinungen, neben den am Boden liegenden Besinnungslosen. Daraufhin hat ein in unserer Baracke lebender Arzt, sofort alle anderen Kameraden der Baracke geweckt, was zu einem fürchterlichen Durcheinander führte. Viele Kameraden, die jetzt aufgestanden waren, fielen ohnmächtig hin, andere waren halbbetäubt, oder krabbelten auf allen Vieren über die bereits am Boden Liegenden durch die Baracke, und viele mussten sich übergeben. Wir anderen, die noch nicht diese Erscheinungen hatten, trugen die Hilflosen vor die Tür ins Freie und legten sie in den Schnee. Die Türen wurden aufgerissen, Fenster eingeschlagen, um Frischluft in den gesamten Raum zu bekommen. Die Ursache war eine Kohlendioxidvergiftung, bedingt durch den schadhaften Ofen. Dabei strömte das geruchlose Gas aus dem Ofen und breitete sich, weil es schwerer als Luft ist, im Bodenbereich aus. Daher waren zunächst die Kameraden besonders davon betroffen, die in den unteren Betten schliefen. Der Russe, der sofort benachrichtigt wurde, brachte uns in einer anderen Baracke unter. Am nächsten Morgen wurden wir alle zum Arzt zitiert und deswegen gründlich untersucht, weil wir ja wieder zur Arbeit ausrücken mussten. Der ein oder andere wurde bei dieser Untersuchung von der Arbeit freigestellt, weil ein durch die Vergiftung entstandener Herzfehler festgestellt wurde. Als die Reihe an mich kam sagte der Arzt, nachdem er mich abgehört hatte, „Oh weh, sehr krank, heute nix Arbeit"! Da war ich ja nun doch platt, denn ich hatte bei dieser Aktion, weil ich ja hoch saß, überhaupt nichts mitbekommen und fühlte mich eigentlich auch völlig gesund. Und nun diese Diagnose! Mir sollte es recht sein.

Jeder Kriegsgefangene war bestrebt, gesund zu bleiben, was man durch Bewegung und Arbeit, aber weniger durch Arbeit als durch Beschäftigung erreichen konnte. Perewoloki war aber für leichte und gesunde Beschäftigung ein sehr schlechtes Pflaster, hier aber hätte man, vielmehr Schwerstarbeit, ergänzen müssen. Gegenüber den anderen Lagern, gab es arbeitsmäßig nur das Steinbrechen, dann das Steine klopfen und schließlich Straßenbauarbeiten. In allen Bereichen aber bediente sich der Russe hier unmenschlicher Methoden.

Um uns auszunutzen und zu schikanieren, hatte hier der Russe neben dem Steinbrechen auch noch das Steineklopfen in sein Programm aufgenommen, das manchmal noch unangenehmer als das Steinbrechen war. Dabei musste man die vorher von uns großen gebrochen Gesteinsbrocken zerkleinern, genauer gesagt, zu Schutt verarbeiten. Dazu wurden immer vier bis fünf Kameraden zu einer Gruppe zusammengefasst. Einer davon hatte die Aufgabe, mit einem Vorschlaghammer die großen und z.T. Riesensteine, in größere Brocken zu zerlegen, während die anderen Kameraden diese bis dann etwa zur Walnussgröße zerkleinerten. Als Werkzeug stand uns ein einige Kilo schwerer Vorschlaghammer mit langem Stiel, ferner für jeden Kameraden, ein kleinerer Hammer mit einem etwa 40 bis 50 cm langen Stil, der der Zerkleinerung zu Schottermaterial diente, zur Verfügung. Genauso wie beim Steinbrechen, war diese Arbeit im Sommer nicht so anstrengend, doch im Winter, bei Temperaturen um minus 25° und ohne die Möglichkeit zum Aufwärmen der Hände, und wenn man keine Bewegung hatte, weil alles in sitzender Stellung ausgeführt werden musste, dann war dies wohl wieder einmal eine unzumutbare, unsinnige Anstrengung, besser gesagt, allein schon der Arbeitsauftrag als solcher, eine unmenschliche, niederträchtige Gemeinheit sonders Gleichen. Hinzu kam noch, dass bei den niedrigen Temperaturen, der Holzstiel des kleinen Hammers wegbrach wie Glas und die Reparatur wieder so lange dauerte, dass die Norm wieder nicht erfüllt werden konnte, und nicht erfüllte Norm bedeutete hungern. Auch die aus der Wolga gefischten Katzenköpfe (Kieselsteine), die sehr hart und sehr schwer zu zerkleinern waren, mussten verarbeitet werden.

Wie unmenschlich, ja gemein und ohne Mitleid der Russe sein konnte, soll in folgender Begebenheit dargestellt werden: ein Kamerad hatte sich alle zehn Finger erfroren, die ihm, bis auf einen kleinen beider Daumen, amputiert werden mussten und konnte sich bei den verschiedensten Tätigkeiten des täglichen Lebens, sich selbst nicht helfen, weshalb er voll und ganz, auf die Hilfe seiner Kameraden angewiesen war, wurde auch deshalb nur zu kleineren Arbeiten im Lager eingesetzt, bis ihn eines Tages der Russe als Nichtstuer, Faulenzer und überflüssigen Esser beschimpfte, und er schließlich zum Steine brechen, im Steinbruch eingesetzt wurde. Er musste also mit uns ausrücken und wurde dann unserer Gruppe zugeteilt. Alle unsere Beteuerungen, er könne doch unmöglich mit seinen Stümpfen, einen Hammer halten, geschweige denn Steine zerkleinern, halfen nichts. Er musste mit uns ausrücken und Steine klopfen. Da auch für ihn die 1,5-cbm-Norm galt, die er selbstverständlich niemals hätte erreichen können, mussten wir natürlich für ihn diese Norm übernehmen. Er hat sich sehr bemüht, uns nach Möglichkeit nicht zur Last zu fallen. Wohingegen wir eine Stinkwut auf den Russen hatten und dies ihm auch unverblümt, im Beisein des unglücklichen Kameraden, immer wieder vorbrachten, war es unserem Kameraden sehr peinlich, dass wir für ihn mitarbeiten mussten. Immer wieder hat er sich für diesen Umstand entschuldigt, bis wir ihm ganz energisch zu verstehen gaben, dass er selbst doch nichts dafür könne und dass es für uns selbstverständlich sei, viel zu gerne diese Arbeit für ihn mit zu übernehmen, nicht zuletzt auch aus Dankbarkeit dafür, dass wir von seinem Schicksal verschont geblieben seien. Was ich hier berichte, ist wirklich geschehen und die volle Wahrheit. Hätte ich diese Gegebenheit nicht selbst erlebt, würde man vielleicht an der Richtigkeit zweifeln und würde es zu Recht nicht für möglich halten, dass es so viel Gemeinheit auf der Erde gibt. Wenn ich mich nicht irre, stammte dieser unglückliche Kamerad, an dessen Name ich mich nicht mehr erinnere, aus der Gegend von Hamburg.

Eine weitere Tätigkeit, die ich im Lager Perewoloki durchführen musste, war der Einsatz beim Straßenbau. Es wurde eine Straße von Moskau in östlicher Richtung gebaut, an deren Herstellung verschiedene an der Strecke liegende Kriegsgefangenenlager,

beteiligt wurden. Nach den Vorgaben des Planes sah es bei der Durchführung so aus, dass wir die Straße zunächst in der gesamten Breite ausschachten mussten. Diese Fläche wurde mit dicken Brocken belegt, die wir im Steinbruch selbst gebrochen hatten, die Hohlräume und Lücken mit größeren Schottersteinen so aufgefüllt, dass eine nach oben hin ebene Fläche entstand, der eine aus Sand und feinem Schotter vermischte und aus mehreren Schichten bestehende Decke aufgelegt wurde, die dann zum Schluss mit einer großen, schweren Walze verdichtet wurde.
Die beim Straßenbau benötigten verschiedenen Sand- und Schottermaterialien stellten wir mittels eines schräg stehenden Rüttelsiebes her, das unterschiedliche Maschengrößen besaß. Dazu wurde der von uns im Steinbruch produzierte Schotter auf den oberen Bereich des Siebes geschüttet, der dann durch die Rüttelbewegungen nach unten rutschte, so dass man auf diese Weise ein von Sandkorn- bis Brockengröße sortiertes Material erhielt. In Russland habe ich damit auch einige Kilometer Straßen mit gebaut und muss sagen, dass diese Arbeit zwar auch hart, aber etwas angenehmer war, als Steine brechen und Steine klopfen. Mit dem Vorteil, dass man sich mehr bewegen konnte, war es aber auch manches Mal eine halsbrecherische Arbeit, wenn man mit dem Schubkarren über schmale Bretter fahren musste, wo ab und zu Schubkarre und Fahrer in die Tiefe stürzten, was dazu führte, abgesehen davon, dass man bei der Aktion sich hätte den Hals brechen können, auch noch mit dem Russen großen Ärger zu bekommen.
Noch einige Schilderungen von Begebenheiten, die sich im Lager Perewoloki zugetragen haben: Wir rückten, unter Leitung eines deutschen Hauptmanns als Brigadeführer, mit ca. 20 Mann, zur Arbeit in einen Steinbruch aus. Nach einiger Zeit stellten wir fest, dass ein Kamerad fehlte. Er hatte sich wohl in dem nahen Wald versteckt und keine Lust, zur Arbeit zu gehen, hatte aber keinem

von uns etwas gesagt. Als er dann aber doch lange Zeit nicht erschien, blieb unserem Brigadeführer nichts anderes übrig, als dies dem Russen zu melden, der nun eine große Suchaktion mit Spürhunden in die Wege leitete. Aber auch das blieb ohne Erfolg. Schließlich rückten wir ohne ihn, in Richtung Lager ab. Und siehe da, der verschwundene Kamerad hatte sich, um wieder ins Lager zu gelangen, in eine andere Gruppe eingeschlichen, was aber dann unmittelbar am Eingangstor des Lagers erkannt wurde. Der Russe, der das bemerkt hatte, ging auf ihn zu und hat ihn ohne Debatte einfach über den Haufen geschossen. Wir haben den Schwerverletzen und Besinnungslosen dann mit drei anderen Kameraden ins Lazarett getragen und zwar so, dass jeder von uns sich ein Bein oder einen Arm schnappte. Da er aber mit seinem Lungensteckschuss bei uns nicht behandelt werden konnte, wurde er in einem benachbarten Lazarett ausgeheilt und, wie wir dann später erfuhren, vorzeitig nach Hause entlassen. Ja, auch eine, wenn auch sehr gefährliche Möglichkeit, vorzeitig nach Hause entlassen werden zu können.
Viele Kameraden versuchten auf irgendeine Art, ihre Heimreise zu erzwingen, so z. B. große Mengen Salz zu essen und dadurch Wasser bekamen, völlig aufschwemmten, aufgeschwemmte Gesichter und dicke Beine hatten und zum Liegen kamen. Dieses gefährliche Experiment durchzuführen, versuchten einige Kameraden. Der größte Teil aber überstand diese Prozedur nicht und starb.
Im Lager versuchte der Russe, sich möglichst korrekt zu verhalten und hatte als Beweis seiner gerechten Gesinnung, folgende Einrichtung geschaffen. Um uns zu beweisen, dass er die uns zustehenden Mengen Lebensmittel auch tatsächlich ausgäbe, wurden dazu jeden Abend zwei Kameraden abgestellt, sich davon überzeugen zu können, dass auch die richtigen Mengen in der Küche verarbeitet würden. Diese Kameraden blieben die

ganze Nacht in der Küche, führten dort die Aufsicht, überprüften Listen darauf, dass alle Zutaten, wie Fleisch, Hirse etc. richtig ausgewogen werden und achteten darauf, dass diese Mengen auch tatsächlich in den Töpfen landeten. So hatte auch ich einmal die Gelegenheit, eine ganze Nacht hindurch in der Küche, Aufsicht zu führen und, wie ich dann schnell feststellte, dass es eine recht nahrhafte Angelegenheit sei, weil man da so viel essen konnte, wie und was man wollte. Man konnte sich über Brot, Speck, Wurst, Fleisch, oder auf was man gerade Lust oder Appetit hatte, hermachen und musste nur darauf achten, dass man sich bei der Völlerei nur nicht den Magen verdarb. Aber da hatten wir schon eine gewisse Übung, da wir gelernt hatten, Unmengen zu uns zu nehmen, ohne dass dabei etwas passierte. Im Übrigen hatte ich im Lager einen Kameraden, Hauptman Jacobson, der in Wyck auf Föhr zu Hause war, als Pritschennachbar, der aber täglich in der Küche beschäftigt war. Ihm und seiner Tätigkeit hatte ich zu verdanken, dass er mir einiges an Zusatzverpflegung, wie Brot, Fleisch und Wurst, zukommen ließ. Ab und zu steckte er mir mein unmittelbarer Nachbar dann nach seinem Dienst, ohne dass irgendjemand im Lager etwas davon bemerkte, diese Mitbringsel heimlich unter mein Kissen. Damit habe ich im Bett, manches Mal noch eine zusätzliche Mahlzeit zu mir nehmen können.

Ein paar Worte seien noch über das Komitee Freies Deutschland zu sagen. Ich hatte schon die Gründe genannt, weshalb ich diesem Verein nicht beigetreten bin, nämlich: Verrat am eigenen Volk durch aktive Propaganda, Kampf gegen die eigenen Brüder etc. Es gab tatsächlich Kameraden, die mit Hilfe einer starken Lautsprecheranlage, vom russischen Graben zum deutschen folgendes hinüber posaunten: „Kameraden, hier spricht Fritz Meier. Ich bin zum Russen übergelaufen und fordere Euch auf, dasselbe zu tun, denn der Krieg ist ohnedies für Deutschland verloren. Rettet Euer eigenes Leben! Ihr werdet hier gut behandelt! Ihr braucht keinen Hunger mehr zu leiden, könnt Euch hier frei bewegen und wenn Ihr etwas fürs Herz braucht, stehen Euch hübsche junge Mädels zur Verfügung! Kommt geschlossen! Wenn Ihr ein weißes Tuch schwenkt, wird nicht geschossen! Macht dem Krieg ein Ende, lauft über!"

Mit derartigen Methoden wurde gearbeitet, ja noch mehr. Es gab deutsche Kameraden, die mit der in der Hand, vom russischen Graben aus, gegen die eigenen Kameraden kämpften und sogar gefallen sind. Die Todesanzeigen haben wir in unserer Lagerzeitung lesen können. Mit derartigen Methoden wollte ich nichts zu tun haben, weshalb ich einen Beitritt strikt abgelehnt habe. Später aber wurde unter den Offizieren der BDO (Bund deutscher Offiziere) gegründet, der mehr eine kameradschaftliche Vereinigung darstellte und nicht irgendwelche politische Zwecke verfolgte. Auch dafür wurde geworben, und auch da hatte ich zunächst meine Bedenken. Als wir dann nach der Kapitulation aber alle unsere Orden und Ehrenzeichen abgeben und auch den Hoheitsadler, den sog. Pleitegeier, ablegen mussten, waren Mitglieder und Nichtmitglieder nicht mehr erkenntlich. Weil der BDO eine mehr kameradschaftliche Vereinigung darstellte, bin ich diesem dann erst sehr spät, das mag Anfang 1948 gewesen sein, beigetreten, hatte aber keinerlei Vorteile mit diesem Beitritt.

Der Russe verfügte im Lager auch noch über eine andere Einrichtung. Als Belohnung für gute Arbeit konnte man für gute Arbeit, sechs bis acht Tage in ein „Erholungslager" geschickt werden, wo man nicht arbeiten brauchte, sehr gut verpflegt wurde und seine Zeit mit Lesen und Spielen vertreiben konnte. Zudem lag das Lager auch noch in einer landschaftlich schönen Gegend. Wie und warum ich in diesen Genuss gekommen bin, weiß ich selbst nicht, nehme aber an, dass die Kameraden

wahllos ausgesucht worden sind, vielleicht aber wollte der Russe sich auch nur mal von seiner Schokoladenseite zeigen. Natürlich habe ich diese Zeit genossen, hatte ein saubere freundliche Unterkunft, wurde ausgezeichnet verpflegt und habe alle angebotenen Annehmlichkeiten ausgenutzt, Bücher gelesen (nicht nur Marx und Lenin), mit den Kameraden Spiele gemacht, mich also rundum wohl gefühlt und mich in der warmen Sommerzeit, gut erholt. Leider hatten wir während dieser Zeit auch einen Todesfall, wo ein sehr junger, noch keine 20 Jahre alter Kamerad, nach der Morgengymnastik, nach einem Herzinfarkt, plötzlich zusammenbrach und innerhalb von zehn Minuten verstarb.
Das Lager Perewoloki verfügte auch über ein „Revier", wo leicht erkrankte, behandelt werden konnten. Geleitet wurde es von einem deutschen Arzt, dem noch ein Mediziner zur Seite stand, ein Student, der wohl in den letzten Semestern gestanden haben muss, da er sehr selbstsicher, aber in angenehmen Sinn, aufgetreten ist, als sei er schon fertiger Arzt. Mit diesem Revier machte ich auch alsbald Bekanntschaft. Über Nacht bekam ich am Ellenbogen, eine sehr schmerzhafte Entzündung. Als der Arm dann sehr anschwoll und ich ihn nicht mehr bewegen und nicht mehr zur Arbeit ausrücken konnte, zeigte ich dies dem Arzt, der als Diagnose Arthritis, also eine Entzündung der Arterie, feststellte. Nachdem sich diese nach einigen Tagen immer noch nicht besserte, ja eher verschlimmerte, entschlossen sich die beiden Ärzte zu einer Operation. Man legte mich dazu auf eine Couch, die zu behandelnde Stelle wurde vereist, aber wahrscheinlich zu wenig. Bei dem ersten Schnitt sprang ich, weil ich alles voll gespürt habe, wie eine Rakete auf die Beine. Es wurden zwei parallele Schnitte durchgeführt, dass man den Streifen Haut abheben und den ausfließenden Eiter dann abtupfen konnte. Um den ausfließenden Eiter aufzufangen, wurde der Hautstreifen mit Gaze umwickelt. Diesen Verband

musste ich täglich erneuern lassen. Weil es einfach nicht besser werden wollte, legte man mich schließlich in das Lagerlazarett, eine Baracke, in der man stationär behandelt werden konnte. Ich bin dann wohl dort 14 Tage behandelt worden, ohne dass sich eine merkliche Verbesserung eistellte. In dieser Zeit hatten wir auch noch ein kleines Erlebnis mit Ratten. In einer Nacht gab es plötzlich einen furchtbaren Krach, ein Quietschen, durch das wir alle aufwachten. Eine Katze hatte sich eingeschlichen und war hinter einer Ratte her, die sie dann unter meinem Bett erwischte. Am nächsten Morgen war dann von der Ratte, lediglich der Schwanz übriggeblieben. Da sich mein Arm keineswegs besserte, sagte mir die Ärztin, dass ich, um den Arm intensiver behandeln zu können, in ein ordentliches Lazarett überführt werden müsste. Man lud mich auf einen gewöhnlichen LKW und schaukelte mich in ein Lazarett nach Kusnezk, in der Nähe von Pensa. Wie ich dann erst später erfuhr, vermutete man bei mir, weil die Wunde eben über Wochen hinweg nicht heilen wollte und ständig eiterte, eine Knochen-Tuberkulose.

Im Lazarett Kusnezk, Lager Nr. 2738

Im Mai 1948 bin ich nun nach Kusnezk gekommen, das von Perewoloki, etwa 100 bis 150 km entfernt liegt. Hier befand sich die Sammelstelle für deutsche Kriegsgefangene mit allen nur möglichen Krankheiten. Das Lazarett verfügte neben einer chirurgischen Abteilung, die von einer russischen Ärztin und einem deutschen Arzt versorgt wurde, in der Abteilung für innere Krankheiten, auch eine geschlossene und offene Tb-Station, die ausschließlich von deutschen Ärzten geleitet wurde. Wegen des Verdachtes einer Knochen-Tb, kam ich auf die offene Tb-Station, wo ich dann genau ein Jahr, also bis Mai 1949, blieb. Das etwa 30 m x 12 m große zwei stöckige Gebäude war in einem mit Bänken und Tischen ausgestattet schönen Park, in dem man spazieren gehen konnte, gelegen. Um das Lazarett war natürlich von einem Stacheldrahtzaun umgeben und mit Posten bestückt. Äußerlich machte das Lazarett einen durchaus hübschen und angenehmen Eindruck. Wie aber sah das Haus von innen aus? Am Anfang war das Haus eigentlich recht nett, war geräumig, sauber, hatte gute Eisenbetten, die Verpflegung war reichlich und gut, das Brot war auch in Ordnung, und man bekam sogar noch etwas Nachschlag, wenn man Hunger hatte. Dann aber später wurde das Lazarett derart überbelegt, dass wir, ich habe das selbst mitgemacht, mit acht Mann in drei Betten lagen, so dass wir immer mit zwei Mann, in einem Bett lagen. Da das aber nicht ausreichte, wurde zwischen zwei Betten noch ein Brett von ca. 30 cm gelegt, auf dem dann noch ein Kamerad untergebracht war. Die Betten standen alle nebeneinander, so, dass jeder neben dem eigenen Kopf, die Füße seines Nachbarn hatte unwürdige Verhältnisse, die notgedrungen häufig zu Reibereien und Streitigkeiten führten. Auch die Flure und Gänge waren mit Betten ausgefüllt. Zunächst kam ich in das obere Stockwerk, wo damals und auch dann später, keine Überbelegung war. Zunächst wurde ich untersucht, wo man mir mitteilte, dass ich zum Glück, keine Knochen-Tb hatte und man mir meinen Arm mit Medikamenten und gegebenenfalls durch eine nochmalige kleine Operation, behandeln wolle. Das Röntgenbild habe gezeigt, dass der Armknochen völlig intakt sei, also nicht angefressen sei, und damit eine Knochen-Tb 100 % ausscheide. Erschrocken war ich allerdings, als man mir nach dem Röntgen der Lunge mitteilte, dass man bei mir einige Schatten gefunden hätte, die zwar nicht sehr bedeutend seien, aber einer Behandlung bedurften. Man müsse die Entwicklung auf alle Fälle beobachten. Die Leitung der Abteilung hatte ein deutscher Arzt, Dr. Dieterichs, ein noch jüngerer Mann, der in Saarbrücken beheimatet war, und den ich nach meiner Heimkehr auch besucht habe. Er war sehr freundlich und zugänglich und sagte mir, dass mein Fall zu keinerlei Besorgnis Anlass gäbe. In fünf bis sechs Wochen könne alles behoben sein. Zu meiner großen Freude sollte er recht behalten. Nach dieser Zeit konnte ich dann diese Abteilung auch verlassen und in die überbelegte Abteilung ins Parterre verlegt, wo ich mit der Aufgabe betraut wurde, einen kranken Kameraden zu pflegen.

Die Gesamtaufsicht über das Lazarett hatte eine russische Ärztin, eine kleine Frau, die bei uns unter dem Namen „Olga" bekannt war und so um die 50 Jahre alt gewesen sein mag, sich sehr um uns bemüht und rührend um jeden Einzelnen gekümmert hat, wenn erforderlich, sich nachts sogar hat wecken lassen, und sich dafür einsetzte, fehlende Medikamente, und wenn sie noch so schwer zu beschaffen waren, so schnell wie möglich geliefert wurden. Wie überhaupt das ganze Klima in dem Lazarett sehr gut war, alle, auch die Schwestern waren hilfsbereit, freundlich

und betreuten uns, als seien wir Privatpatienten in einem deutschen Krankenhaus.
Kurzum, die gute „Olga", und den Grund dafür kenne ich nicht, war mir besonders zugetan. Allein dadurch, dass mein Arm - ein Bericht darüber wird später noch gegeben - inzwischen ausgeheilt war, und ich eigentlich nicht mehr krank war, hätte ich normalerweise wieder in den Arbeitsprozess eingegliedert werden müssen. Jedes Mal aber, wenn Leute aus dem Lazarett zur Arbeit abgestellt werden mussten, und auch ich auf der Liste stand, hat sie mich sofort wieder gestrichen mit der Begründung, Gaberstroh - der Russe kennt kein „H", deshalb Gaberstroh - „Gaberstroh niet! Chronisch krank, bolny"! Und jedes Mal blieb ich dann wieder hier. Das passierte mehrere Male, sogar noch bei der Auflösung des Lazaretts, worüber ich dann noch berichten werde. Unter diesen Umständen, habe ich mich sehr wohl gefühlt, brauchte nicht zur Arbeit, war keinen Schikanen ausgesetzt, konnte spazieren gehen, lesen, wurde rundum versorgt und führte ein Leben, wie man es sich nicht besser hätte wünschen können.
Wie erwähnt, wurde mir im Parterre die Pflege des erkrankten Kameraden, Hans Bermüller, der aus Augsburg stammte und etwa 30 Jahre alt war, übertragen. Bermüller war geschieden, hatte aber in Augsburg eine Freundin, die Burgi Eher, Feuerhausstr. 19, mit der er ein Kind hatte, und an der er auch seinen eigenen Erzählungen nach, sehr hing. Man wusste nie so richtig, was ihm eigentlich fehlte. Ständig hatte er hohes Fieber, keinen Appetit und war sehr schwach. Dr. Diederichs, der ihn behandelte, gab ihm immer wieder die notwendigen Medikamente, die das Fieber herunterdrücken sollten. Wurde es aber so schlimm, dass das Fieber über 41° anstieg, griff Dr. Fiederichs zu einem Radikalmittel und ließ ihn zu Ader. Dazu schnitt er ihm einfach die Pulsader auf und fing etwa einen Liter Blut in einer

Schale auf. Seltsamerweise ging das Fieber danach schlagartig zurück, und Bermüller fühlte sich wieder wohl. Ich habe ihn sehr lange gepflegt, aber sein Zustand verschlimmerte sich zusehends. Jeder Wunsch, den er aussprach, wurde ihm erfüllt. So hatte er einmal Appetit auf einen Apfel. Des einen Apfels wegen ist eigens eine Schwester zum Mark gefahren, hat ihm den Apfel besorgt, für den sie, wenn ich nicht irre, fünf Rubel, damals ein ungeheures Geld, bezahlte. Den Apfel habe ich geschält und ihm dann stückchenweise verabreicht. Ich sehe heute noch seine strahlenden Augen, die er beim Verzehr des Apfels hatte. Auch sonstige Wünsche, wie nach Eierkuchen oder dergl., wurden umgehend erfüllt. Ich habe mich sehr um Bergmüller gekümmert, habe den ganzen Tag und auch in der Nacht an seinem Bett Wache gehalten. Meist habe ich am Tag dann ein paar Stunden geschlafen und in der Zeit einen anderen Kameraden gebeten, sich um ihn zu kümmern, oder aber mich gegebenenfalls zu rufen. Nachts habe ich immer selbst bei ihm gewacht, habe aber nie nebenbei geschlafen, sondern meist gelesen, bin aber auch manchmal zu einem Oberst gegangen, der in der Eingangshalle Nachtwächterdienst tat, um mich mit ihm etwas zu unterhalten, habe aber darauf geachtet, dass ich das Bett von Bergmüller im Auge hatte. Mit diesem Oberst Ottinger habe ich mich angefreundet, so dass wir plaudernder Weise viele Nächte, eine gemeinsame Nachtwachte durchgeführt haben. Oberst Ottinger hat uns nach seiner Entlassung im Jahre 1953, also drei Jahre später als ich, auf unsere Einladung hin, in Waldniel/Ndrh. besucht. Gerne haben wir ihn nach so langer Gefangenschaft aufgenommen, wo wir ihn auch in jeder Hinsicht unterstützt haben. Dass Ottinger noch lebte, erfuhren wir aus einer Zeitschrift, die anlässlich der 1953 heimgekehrten Kriegsgefangenen, berichtete. Wir hatten ihm dann sofort geschrieben, zur Rückkehr beglückwünscht und ihn zu uns eingeladen, was er freudig angenommen hat. In den Tagen des Besuchs haben wir Kusnezk wieder aufleben lassen und natürlich viel erzählt, haben ihm aber auch durch Zureden und Mut machen, einen Halt geben können, denn er hatte inzwischen seine Frau verloren und lebte bei seiner Tochter. Bei seinem Abschied haben wir ihm auch noch ein paar Sachen und ein wenig Geld mitgeben können, worüber er sich sehr freute.

Was ist nun aus Hans Bermüller geworden? Sein Zustand verschlechterte sich zusehends, und ist, einen Tag vor meinem Geburtstag, am 25. 3. 1949, und laut Obduktionsbericht, an einer Schrumpfniere, verstorben. Ich selbst war bei seinem Tod nicht dabei, da ich mich nach der Nachtwachte hingelegt und die Kameraden gebeten hatte, mich zu wecken, wenn es schlimmer werden sollte, haben es aber nicht getan, weil sie mir den Anblick des Sterbenden ersparen wollten. Sein Ableben ist mir jedenfalls sehr nahe gegangen.

Neben der Betreuungsaufgabe war ich auch noch der „Totengräber vom Dienst" und musste alle Toten, die im Lazarett anfielen, beerdigen. Die im Lazarett verstorbenen Kameraden, kamen automatisch in eine Bretterbude im Garten, wo sie zur genauen Feststellung der Todesursache, von einem Ärzteteam, unter ihnen auch Dr. Diederichs, seziert wurden. Der schriftliche Bericht ging dann immer nach Moskau. Welch ein Unterschied zu den bisherigen Gepflogenheiten, wo sich kein Mensch weder um Namen noch Todesursache kümmerte, war es hier Pflicht, die genaue Todesursache zu ermitteln. Mitunter haben die Leichen zwei bis drei Tage in der Bretterbude gelegen und gingen dann in der Sommerzeit besonders schnell in Verwesung über. Mit zwei weiteren Kameraden mussten wir dann die Leichen beerdigen. Dazu wurden wir in die Baracke geschickt, um mit bloßen Händen die Leiche vom Tisch auf eine auf dem Boden ausgebreitete Decke zu legen. Heute noch ekle ich mich, wenn ich daran denke, dass die Haut des Toten an meinen Fingern kleben blieb, und wir nur die einzige Möglichkeit hatten, uns die Finger in der Wolldecke abzuwischen. Erst nach der Beerdigung haben wir uns dann gründlich säubern können. Die in die Decke eingehüllte Leiche wurde dann auf einen von zwei Ochsen gezogenen Wagen auf ein hier etwa 30 cm breites Brett gebunden, das zwischen Vorder- und Hinterachse angebracht war. Einer von uns musste die Ochsen treiben, der andere saß am Ende des Wagens, neben den Füßen des Toten. Dann ging es vom Lazarett durch die ganze Stadt Kusnezk zum Friedhof, der auf einer Anhöhe an Rand eines kleinen Waldes lag. Die Fahrt durch die Stadt war ein reines Spießrutenlaufen. Denn jedes Mal, wenn wir mit dem Leichnam durch die Stadt fuhren, standen die Russen an der Straße und riefen höhnisch und voll Schadenfreude: „Ah, Kamerad kaputt, kaputt“! Sich diese Bemerkungen anhören zu müssen, waren, ohne sich wütend auf diese Bande stürzen zu können, für uns ungemein deprimierende Momente. Jedes Mal krampfte sich unser Herz zusammen, wenn wir mit dieser traurigen Last unter diesen Begleiterscheinungen, zur letzten Ruhestätte fahren mussten. Zwangsläufig drängte sich dabei der Gedanke auf: Vielleicht wirst Du der nächste sein, den man hier hinausfährt, und man Dir nachruft Kamerad, kaputt? Wir waren jedes Mal froh, wenn wir die Stadt hinter uns hatten und mit den Ochsen, den ziemlich steilen Hohlweg im Schneckentempo, hinauf zum Friedhof fahren konnten. Dort angekommen, begannen wir mit unseren Spaten, das Grab für den toten Kameraden zu schaufeln. Dies ging verhältnismäßig schnell und leicht, weil hier reiner Sandboden war. Wie oft ist es dabei passiert, dass wir beim Ausgraben der Grube in geringer Tiefe, auf menschliche Knochen und Skelette Stießen, gruben Stiefel mit den Beinknochen aus, oder, es rollte plötzlich ein menschlicher Schädel hervor. Uns hat das immer tief beeindruckt und nicht minder belastet, zumal wir auch erfuhren, dass schon vor uns, Kusnezk Lazarett für kriegsgefangene deutsche Soldaten war, die hier ebenfalls ihre letzte Ruhestätte gefunden hatten. Darüber hinaus fanden wir dann auch in dem Wald verschiedene frei herumliegende Totenschädel, die vermutlich auch deutschen Soldaten zuzuordnen waren.

Nach dem Ausheben der Grube begann für uns die traurigste und menschenunwürdigste Tätigkeit, die man sich wohl denken kann, die Bestattung selbst. Der Tote wurde vom Wagen gebunden, neben das Grab gelegt, die Decke auseinandergeklappt, ein Kamerad fasste mit beiden Händen das eine, ich das andere Ende der Decke, stellten uns mit dem Toten samt Decke über das Grab, auf Kommando drei, ließ der eine von uns die Decke los, so dass der Tote mit den Füßen zuerst in die Grube glitt. Die Leiche war völlig nackt, und oft passierte es, dass bei der Aktion, die Leiche nicht richtig zu liegen kam, und wir ins Grab hinabsteigen mussten, um sie in die waagerechte Lage zu bringen, was bei z.T. schon verwesten Leichen, nicht gerade einfach und angenehm war. Das Grab wurde dann zugeschaufelt und einige Zeit am Grab verweilt, ein Gebet gesprochen und dabei auch vielfach an die Angehörigen gedacht, die vielleicht nie vom Tode ihres Vaters oder Sohnes etwas erfahren haben. Diese Tätigkeit habe ich während meines Aufenthaltes in Kusnezk etwa 10 bis 12 Monate ausüben müssen. Auch den verstorbenen Bergmüller, den ich lange gepflegt hatte, sollte ich beerdigen, habe mich aber erfolgreich geweigert, ihn auf die geschilderte Weise, unter die Erde zu bringen. Für mich ist dann ein anderer Kamerad eingesprungen. Am Tag seiner Beerdigung war ich nicht ansprechbar. Sein Tod ist mir so nahe gegangen, als hätte ich den eigenen Bruder verloren. Seine Exfrau wie auch seine Freundin habe ich nach meiner Rückkehr benachrichtigt, habe beiden die näheren Umstände seiner Krankheit geschildert und ihnen auch berichten können, wie tapfer er seine schwere Krankheit getragen hat, und wie sehr sich die deutschen und russischen Ärzte bemüht hätten, ihn doch wieder gesund zu machen. Auf Anforderung und Bitte seiner Frau habe ich dann auch eine eidesstattliche Versicherung abgegeben, in der ich bestätigte, dass er am 25. 3. 1949 im Lazarett Kusnezk verstorben und auf dem dortigen Friedhof begraben worden sei. Diese Erklärung war für seine Frau sehr wichtig, um die Witwenrente beantragen zu können.

Während der Zeit in Kusnezk, erfolgten immer wieder mal Heimattransporte. In der Hoffnung dabei zu sein, war immer mit großer Aufregung verbunden und man war jedes Mal sehr betrübt, wenn man seinen Namen nicht auf der Liste vorfand. Andererseits wurden geheilte Kranke wieder in den Arbeitsprozess eingegliedert. Dank der guten „Olga", die mich als „Chronisch-Kranken" auswies, blieb von der drohenden Arbeit verschont.

So ging auch Weihnachten 1948 ein Riesentransport nach Hause. Das halbe Lager war davon betroffen, nur wieder ich nicht. Ich war sehr deprimiert und habe mit dem Schicksal gehadert, warum nicht auch ich dabei sein konnte. So manches Mal habe ich am Tor gestanden und den glücklichen Heimkehrern wehmütig nachgewinkt.

In der gleichen Weihnachtszeit konnten wir dann aber eine angenehme Überraschung erleben. Als Offiziere bekamen wir zehn Rubel Sold pro Monat, der aber schon über ein Jahr nicht mehr ausgezahlt worden ist. Jetzt aber wurde uns mitgeteilt, dass wir die gesamte zurückliegende Zeit, in einer Rate ausgezahlt bekommen würden. Mit diesen 120 Rubeln waren wir plötzlich alle Könige und konnten uns kaufen, was das Herz begehrte. Die Käufe wurden durch die Schwestern des Lazaretts getätigt. Der eine wollte Süßigkeiten, andere Wünsche waren

Obst, Brot etc. Ich kaufte mir zunächst einen ganzen Eimer Kartoffeln, die ich in verschiedensten Formen verarbeitete, einmal als Pellkartoffeln, dann als Bratkartoffeln, wobei ich meine Butterration zum Braten verwendete, dann auch zu Kartoffelsuppe, indem ich Kartoffeln mit einer Reibe zerrieb, darunter klein gekrümeltes Brot mischte, , Salz hinzufügte und dann in den Ofen schob. Daraus entwickelte sich eine dicke, gallertige Masse, die ich dann genussvoll verspeiste. An dieser Art der Zubereitung war das Wichtigste, dass sie mengenmäßig am Ergiebigsten war.

Bald, etwa im Juli 1948, nach meiner Entlassung aus der Station, in der ich wegen meines kranken Armes gelegen bin, sprach mich eines Tages Dr. Diederichs an, ob ich eventuell bereit wäre, die Pflege der im Parterre in der Isolierstation liegenden Ruhr- und Typhuskranken, zu übernehmen. Mir behagte das überhaupt nicht, einmal, weil ich keine Erfahrung als Sanitäter, zum anderen aber auch die große Befürchtung hatte, mich anzustecken. Weil ich aber die große Hoffnung hatte, doch schließlich auch noch mal nach Hause zu kommen, schlug ich zunächst ab. Als Diederichs mich immer wieder bedrängte und beteuerte, dass er nicht wüste, wen er da sonst einsetzen könnte, sagte ich dann zu. Damit war ich fortan Sanitäter bei Ruhr-, Typhus-, Syphilis- und später dann noch Mumpskranken, bekam einen eigenen Raum, einen riesigen Raum, in dem anfangs nur drei Kranke lagen, aber auch ich untergebracht war, da ich Tag und Nacht zur Stelle sein musste. Die Verpflegung war besser als sonst und, man konnte sogar Wünsche anbringen. Als Zeichen der Würde, erhielt ich einen weißen Kittel. Der Russe hatte im Bereich Krankheit und Pflege eine Vorliebe für weiße Kittel. Alle Besucher, die mein Heiligtum betraten oder betreten wollten, mussten zunächst einen weißen Kittel anlegen. Den Raum ohne Kittel zu betreten, käme einer Todsünde gleich. Auch die Russen, die den Raum betraten, waren der Vorschrift unterstellt. Alle Türklinken waren mit weißem Leinen umwickelt und mit einer Flüssigkeit getränkt. Mir selbst hatte man überhaupt kein Desinfektionsmittel zur Verfügung gestellt. Deshalb habe ich mir etwas Chlor besorgt, dies in einer Schüssel mit Wasser gelöst, um mir wenigstens nach jeder Berührung mit einem Kranken, die Hände waschen zu können. Die Arbeit, die mich da erwartete, war weniger angenehm, denn die Ruhrkranken mussten öfter zur Toilette. Dazu stand ihnen ein Eimer oder ein Stuhl zur Verfügung, auf dem sie ihr Geschäft verrichteten. Da sie äußerst schwach waren, musste ich sie zu diesem Zweck, aus dem Bett heben. Schon bei dieser Anstrengung ging es bei ihnen los, so dass ich von oben bis unten - schöner, armer weißer Kittel - bekleckert und beschmutzt war. Die Säuberung war dann erst recht unangenehm, weil ich ja höllisch aufpassen musste, mich nicht selbst anzustecken, was dann auch schließlich passierte. Ich bekam abends Durchfall, was ich sofort Dr. Diederichs meldete. Dieser forderte mich auf, zwei Gläser mit einer Flüssigkeit zu trinken, was zur Folge hatte, dass ich nur noch auf der Toilette saß. Am nächsten Tag verabreichte er mir ein Stopfmittel, womit dann auch mein Durchfall beendet war.

In meine Station wurde auch ein etwa 20 Jahre alter, aufgeschlossener junger Mann eingeliefert, der aus einem anderen Lager kam, hieß Reinhard Fraß und stammte aus Mistelbach 118 bei Bayreuth. Er kam schon mit dem Gedanken zu uns, dass es seine letzte Station sein dürfte. Oft saß ich an seinem Bett und versuchte ihm seine Ansichten auszureden, indem ich ihm an Beispielen klarmachte, wie viele sog. Aussichtslose Fälle, bei uns geheilt worden sind. Was ihm eigentlich fehlte, weiß ich selbst nicht. Er phantasierte, hatte hohes Fieber, auch Dr. Diederichs konnte nicht einwandfrei diagnostizieren, um welche Krankheit es sich bei ihm handelte. Er war nur kurze Zeit bei uns und ist

am 17. 8. 1948 gestorben, eingeschlafen, ohne dass es jemand bei uns bemerkt hat. Nach meiner Rückkehr habe ich seine Eltern in Mistelbach besucht und ihnen von ihrem einzigen Sohn berichten können.
Auch drei Mumpsfälle sind in meine Abteilung eingeliefert worden. Eigentlich ist Mumps ja eine Kinderkrankheit. Der Russe aber hatte gewaltige Angst davor, kam deshalb auch niemals in die Abteilung, um sich nach dem Befinden der Kranken zu erkundigen. Diese drei wurden dann auch vorzeitig nach Hause geschickt. Aus diesem Grund haben wir uns so manches Mal gewünscht, an Mumps zu erkranken, um schneller nach Hause zu kommen.
Weihnachten 1948 haben wir auch recht nett in der Isolierstation gefeiert. Weil wir ja jetzt auch über genügend Geld verfügten, besorgte ich einen echten Weihnachtsbaum, bauten uns wieder aus Hammelknochen die nötigen Weihnachtskerzen, beschenkten uns gegenseitig mit kleinen selbst gebastelten Präsenten und verbrachten bei Weihnachtsliedern, vergnügt den Heiligabend.
Aus dem Lager Kusnezk wäre noch über die chirurgische Abteilung zu berichten, deren Leitung eine ältere russische Ärztin hatte, die von einem tüchtigen deutschen Arzt assistiert wurde, dessen Namen mir entfallen ist. Die beiden hatten oft Streit miteinander, weil er sich über die veralteten Methoden seiner Kollegin aufregte, sie sich aber als Chefin der Abteilung, in ihre Arbeit nicht hineinreden lassen wollte. So entbrannte auch ein Streit über eine geplante Operation eines Kameraden, der sich vor längerer Zeit das Bein gebrochen hatte, das aber völlig unfachmännisch behandelt worden war. Das Schienbein wies einen gewaltigen Knick auf, den der deutsche Arzt zu operieren bereit war und einen 100%igen Erfolg garantierte, während die russische Ärztin zunächst ablehnte. Daraufhin lehnte der deutsche Arzt jede weitere Mitarbeit ab, was aber der

Ärztin auch nicht passte und schließlich klein bei gab, so dass er also die Nachoperation allein durchzuführen bereit war, aber Bedingungen stellte, um dann auch den von ihm garantierten Erfolg gewährleisten zu können, verschiedene für die Operation benötigte Materialien, wie z. B. Silberdraht, zu beschaffen. Er führte dann die Operation allein durch und brachte es fertig, dass das vorher 10 cm kürzere Bein, danach die gleiche Länge hatte, wie das andere Bein, und der Kamerad herrlich laufen konnte und beim Gehen keine Schmerzen hatte. Die russische Ärztin hat sich nach dem Erfolg auch sehr lobenswert über die Leistung ihres Kollegenausgesprochen.

Um auf den weiteren Verlauf nach der Operation meines linken Armes zurückzukommen, wurde Dr. Diederichs, der alles versuchte, meinen Arm zu heilen, und er aber auch nach längerer Zeit keine Verbesserung erkannte, ungeduldig, und sagte: „Komm mal her, das muss doch endlich besser werden. Der Eiter muss doch irgendwo herkommen. Der Herd muss noch weiter unten sitzen, weiter als dort, wo der Schnitt endet!“ Dabei hob er mit einer einfachen Schere, den Hautlappen hoch, fuhr mit der Schere noch etwas tiefer in die Wunde hinein und schnitt mit der Schere, während er noch mit mir sprach, ohne Betäubung und ohne Vorwarnung, die Wunde noch etwa drei Zentimeter tiefer auf. Dass ich dabei ganz schön laut „Au“ gebrüllt habe, kann man sich wohl vorstellen. Eine Menge Blut und Eiter flossen ab, ich wurde verbunden und wenn ich nicht irre, hat es keine acht Tage gedauert, dass ich von da ab, keinerlei Beschwerden mehr hatte.

Was die Heimattransporte anging, geisterten im Mai 1949 wieder einmal hartnäckige Parolen von einem großen Heimtransport durch das Lazarett. Es hieß da, dass alle Kranken nach Hause kämen, Arbeitsfähige aber ins Arbeitslager abgeschoben werden sollten.

Eines Tages war es dann soweit. Wir wurden tatsächlich nach Kranken und Gesunden aussortiert. Unsere Olga ging durch die Reihen und suchte sich alle Kranken heraus. Als sie zu mir kam, hieß es: „Gaberstroh, bolnoi (krank)“ und schob mich zu den Kranken, worüber ich sehr erfreut war und es erst einmal gar nicht glauben konnte. Als aber dann auch das gesamte Personal der Russen uns bestärkte mit Bekundungen wie: Ihr jetzt nach Hause, verbraucht noch schnell Euer Geld, wechselt es ein, kauft Euch noch was, sonst müsst ihr es hier lassen und andere freudige Zurufe, wurde uns klar, dass es jetzt tatsächlich nach Hause gehen sollte. Und als wir dann schließlich auch sogar den Zug bestiegen, wo die Güterwagen mit grünen Ästen und Laub geschmückt und die Aufschriften an Türen und Wänden wie „domoi“, „Nach Deutschland“ erblickten, da gab es für uns keinen Zweifel mehr, dass wir jetzt nach Hause kämen. Eine Hochstimmung umgab uns alle, wirklich Kranke hatten keine Schmerzen mehr, man sprach nur noch von der Heimat, überall nur freudige Gesichter, alles himmelhoch jauchzend.

Im Inneren waren die Wagen mit den üblichen Pritschen ausgestattet, die Verpflegung war reichlich und gut, und es gab warmes Essen und auch Brot und wir waren rundum zufrieden. Nach einigen Tagen hieß es, es war gegen Abend, man solle sich zum Empfang des Abendessens bereithalten und beim Küchenwagen sich mit den Schüsseln, das warme Essen abholen. Der Zug hielt auf einem Bahnhof, doch statt des Essenholens hieß es dann: Nein, zunächst kein Essen holen, wir würden nur einen kurzen Aufenthalt haben, würden in ein nahes Lager zum Waschen und Entlausen geführt werden, würden dort auch zu essen bekommen und danach wieder weiterfahren. Guten Glaubens sind wir an angetreten, wurden in das Lager geführt, bekamen dort auch unser Essen, aber auf Entlausung und Rückführung zum Zug, haben wir vergeblich gewartet. Vielmehr wurden wir auf einzelne Stuben verteilt, und da erst haben wir gemerkt, dass diese Heimfahrt ein ganz gemeiner Schwindel war. Stimmung und Wutausbrüche kann man sich selbst ausmalen. Dieses neue Lager hieß Skopin.

Das Lager Skopin, Lager-Nr. 4791

Bei den ehemaligen Mitgliedern des Lazaretts Kusnezk gab es bei beiden Teilen enttäuschte Gesichter. Denn wir, die „Heimkehrer", kehrten wohl heim, aber ins Arbeitslager, und der andere zurückgebliebene Teil, kam ohnedies ins Arbeitslager. Man hatte, wie wir dann später erfuhren, das gesamte Lager Kusnezk aufgelöst, weil hier in Skopin auch die Möglichkeit bestand, Kranke unterzubringen. Bald am ersten Tag habe ich eine Karte mit der neuen Anschrift nach Hause geschickt und den Wunsch geäußert, in Zukunft hoffentlich regelmäßiger Post von zu Hause zu erhalten, weil seit einiger Zeit das überhaupt nicht mehr funktionierte. Wir waren jedenfalls der Meinung, dass Skopin ein neues Lager von längerer Dauer sein würde, weil wir ja eigentlich als Kranke hergekommen sind. Aber weit gefehlt, gleich am nächsten Tag wurden wir nach Arbeitsfähigen und Kranken aussortiert. Der übliche Ablauf, nackt vor der Ärztin antreten, kehrt machen, in den Hintern kneifen, K1! So schnell ging das. Da ich in der letzten Zeit gut verpflegt wurde, hatte ich ein Gewicht von fast 80 kg auf die Waage gebracht. Das genügte, mich arbeitsfähig 1 zu schreiben und mich mit vielen anderen Kameraden, in ein neues Arbeitslager abzuschieben und blieb nur, meine ich, zwei oder drei Tage in Skopin.

Neben unserer Unterkunft, nur etwa zehn Meter durch einen Stacheldraht getrennt, vernahmen wir plötzlich deutsche Laute und am Abend, uns allen bekannte deutsche Volkslieder, die zu uns herüberklangen. Wir waren der Meinung, dass es sich um Leidensgenossen, also um deutsche Kriegsgefangene handeln müsse. Es war aber eine Gruppe von Volksdeutschen, Wolgadeutschen, die, wie sie uns erzählten, ein ähnliches Schicksal hatten. Sie wurden aus ihren altangestammten Orten vertrieben, ihre Männer kamen zur Arbeit nach Sibirien, Frauen und Kinder wurden hiergelassen, so dass die gesamte Familie auseinandergerissen wurde. Sie waren zwar auch in einem Lager, nur durften sie sich im Gegensatz zu uns, frei bewegen. Sie hatten keine Posten zur Bewachung, konnten auch das Lager verlassen, mit der Auflage, zu bestimmten Zeiten, sich bei der russischen Polizei melden zu müssen. Mit dieser unmittelbaren Nachbarschaft und bei dem Lauschen deutscher Volkslieder, durchlief uns allen ein eigentümliches Gefühl, das gepaart mit unserer augenblicklichen Situation, gar nicht so recht zusammenpassen wollte.

Das Lager Stalinogorsk, Lager Nr. 7862/1

Drei Tage nach Beendigung meiner „Heimkehr" landete ich nun in einem neuen Lager in Stainogorsk, das einige 100 km südlich von Moskau liegt und die Lager-Nr. 7862/1 hatte. Stalinogorsk ist Zentrum eines großen Kohlereviers. Alle Jahre davor habe ich immer nur gebangt, in einer Kohlengrube eingesetzt zu werden. Jetzt aber schien es mich offensichtlich erwischt zu haben. In der Zeit von Juni bis September 1949 haben wir erst einmal Arbeiten ausführen müssen wie: Steine auf- und abladen, Züge mit Baumstämmen oder Sand ablade, Gartenarbeiten und Eisenbahnbau.

Das Lager selbst war eher als schlecht einzustufen, wo in der Baracke Wind und Regen durch die Ritze fegten, auch die Verpflegung war miserabel, schlechter, als ehedem in Kusnezk und Jelabuga. Aber wir haben ja alle Höhen und Tiefen durchgemacht und diese Verhältnisse gewöhnt. In dieses Lager kamen auch viele Kameraden, die vorher in den Kohlegruben gearbeitet haben und uns unglaubliche Geschichten über die Verdienstmöglichkeiten berichteten, die wir einfach nicht glauben konnten. Sie hätten 1000 Rubel in der Grube verdient, hätten sich alle möglichen Mitbringsel für zu Haus kaufen können, Uhren oder Anzüge und belegten das auch mit entsprechenden Quittungen. Wir haben dagegen in dieser Zeit, so gut wie gar nichts erarbeitet. In all den Jahren habe ich vielleicht 100 Rubel insgesamt „verdient".

Um Schottersteine auf LKWs zu verladen, wurden wir aus dem Lager zu riesigen Bergen von Schottersteinen geführt und mussten diese mit Steingabeln die LKWs beladen. Die Spitzen der Steingabeln waren kugelig. Die LKWs wurden durch zwei Mann, die sich am LKW seitlich gegenüberstanden, so beladen, dass der eine die Steine nach links, der andere nach rechts warf. Bei der Gelegenheit hat mir doch der gegenüberstehende Kamerad aus Versehen die Steingabel in die Hand gejagt, so dass sich ein Zinken zwischen Ring- und Mittelfinger etwa drei Zentimeter in den Handrücken bohrte. An diesem Tag brauchte ich danach nicht mehr zu arbeiten, musste aber warten, bis alle wieder ins Lager zurückgeführt wurden. Mit der Behandlung von etwas Jod, war nach einigen Tagen alles wieder schön verheilt.

Ferner waren wir auch zu verschiedenen Gartenarbeiten abgestellt, z. B. zum Ernten von Mohrrüben und Kartoffeln. Diese Arbeiten wurden von uns gerne gemacht, da man während der Arbeit, eine zusätzliche Verpflegung hatte. Solange wir arbeiteten, konnten wir so viel essen wie wir wollten. Ins Lager mitnehmen, durften wir allerdings nichts. Das galt auch für die Kartoffeln. Um das auszunutzen, haben wir uns ein Feuer gemacht und Bratkartoffeln oder Kartoffelbrei zubereitet. Verbotenerweise haben wir uns auch etwas Kartoffelbrei in unser Kochgeschirr gegeben, in der Hoffnung, dass der Vorrat nicht entdeckt würde. Beim Antreten aber wurden wir eingehend gefilzt. Dabei wurden dann auch die Kartoffeln entdeckt, vom Russen auf den Boden geschüttet und zertrampelt.

Die Aufsicht über diese Gruppe hatte ein russischer Oberst, der während des Krieges Kommandant der Stadt Orel war und diese beim Anrücken der deutschen Truppen nach Meinung der Russen zu zeitig aufgegeben hatte. Das brachte ihm eine 25-jährige Zwangsarbeit ein. Aus diesem Grunde war er zur Aufsicht der Kriegsgefangenen eingesetzt, holte uns jeden Morgen vom Lager ab und brachte uns am Abend wieder zurück. Außer ihm kam sonst keine weitere Aufsicht mit, so dass wir uns ziemlich frei bewegen konnten. Auch hat keiner von uns versucht, zu fliehen. Dieser Oberst sah unseren Vorstellungen nach eigentlich auch gar nicht wie ein Oberst aus, war zerlumpt, ungewaschen, unrasiert und machte insgesamt gesehen, einen sehr ungepflegten Eindruck. Als wir seine Lebensgeschichte noch nicht kannten und nicht wussten, dass er im Rang eines Oberst war, unterhielt ich mich mit ihm auf dem Weg zur Arbeit wo er erzählte, dass er im 1. Weltkrieg schon in Deutschland und auch im jetzigen Krieg Soldat gewesen sei. Bei dieser Gelegenheit fragte ich Ihn, welchen Dienstgrad er gehabt habe. Als er mich offensichtlich nicht richtig verstanden hatte, antwortete er auf meine Frage, ob er Gefreiter oder Unteroffizier gewesen sei: „Podpolkownik" (Oberstleutnant)! Mir war das sehr peinlich und entschuldigte mich bei ihm vielmals. Er aber nahm das gelassen hin und versicherte mir, dass er mir das überhaupt nicht übel nähme, zumal ich das ja auch überhaupt nicht hätte wissen können. So zugänglich er auch erschien, konnte er andererseits aber auch unberechenbar sein. Wenn wir bei der Arbeit waren hatte er manches Mal den Rappel, uns aus heiterem Himmel heraus, fürchterlich auszuschimpfen, gnadenlos zur Arbeit anzutreiben und hat uns, um seiner Schimpfkanonade Nachdruck zu verleihen, in den Hintern getreten. Im gleichen Moment aber befahl er: „Sadit!", d.h. setzen, zog seine Tabaksdose heraus, reichte sie herum, damit wir uns eine Zigarette drehen konnten und unterhielt sich mit uns, als wenn nichts geschehen wäre. Im Augenblick, wo die Zigarette verglimmt war, sprang er auf und befahl: „Dawei, robotit" (los, los, arbeiten)! Die Mentalität des Russen überhaupt ist ganz eigenartig: jetzt noch ganz freundlich und zuvorkommend, im nächsten Augenblick aber grob und unberechenbar.

Schwieriger waren schon die Arbeiten beim Eisenbahnbau. Zunächst musste das Bett ausgegraben werden, ein Graben von etwa 200 m Länge, einer Breite von ca. 20 m und einer Tiefe von vier bis fünf m, wobei das gesamte Erdreich nur mit dem Spaten bewegt werden musste. In der Mitte der geplanten Spur wurde ein Graben von zunächst einen Meter Tiefe ausgehoben, und die links und rechts ausgeworfene Erde dann von anderen Kameraden mit einer Schubkarre weggeschafft. Mit zunehmender Tiefe des Grabens wurde die Arbeit immer schwieriger, weil man bei etwa fünf Metern das Erdreich nicht über den mehr über den Rand schaufeln konnte. Es mussten deshalb in mehreren Etagen aus Holz Podeste errichtet werden, um die Erde quasi in Etappen an den oberen Rand zu schaufeln. Damit wurde das gleiche Erdreich einige Male bewegt, bis es zur Ruhe kam. Bei den Arbeiten waren nur einige hundert Leute eingesetzt, so dass die ganze Abwicklung längere Zeit in Anspruch nahm. Enorme Körperkraft erforderte aber dann das Verlegen der schienen. Jede Eisenbahnschiene hatte eine Länge von acht bis zehn Meter, die nun in diese Grube gebracht werden musste, wobei man sich über unebenes Gelände bewegen musste. Zum Transport einer auf den Schultern getragenen Schiene, wurden sechs Mann angesetzt. Befand man sich dabei gerade in einer Senke, dann ruhte das gesamte Gewicht auf den Schultern von nur zwei oder drei Mann. In einer solchen Situation habe ich mir durch eine abrutschende Schiene, eine erhebliche Verletzung am Unterschenkel zugezogen, deren Spuren und Narben, als ein dauerhaftes Andenken an meine Tätigkeit als Eisenbahnbauer, heute noch zu sehen sind. Wiederum hatte ich noch großes Glück dadurch, dass mir die Schiene ebenso das Bein hätte brechen oder gar zertrümmern können.

Mitunter mussten die Schienen für Kurven aber auch gebogen werden, wozu der Russe eine ganz einfache Vorrichtung entwickelt hatte. Dazu wurde die Schiene hier an zwei Stellen, zwischen denen die Biegung erfolgen sollte, eingespannt und durch eine einfache Hebelwirkung, dann die Krümmung hergestellt. Sehr erstaunt war ich, mit wie wenig Kraftaufwand die Schiene mit diesem primitiven Apparat gebogen werden konnte. Wir haben in Russland eine Menge Arbeiten durchgeführt, die uns allen zum großen Teil unbekannt waren, habe es aber nicht bedauert, dass ich sie ausführen musste, denn die in der Gefangenschaft gemachten Erfahrungen, sind mir zu Hause häufig sehr zustatten gekommen. Das Motto in der Gefangenschaft lautete: Mit geringen Mitteln das Größtmögliche schaffen!

Auch wurden wir zum Abbruch von etwa sechs Meter hohen Mauern angesetzt, weil der Russe wieder etwas Neues bauen wollte. Die Mauer war nur zwei Ziegellängen breit, so dass man schon schwindelfrei sein musste. Als Norm hatte man uns zunächst hundert Steine genannt. Als wir aber dann nach einer halben Stunde fertig waren, erhöhte sich die Norm auf etliche tausend, so dass wir jetzt Mühe hatten, diese Norm zu erfüllen. Die Arbeit war also zu schaffen, zumal es in der Nähe einer Wiese war, die wir in den freien Minuten auf ihre Brauchbarkeit und die Gräser und Pflanzen, auf ihre Essbarkeit untersuchen konnten. Dabei entdeckten wir Majoran, den wir pflückten und später im Lager als Brotauflage verspeisten. Im Übrigen wurde alles Mögliche gegessen, auch verschiedene Gräser, die dann aber zu Krankheiten führten, so dass man mit der Auswahl seiner Vitamine, recht vorsichtig sein musste.

Wütend aber waren wir auf eine Sache, die sich der Russe immer wieder mit uns leistete. Nach stundenlangen schweren Arbeiten wieder ins Lager zurückgebracht, wurden wir unvermittelt vor dem Lager abgefangen, auf einen anderen LKW verladen und zu einem Güterzug gebracht, wo wir den gesamten Zug, der manchmal aus 40 Wagons bestand, noch entladen mussten, was oft bis über Mitternacht dauerte. Mehrmals mussten wir Baumstämme entladen von Wagen, die weit bis über den oberen

Rand der Wagons beladen waren. Entfernte man die seitlichen Stützen, fiel der obere herunter. Die Stämme aber, die im Inneren lagen, mussten von uns einzeln über die Wagenwand gehoben werden, was allerhand Kraftaufwand erforderte.
Wenn am nächsten Tag Steine ankamen, wurden diese an der gleichen Stelle entladen und zwar auf die noch hier liegenden Stämme und wenn dann, wie das wirklich nicht nur einmal geschah, Sand ankam, wurde der Sand dann obenauf über die darunter liegenden Stämme und Steine entladen. Wir haben uns über diese seltsame Lagermethode amüsiert und uns gefragt, wie man denn das Ein oder Andere jemals wieder verwerten könne. Das Unangenehme an dieser Arbeit war der Umstand, dass wir bis weit nach Mitternacht eingesetzt wurden und bei der Rückkehr, manchmal nichts mehr zu essen bekamen. Am nächsten Morgen mussten wir aber wieder zeitig ausrücken.
Wie schon erwähnt, befanden sich in dieser Gegend mehrere Kriegsgefangenenlager, wo wir oft gemeinsam zu irgendwelchen Arbeiten eingesetzt wurden. Da passierten gelegentlich einige lustige Sachen. Wenn beim Einrücken ins Lager die Anzahl der Gruppenmitglieder nicht stimmte, ging der Posten einfach zur Nachbarmannschaft, schnappte sich irgendeinen Kameraden, stellt ihn in seine Gruppe, womit zumindest jetzt wieder die Anzahl stimmte. Weigerte sich der auserwählte Kamerad, trieb er ihn mit Kolbenschlägen in seine Gruppe. Unter Umständen hätte sich der Posten sogar einen Zivilisten geschnappt, wenn ein solcher in der Nähe gewesen wäre. Dem Posten kam es nur darauf an, die richtige Anzahl wieder ins Lager zurückzubringen.

Das Lager Stalinogorsk, Lager-Nr. 7388/16

Meine Befürchtung, in einem Kohlebergwerk arbeiten zu müssen, sollte sich doch noch erfüllen. Zusammen mit noch anderen Kameraden, bin ich in ein anderes Lager verlegt worden, das als Arbeitseinsatz eine Kohlengrube hatte. Das Lager Stalinogorsk, das rein äußerlich etwas besser war als das vorhergehende, indem wir hier feste Gebäude hatten, was wiederum des bevorstehenden Winters wegen, von großer Wichtigkeit war. Als wir hier hinkamen, war es bereits Ende September 1949. Wir haben auch hier gemeinsam in einem großen Saal gegessen und brauchten das Essen nicht weit herholen. Zur Arbeit ging es zu verschiedenen Zeiten, weil wir in dem Bergwerk in drei Schichten eingesetzt wurden, die erste von 6–14 Uhr, die zweite von 14–22 Uhr und die Nachtschicht, von 22–6 Uhr. Hatten wir Nachtschicht, konnten wir tagsüber schlafen. Wenn wir von der Schicht nach Hause kamen, wurden wir hier nicht zu weiteren Arbeiten herangezogen. Der Weg zur Arbeitsstelle wurde, solange noch kein Schnee lag, zu Fuß zurückgelegt. Vom Tor aus ging es dann zunächst durch die ganze Stadt. Dabei hatten wir Gelegenheit zu beobachten, wie die Zivilisten lebten. An den großen Kaufhäusern standen Menschenschlangen, etwa 100 m lang, in Dreier- oder Viererreihen. Diese Leute warteten auf einen Artikel, der gerade angekommen war und nun zum Verkauf anstand. Wir konnten es häufig an den Mädchen, die mit uns zusammen arbeiteten, erraten, was es tags zuvor zu kaufen gab. Sie erschienen nämlich geschlossen alle mit einem grünen Pullover, an anderen Tagen hatten sie alle wieder blaue Schlüpfer, die ihnen bis zu den Knien herunterhingen. Nach unserem Marsch durch die Stadt, führte unser Weg dann auf

eine Eisenbahnstrecke, wo wir uns dann über die Schwellen laufen mussten. In der Nacht war das besonders unangenehm, zumal die Schwellen uneben waren und man häufig zwischen die Schwellen trat, auch öfter mal stürzte. Viele Leute unter uns, die nachtblind waren, mussten wir deshalb meist führen. Links und rechts dieser Eisenbahnstrecke befanden sich eine Unmenge aus deutschen Fabriken herstammende, demontierte Maschinen, die jeder Witterung ausgesetzt, völlig unter freiem Himmel standen. Darauf, dass es sich um deutsche Fabrikate handelte, wiesen entsprechende Aufschriften hin. Die hier abgestellten Lokomotiven, Transformatoren, Motoren und sonstige Gegenstände, die aus Fabrikanlagen stammten, befanden sich auf einer ungeheuer großen Fläche, die schätzungsweise etwa 10 ha ausgemacht haben dürfte. Mit dem für uns interessanten Anblick konnten wir zumindest erkennen, was sich der Russe da so alles unter den Nagel gerissen hatte.
Von unserer Arbeitsstätte war an sich nicht viel zu sehen, denn der Förderschacht lag völlig im Freien, war also nicht, wie sonst üblich, in einem Gebäude gelegen oder von einer Überdachung bedeckt. Erst später begann man dann, um den Schacht ein Haus zu bauen und einen Raum, in dem riesige Kohlenhalden lagen, die mitunter eine Höhe von 8 bis 10 Metern hatten.
Unsere erste Einfahrt begann schon mit einer Panne. Als wir zum Förderkorb gebracht wurden, um einzufahren, funktionierte die Sprechanlage nicht, weshalb wir zunächst warten mussten. Als der Schaden nicht behoben werden konnte mutete man uns zu, in dem danebenliegenden Blindschacht, über Leitern in die Grube zu steigen. Der Notschacht war ein Loch von etwa fünf Metern Durchmesser, senkrecht nach unten ging und an den Wänden Leitern angebracht waren, aber nicht etwa an einem Stück, sondern, wenn eine Leiter zu Ende war, verlief die nächste etwa einen Meter daneben. Man musste also am Ende der Leiter

einen Schritt nach rechts machen, um jeweils in mehreren Etappen, weiter nach unten zu gelangen. Die erste Sohle lag nur 50 m unter der Erde, war eigentlich nicht tief, sah aber trotzdem nicht ein, weshalb ich nach so vielen Jahren der Gefangenschaft, mir jetzt noch die Knochen brechen sollte, zumal der Notschacht auch noch völlig im Dunkeln lag. Ich habe mich stur geweigert, da hinunter zu steigen. Das genau habe ich auch dem Posten so vermittelt, wozu sich alle anderen Kameraden sofort anschlossen. Es gab daraufhin ein riesen Palaver, wobei insbesondere die Russen sich in den Haaren hatten. Man einigte sich schließlich darauf, den Förderkorb durch Zuruf zu leiten. Wir wurden also in den Korb gesteckt und in langsamer Fahrt nach unten bewegt. Unten angekommen, standen wir aber auch plötzlich bis zu den Knien im Wasser. Dadurch, dass die Anweisungen nicht richtig funktionierten, hatte der Maschinist den Korb zu spät angehalten, so dass wir mit unseren völlig durchnässten Hosen aus dem Korb kletterten und in unsere Arbeit eingewiesen wurden. Aus dem Korb herauskommend, betrat man einen Gang, der 1,5 m breit und 1,6 m hoch war, so dass man gebückt gehen musste. Abgestützt waren die Gänge an den Seiten durch dicke Balken. Auf den Balken waren nach oben Bretter angeracht, die die Decke abstützten. Nach 20 Metern gab es die erste Kreuzung, an der rechts und links weitere Gänge abzweigten. In den Gängen selbst lagen Schienen für die Loren, in denen die Kohle zum Schacht befördert wurde. An den Decken waren in größeren Abständen elektrische Lampen angebracht. Ich wurde als „Maschinist“ eingestellt, andere Kameraden wurden zu den Loren abgestellt, andere Kameraden am Ende des Ganges zum Brechen der Kohle beschäftigt. An sich hatte ich noch einen einfachen Posten, denn ich hatte nichts anderes zu tun, als das Förderband zu beaufsichtigen, das bis an den Punkt verlief, an der die Kohle gefördert wurde und hatte gegebenenfalls den

Strom auszuschalten, wenn etwas nicht in Ordnung war. Die gebrochene auf das Band geschaufelte Kohle wurde zu der etwa 200 m weit entfernten Lore befördert. Wenn sie voll war, wurde sie von zwei Kameraden zum Förderkorb geschoben, nachdem man die beladene Lore durch eine leere Lore ersetzt hatte. Wenn mal das Förderband riss, dann musste ich den Strom ausschalten und erst wieder einschalten, wenn der Schaden behoben war. Diese meine Tätigkeit war aber langweilig. Um nicht ständig gebückt stehen zu müssen, hatte ich mir eine kleine Sitzbank gebastelt und diese unmittelbar unter den Schalter platziert. Gab es eine Störung, hatte ich den Schalter sofort griffbereit. Da ich aber ganz alleine war, kam es bisweilen vor, dass ich einschlief und, wie es immer so ist, gerade in diesem Augenblick riss das Band und wirbelte alles durcheinander, weil ich zu spät ausschaltete. Das gab natürlich mit dem Russen großen Krach, störte uns alle aber nicht so sehr.

Häufig mussten wir aber auch umgekippte Loren wieder auf die Schienen setzen. Das war allerdings ein schwieriges Unterfangen, denn die Gänge waren schmal und so eine Lore fasste, wenn ich nicht irre, eine ganze Tonne Kohle. Dabei musste nicht nur die Lore wieder auf die Schienen gehoben werden, sondern die Kohle musste auch wieder in die Lore zurückgeschippt werden, was manchmal sehr lange Zeit in Anspruch nahm. Besonders unangenehm aber war es, wenn so etwas gerade am Schichtende passierte. Dann hatten wir nämlich erst alles in Ordnung zu bringen, und nicht etwa die nächste Schicht. Alle Kameraden mussten dann auf uns warten, um ins Lager zurückgeführt werden zu können.

Auch mit den Pumpen, die dazu da waren, das Grundwasser in dicken Rohren an die Oberfläche zu befördern, gab es oft Ärger. Die Pumpen wurden gewöhnlich von russischen Mädchen bedient und lagen etwas tiefer als die Gänge. Trat eine Störung auf, wurden die Gänge durch das Wasser überflutet. Überwiegend waren die Mädchen mit der Situation überfordert, die uns dann baten, ihnen doch behilflich zu sein. Meist glückte uns auch der Einsatz, was den Mädchen großen Ärger ersparte.

Das Fördern der Kohle war verhältnismäßig einfach. Der Flötz, aus dem die Kohle gebrochen wurde, hatte eine Stärke von nicht weniger als zwei Meter. Bedenkt man, dass bei uns die Kohlenflötze manchmal nur 30 cm betragen, und die Bergleute dann in liegender Position die Kohle fördern mussten, kann man wohl sagen, dass wir eine ideale Grube hatten, denn zum Fördern reichte ein Pickel und eine Brechstange. Die so gebrochene Kohle gelangte über das Förderband, die Loren und den Förderkorb nach oben und hier auf großen Halden gelagert.

An sich hätten wir für die Arbeit Untertage auch eine geeignete Kleidung haben müssen. Zumindest hätte man uns Grubenlampen, Schutzhelme und geeignetes Schuhwerk stellen müssen. Weder das Eine noch das Andere war der Fall. Ich erwähnte schon meine gewisse Scheu, Untertage arbeiten zu müssen, weil ich das Gefühl hatte, dass unten allerlei Gefahren auf einen zukämen, dass z. B. das Gestein in Bewegung kommen und einen verschütten könnte, und dass man dort unten eigentlich nicht seines Lebens sicher sei. Anfänglich war es auch etwas unheimlich, denn wenn ich so ganz allein auf den verhältnismäßig dunklen Gängen saß und über mir ein Knistern oder auch gar das Herunterfallen kleiner Kohlenstückchen zu hören waren, habe ich in der ersten Zeit immer den Kopf eingezogen und geglaubt, dass in der nächsten Sekunde alles zusammenbrechen würde. Diese Angst hat sich mit der Zeit gelegt, so dass sich ein gewisses Vertrauen entwickelte, dass, wenn sogar häufig größere Brocken aus den Wänden ausbrachen, dies mit einer entsprechenden Gelassenheit hingenommen wurde. Im Grunde genommen war die die Arbeit eigentlich ganz angenehm, weil

dort unten immer eine gleichmäßige Temperatur herrschte, während es Übertage im Winter bitter kalt war.
Dort unten arbeiteten wir auch mit Russen zusammen. Neben den schon erwähnten Mädchen hatten wir aber auch Leute von der ehemaligen Wlassow-Armee, Russen, die auf der deutschen Seite gegen die Russen gekämpft haben. Der Führer dieser Armee war General Wlassow. Als nach Beendigung des Krieges diese Leute in russische Hände fielen, machte man ihnen den Prozess und verurteilte sie zu 25 Jahren Zwangsarbeit in der Grube. Mit diesen Verurteilten arbeiteten wir zusammen. Da sie fast alle deutsch sprachen, konnten wir uns mit ihnen gut verständigen. Sie waren alle von Deutschland hell begeistert und schimpften sehr auf die Russen. Es handelte sich um überwiegend junge Leute, die sich bei der Arbeit sehr schonten und uns gute Tipps geben, wie man der Russen beschwindeln kann.
Ich kann nicht genau sagen, wie lange ich Untertage gearbeitet habe, bestimmt aber vier bis sechs Wochen. Der Grund, weshalb man uns dann Untertage abgezogen hat, war eine Kommission aus Moskau, die unsere mangelhafte Bekleidung beanstandete und den Russen veranlasste, uns entweder eine entsprechende Kleidung zu geben oder uns abzuziehen und anderweitig eizusetzen. An diese Anordnung haben sich erstaunlicherweise die Russen diesmal gehalten. Wir wurden also Untertage herausgezogen und nun Übertage zur Arbeit eingesetzt. Im Übrigen hatten wir die Möglichkeit, uns in unserer Baracke gründlich zu duschen, was wir als sehr angenehm empfunden haben.
Die erste Arbeit, zu der wir eingesetzt wurden, war das Beladen von Eisenbahn- und Güterwagen mit Kohle. Das wurde maschinell erledigt und zwar folgendermaßen: Über dem bereitstehenden Güterwagen endete ein Förderband, das am Boden eines 10 m tiefen, konisch zulaufenden und mit Holz verklei-

deten Graben, entlanglief und dann allmählich bis zur Höhe des Güterwagens anstieg. Auf diesem Förderband wurde mittels einer Schale, die das Aussehen einer mit Zinken versehenen Baggerschale hatte, Kohle herangeholt. Diese von einer Maschine angetriebenen Schale wurde über die obersten Schichten der im Freien gelagerten Kohlehalden bewegt, bis an den Rand des Grabens gezogen, so dass die darin befindliche Kohle über die schrägen Holzwände, auf das Förderband rutschen konnte. Im Wagon standen dann zwei Kameraden, die die Kohle gleichmäßig verteilten. Da das Förderband nicht immer einwandfrei funktionierte, mussten einige Kameraden den Betrieb überwachen und Kohlestücke, die sich irgendwo festgeklemmt hatten, entfernen. Diese Arbeit, die ganz angenehm war, musste ich mehrfach ausführen. Angenehm deshalb, weil man unter einem Dach saß und so gegen Kälte und Regen geschützt war. War ein Wagon gefüllt, wurde die Kohle mit Kalk gespritzt, was den Zweck hatte, festzustellen, ob der Güterwagon noch die ursprüngliche Menge an Kohle besaß. Die russischen Zivilisten aber kümmerte das überhaupt nicht. Wie oft konnten wir beobachten, wie sie mit Säcken oder sonstigen Behältern auf den gefüllten und gekälkten Wagen saßen und sich ihren Vorrat an Kohle holten. Nur durften sie sich nicht erwischen lassen, denn dann hatten sie ihre 25 Jahre weg. Vergehen am „Staatseigentum" wurde sehr streng bestraft. So mancher hat sich so seine 25 Jahre eingehandelt, auch weil er vor Hunger, z. B. ein Pfund Kartoffeln geklaut hatte.

Die riesigen Halden, die auf dem Gelände der Kohlengruben gelagert waren, erzeugten durch ihre enorme Höhe, einen derartigen Druck, dass sich die Kohle selbst entzünden konnte. Überall auf dem gesamten Gelände, qualmte es, d.h., im Inneren der Halde brannte die Kohle lichterloh. In einer anderen Phase der Arbeit bekamen wir den Auftrag, diese Brände zu löschen.

Zu dem Zweck erhielten wir Pickel und Spaten und mussten uns zunächst an die einzelnen Herde heranarbeiten. Hatte man diesen erreicht, musste die glühende Masse auseinanderwerfen, um sie unschädlich zu machen. Auf die Glut aber, auf die wir stießen, haben wir uns zu Nutze gemacht, indem wir uns irgendwo Kartoffeln klauten, sie in die Glut warfen, und damit eine zusätzliche Mahlzeit hatten. Neben dieser „nahrhaften" Seite hatte unsere Tätigkeit noch den Vorteil, dass wir, weil ja der Winter bereits eingesetzt hatte, nicht frieren zu müssen. An den Halden herrschte nämlich eine mörderische Hitze. Doch war diese Tätigkeit, eine Sisyphusarbeit, denn, wenn man eine Stelle gelöscht hatte, fing es an einer anderen Stelle z qualmen an. Man konnte sich stunden-, tage-, ja monatelang beschäftigen, ohne dass man es je erreichen konnte, dass alle Brandstellen beseitigt waren.
Eine weitere Arbeit bestand im Sortieren von Kohle. Wir mussten nur große Kohlestücke heraussuchen und ähnlich wie im Steinbruch, stapeln, die dann weggefahren oder verkauft wurden. Diese Gelegenheit haben wir natürlich wieder ausgenutzt, um mit der ausgesuchten Kohle, Geschäfte zu machen. Häufig kamen nämlich Zivilisten, die uns fragten: „Uhel jest", was so viel heißt, habt ihr für uns Kohle? Selbstverständlich hatten wir. Nun ließ er sich auf seinen kleinen Wagen von uns die Kohle aufladen, verschwand dann aber schnell, nachdem wir auf Bezahlung bestanden - und wir guckten in die Röhre. Das allerdings konnte uns nur einmal passieren. Beim nächsten Mal handelten wir dann erst einmal den Preis aus, ließen uns vor dem Beladen das Geld geben, wonach er befriedigt abzog und wir auch nicht minder zufrieden waren. Das ging eine Zeit lang gut. Eines Tages aber kam der große Krach. Wieder einmal hatten wir einen Russen, nachdem er bezahlt hatte, bedient, bzw., wir waren gerade dabei, als eine Aufsichtsperson auf-

kreuzte und den Russen zur Rede stellte. Es gab einen gewaltigen Wortwechsel, von dem wir nur Teile mitbekamen, aber die Aufsicht veranlasste, die Kohle wieder abzuladen und ihn wahrscheinlich zu einer Vernehmung mitnahm. So musste der Russe ohne Kohle und auch ohne Geld abrücken, während wir uns einen guten Tag machen konnten.

Unsere Gruppe arbeitet unter der Aufsicht eines recht freundlichen Russen, der, wie ich meine, Alexander hieß. Überall da, wo er etwas für uns herausschlagen konnte, tat er es auch. So haben wir ihn auch, als er gelegentlich einmal bei uns vorbeikam, gefragt, ob er wir nicht die Kohle an arme Zivilisten verkaufen könnten. Dazu meinte er nur: „Ich nix sehen"! Wir beantworteten dies mit: „In Ordnung, Alexander" und hatten damit von ihm den Segen für unser Geschäft. Oft sah er uns auch bei unserem unlauteren Geschäft, guckte dann aber bewusst weg. Solche Russen gab es auch, die Mitleid mit uns armen Plennis hatten. Die aber waren sehr dünn gesät.

Häufig wurden wir aber auch von irgendwelchen höheren Offizieren zu anderen Arbeiten weggeholt. Zuerst aber musste er den Mann, der uns beaufsichtigte, um Erlaubnis fragen. Bei den Russen ist das Vorgesetztenverhalten ein ganz anderes, als bei uns in Deutschland. Wenn hier z. B. ein General kommt und Arbeitskräfte braucht und der einfache russische Soldat aber „niet" sagt, dann ist der General machtlos. Demnach ist es bei den Russen so, dass jeder, der einen Auftrag bekommt, diesen auch 100 % auszuführen verpflichtet ist und sich nicht herein reden lassen darf, es sei denn, er nimmt die Abstellung mit voller Verantwortung, auf seine eigene Kappe. Unser guter Alexander hatte da auch allerlei für uns getan. Kam irgendjemand zu ihm und bat ihn, einige Leute zum Ausführen einer kleinen Arbeit abzugeben, dann fragte er ihn als erstes, was er uns dafür bezahle. Machte er kein Angebot, gab er uns auch nicht frei.

Andernfalls ließ er sich zunächst das Geld geben, stellte uns dann für eine bestimmte Zeit ab und gab uns nach unserer Rückkehr, das gesamte Geld, das er für uns vorher ausgehandelt hatte. Korrekter kann man eigentlich gar nicht mehr sein.

Eine dieser Gelegenheitsarbeiten war der Transport eines Geldschrankes, der im oberen Geschoss eines Hauses lag. Er stand also nicht, sondern war umgekippt. Mit fünf Mann dort angekommen, besahen wir uns das Ungetüm, rüttelten mal daran und da er sich nicht bewegen ließ, setzten wir uns auf ihn und warteten, bis der Russe kam. Als er erschien, tobte er fürchterlich, und weil wir nicht arbeiteten, nannte er uns Faulenzer und forderte uns auf, endlich anzupacken. Wir gaben ihm zu verstehen, dass dies absolut unmöglich sei. Daraufhin zerschlug er einen herumstehenden Stuhl, brachte mit unserer Hilfe das Stuhlbein unter den Geldschrank und bewegte ohne unser Dazutun mit einer Hebelbewegung, den Koloss zentimeterweise bis an die Treppe, ließ dann den Schrank die Treppe hinuntergleiten, wendete ihn am Treppenabsatz wieder mit dem Stuhlbein, um ihn an dann an der nächsten Treppe ohne großen Kraftaufwand, wieder hinunterrutschen zu lassen. Wir haben mit offenen Mäulern da gestanden und brachten sie vor lauter Staunen kaum wieder zu. Es ist wirklich so, dass der Russe mit 10 m Draht ein Klavier machen kann. Der Russe hat wirklich das Geschick, mit primitivsten Mitteln, wirklich etwas Brauchbares zu machen. Während des Krieges konnte man das schon bei den Lastwagen beobachten. Russische LKWs waren eigentlich nur roh zusammengebaut. Häufig sah man noch die Schweißnähte, die nicht wie bei uns geglättet waren. Ein großer Vorteil war, dass der Russe für seine Wagen Einheitsersatzteile hatte und sich bei Pannen, jederzeit helfen konnte, während wir hunderterlei Fabrikate hatten und Ersatzteile nur schwer oder gar nicht bekommen waren. In dieser Hinsicht hätten wir vom Russen vieles lernen können.

Das Leben in diesem Lager war auch angenehmer, als im vorigen. Wir konnten auch eine Menge Prominenz vorweisen, insbesondere ganz bekannte und bedeutende Jagdflieger mit 100 und mehr Abschüssen, deren Namen mir leider entfallen sind. Unter anderem erzählte uns einer der Jagdflieger, wie grausam er im Gefängnis Lublianka in Moskau gequält worden sei. Man habe ihm z. B. die Zähne ausgeschlagen, um aus ihm irgendwelche Angaben herauszubekommen, man habe ihn in eine Zelle, besser in einen Schrank gesperrt, wo er nur stehen konnte, habe ihn stundenlang mit grellen elektrischen Lampen angestrahlt u.a.m. Auch hieß es, dass in einem anderen Lager, der Pilot Hitlers gewesen sein solle und ein Bein verloren haben sollte.

In diesem Lager gab es auch Ratten, doch nicht in dem Umfang, wie in Perewoloki. So verirrte sich mal eine Ratte in unserem Zimmer. Als es uns aber nicht gelang, diese Ratte zu erwischen, holten wir ein kleines junges Kätzchen, das in wenigen Sekunden die Ratte gestellt hatte und mit der Beute abzog, was recht komisch aussah, weil die Ratte doppelt so groß war, wie das Kätzchen.

Fast jede Woche geisterten Heimkehrparolen durch das Lager. Gelegentlich gingen auch tatsächlich kleine Transporte ab. So wurde auch einmal ein SS-Mann irrtümlich nach Hause geschickt, der sich nach der Ankunft in der Heimat, beim Russen schriftlich für diese Großzügigkeit bedankte. Normalerweise war es nämlich so, dass SS-Leute und Angehörige der Polizei, von den Transporten ausgeschlossen waren. Aus diesem Grund sind wir auch des Öfteren auf das Blutgruppenzeichen unter dem Arm hin untersucht worden. Schlecht waren die Leute dran, die zwar nicht der SS angehörten, aber an den Stellen, an denen

sonst das Blutgruppenzeichen der SS-Leute war, irgendwelche Narben besaßen.
Man warf ihnen dann vor, sie hätten sich das Zeichen selbst weggemacht und stellte sie grundsätzlich von einem Heimattransport zurück. Dieser Fall ist öfter eingetreten. Alle Beteuerungen der betreffenden Kameraden halfen dann nichts.
Durch die einseitige Ernährung in der Gefangenschaft habe ich mir auch wahrscheinlich ein dauerndes Andenken eingehandelt, obwohl unsere hiesigen Ärzte dies später als „angeboren" bezeichnet haben. Diese Beschwerden habe ich erstmalig an meinem Geburtstag im Jahre 1946 bemerkt, als ich während des Essens ein plötzliches Druckgefühl verspürte und ich nichts mehr hinunterschlucken konnte, auch selbst Wasser nicht. Hier merkte ich erstmalig, dass mit meiner Speiseröhre etwas nicht stimmte. Damals maß ich diesen Beschwerden zunächst keine Bedeutung bei. Erst nach meiner Heimkehr stellten die Ärzte dann an der Speiseröhre ein sog. „Divertikel" fest, eine sackförmige Ausbuchtung der Speiseröhre, die sich beim Essen mit Speisen füllt und die Speiseröhre selbst für Flüssigkeiten blockiert. Dadurch entstehen mal schwächere und mal stärkere Schmerzen, die sich so auswirken, als hätte man ein großes Apfelstück verschluckt, das langsam durch die Speiseröhre rutscht und dabei einen schmerzhaften Druck im Rücken verursacht. Dieser Divertikel hat die Größe einer Apfelsine und ist zum Glück pulsierend, so dass die sich in dieser Ausbuchtung befindlichen Speisen, nach einiger Zeit in die Speiseröhre hineingedrückt werden. Dieser Vorgang kann sich je nach Umständen, in einer Dauer zwischen fünf Minuten und mehreren Stunden abspielen. Nach der Heimkehr wurde dieses Leiden nicht als Kriegsverletzung anerkannt, sondern als angeboren bezeichnet, für mich unbegreiflich, zumal ich in den Jahren davor niemals diese Beschwerden bemerkt habe.

Dieses Leiden lässt sich natürlich operativ beheben. Verschiedene Ärzte aber haben mir mitgeteilt, keine Garantie dafür übernehmen zu können, dass mit der Operation das Leiden behoben wäre, weil sich an der Nahtstelle ein neues Divertikel bilden könne. Außerdem käme diese Operation einer Herzoperation gleich, weil zu diesem Zwecke der ganze Brustkorb geöffnet werden müsse. Demnach habe ich auf eine Operation zunächst verzichtet, lasse aber gelegentlich, um die Entwicklung zu verfolgen, Röntgenaufnahmen machen, wobei festgestellt wurde, dass der Sack sich vergrößert habe.

Am 15. 12. 1949 sind wir gewöhnlich wieder zur Arbeit geführt worden. Aufgrund der hohen Schneelage wurden wir aber seit einiger Zeit mit LKWs befördert, weil ein Fußmarsch so gut wie ausgeschlossen war. Aus Sicherheitsgründen mussten wir dabei immer alle auf dem Boden des LKWs sitzen, weil die holprige Straße hätte zu Unfällen führen können. Nur der Posten stand mit seiner Flinte am Ende des Wagens. Schon auf dem Hinweg machte er die Bemerkung: „ßewodnia posledni ras rabotit!", was bedeutete, heute zum letzten Mal arbeiten. Wir zeigten ihm den „Vogel" und meinten, dass er einen Knall hätte und: „Euch Brüder kennen wir! Wir haben schon einmal im Heimkehrerzug gesessen! Kein Wort glauben wir davon!" Aber er beteuerte immer wieder: „Niet, niet, sewodnia posledni ras!" „Trotzdem hast Du einen Knall", war unsere Antwort. Wir haben wirklich mit keinem Gedanken an eine Heimkehr gedacht und haben unsere Arbeit wie gewohnt verrichtet. Als wir am Abend wieder auf unseren LKW verladen wurden, sehe ich heute noch, wie alle auf der Grube beschäftigten Russen uns bei der Abfahrt der Wagen zuwinkten und schrieen: „Sitra domoi! Do swidanja!" (Morgen nach Hause! Auf Wiedersehen!). Im Lager angekommen fragten wir die zurückgebliebenen, ob sich hier etwas in Sachen Transport nach Hause getan habe. Aber auch sie versicherten uns, kein Wort darüber gehört zu haben. Es sei alles ruhig gewesen, nicht einmal Parolen sein umhergeschwirrt. Auf die Russen, die uns in der Grube zuwinkten, hatten wir erst recht eine gewaltige Wut. Nachdem wir uns etwas gesäubert hatten und zum Abendbrot gegangen waren, ertönte es auf dem Rückweg aus den Lautsprechern des Lagers in deutscher Sprache: „Morgen, am 16. 12. geht ein größerer Transport in die Heimat! Die Namen der heimkehrenden Kameraden werden in etwa einer Stunde im Speisesaal durch Aushang bekanntgegeben. Wir bitten die Kameraden, sich dann für weitere Anordnungen, bereitzuhalten!" Wir konnten es gar nicht fassen und unsere erste Reaktion jedes einzelnen war die Frage, wirst du nun endlich auch dabei sein? Alles lief wie ein aufgestöberter Hühnerhaufen im Lager herum, Gruppen bildeten sich, man diskutierte, ob das vielleicht doch wieder eine „Ente" sein werde und zweifelte man zurecht an der Richtigkeit dieser Nachricht, zumal man wiederholt enttäuscht worden war und erinnerte sich daran, dass man betrübt am Tor , den heimkehrenden anderen Kameraden zuwinkte, gab ihnen Grüße mit nach Hause und verkroch sich danach still in eine Ecke, um weiter geduldig zu warten. Die angekündigte Stunde, schien eine Ewigkeit zu dauern. Als der erste die besagte Liste im Speisesaal entdeckte, gab es ein furchtbares Gedränge an dieser Stelle. Aufgeregt suchte man mit dem Finger auf der Liste, seinen in russischen Buchstaben geschriebenen Namen. So nahe waren Freude und Traurigkeit beisammen, wenn man sich in der Runde umblickte. Hier umarmten sich Kameraden, wiederum andere schlichen sich mit Tränen in den Augen davon.

Ich las in der Liste „Gaberstroh", guckte noch zweimal hin, tatsächlich ich - ich war dabei. Endlich sollte die Leidenszeit ein Ende haben, endlich sollte ich zu den Meinen heimkehren können. Es war fast nicht zu glauben. Immer wieder schlich man noch einmal zu der Liste und überzeugte sich, ob man sich auch wirklich nicht getäuscht hatte. Nein, es war wahr, ich war wirklich dabei. Sofort wurden die ersten Vorbereitungen getroffen. Klamotten, die man mitzunehmen gedachte, wurden zusammengesucht, stopfte alles in den schon seit Jahren dafür vorgesehenen kleinen Holzkoffer, den man sich eigens zu diesem Zwecke angefertigt hatte oder hatte anfertigen lassen. In diesen aufregenden Minuten vernahm man aus dem Lautsprecher: „Alle, die nicht auf der Liste stehen, sofort mit dem gesamten Gepäck vor dem Lager antreten!"

Darauf die ersten zweifelnden Stimmen: „Passt mal auf, die Leute, die jetzt antreten, das sind die eigentlichen Heimkehrer, weil sie mit dem gesamten Gepäck antreten müssen. Wir sind wieder einmal die Dummen!" Ja, die Zweifel waren wirklich groß, und es lag auf der Hand, dass die angetretenen Kameraden nach Hause kamen, und wir im Lager weiter die Stellung halten mussten. Überall standen diskutierende Gruppen herum. Niedergeschlagenheit und Enttäuschung sprachen aus ihren Gesichtern und Gesten. Die angetretene Gruppe wurde nun auch noch durch das Tor hinausgeführt. Eine Viertelstunde später gab der Lautsprecher bekannt: „Alle Leute im Lager sofort Unterwäsche, Schuhe, Oberbekleidung, Mäntel etc. fassen. Die alte Bekleidung ist dabei abzugeben!"

Ein hörbares Aufatmen ging durch das ganze Lager. Jetzt war es wohl endgültig klar, dass wir zu den Heimkehrern gehörten. Nun hatte man auch eine Erklärung, das gesamte Lager wird aufgelöst. Die bereits aus dem Tor geführten Kameraden, sind in ein anderes Lager überführt worden, wir aber fahren nach Hause. Die ganze Nacht hindurch wurden Sachen gefasst. Zunächst gab es für jeden warme Unterkleidung , dazu als Oberbekleidung einen ganz dünnen blauen Anzug, eine Art Schlosseranzug, dann Socken, eine russische Pelzmütze, einen verhältnismäßig guten Mantel oder eine Kufeika und ein Paar neue Schuhe. Bei dem Andrang, der überall herrschte, kam ich beim Fassen der Schuhe zu spät und fand keine neuen schuhe mehr vor, so dass ich mich zur „Musterung“ beim Russen, mit meinen alten Tretern vorstellen musste. Dieser befahl mir, mich innerhalb einer Stunde, mit anderen, neuen Schuhen vorzustellen, das aber schwierig war, da es kein passendes Schuhwerk mehr gab. Schließlich fand ich ein Paar gut erhaltene und passende deutsche Kommissschuhe, stellte mich damit dem Russen vor und bestand die Überprüfung. In dieser Nacht hat keiner von uns geschlafen, was auch gar nicht möglich war, da die Tauschaktionen untereinander gar kein Ende nahmen.

Vorbereitung zur Heimkehr

Etwa 300, also die Hälfte des Lagers, waren Heimkehrer. Für den Heimtransport galten harte Bestimmungen. Es durfte vor allen Dingen, nichts Geschriebenes mitgenommen werden. Im Laufe der Jahre hatte ich mir ein kleines Tagebuch angelegt, das ich nun schweren Herzens zerreißen musste. Schließlich wolle ich meine Heimkehr durch eine solche Auflage, nicht gefährden, zumal Freud und Leid einer Gefangenschaft, sich unauslöschlich eingeprägt hatten. Das zumindest, konnte man mir ja nicht wegnehmen. Die Photos wollte ich aber gern mit nach Hause nehmen, was auch geglückt ist.

Am 16. 12. 1949 mussten wir nach dem Frühstück mit all unserer Habe, vor dem Lagertor in Viererreihen antreten, wurden durchgezählt und begaben uns in hohem Schnee auf einen etwa zwei Stunden dauernden Marsch in das sog. Entlassungslager. Wir glaubten aber, es handle sich wieder um so ein Lager, wie seinerzeit in Skopin, also wieder Zweifel und Mutlosigkeit. Dort angekommen und auf einzelne Zimmer verteilt, blieben wir hier noch bis zum 19. 12. 49. In dieser Zeit wurde jeder einzelne Kamerad vor den Russen zitiert, wozu die Namen über eine Lautsprecheranlage durchgegeben wurden. Die ersten erzählten, dass sie wieder einmal vernommen wurden, wie das ja schon so oft in allen Lagern vorher, praktiziert wurde. Ich wurde am zweiten Tag aufgerufen. Wie ich den Raum betrat, standen mir eine Menge russische höhere Offiziere gegenüber, unter ihnen auch eine Frau, die mich als erstes fragte, wo ich gekämpft hätte. Als ich ihr antwortete, dass ich in Stalingrad gewesen sei, meinte einer der Russen: „Würden Sie wieder gegen uns kämpfen?" Meine Antwort: „Ich bin genauso wie Sie zum Wehrdienst befohlen worden und konnte mir den Einsatzort nicht aussuchen! Für jeden von uns war das ein Zwang!" „Ja, ja, diese Ausreden kennen wir schon zur Genüge", wurde mir geantwortet. Ein anderer Russe sagte daraufhin: „Sie werden jetzt nach Hause zu ihrer Familie kommen. Sie sind aber jederzeit in unserem Lande willkommen, aber nicht mehr als Soldat", worauf ich es mir nicht verkneifen konnte zu antworten: „Wissen Sie, wenn man wie ich sieben lange Jahre ihre Gastfreundschaft in Anspruch genommen hat, und man sieben Jahre von der Familie getrennt war, dann hat man nicht mehr das Verlangen, weder als Soldat noch als Tourist, jemals dieses Land wiederzusehen!" Alle haben dumm geguckt, sondern ließen mich dann ohne Kommentar, laufen. Noch einen weiteren Tag mussten wir warten, bis das Kommando kam, in Viererreihen vor dem Tor anzutreten, wobei man stubenweise vorging, immer 44 Mann. Das nämlich war die Belegschaft eines Viehwagens, in den wir verfrachtet wurden. Vor dem Tor wurden die einzelnen Namen verlesen, wurde dann durch das Tor geschickt, zehn Meter weiter stand bereits der Zug, der uns in die Heimat bringen sollte. Und hier vor dem Tor, nur zehn Meter vom Zug entfernt, kam es doch tatsächlich vor, dass nach dem Verlesen des Namens, der ein oder andere Kamerad mit dem schrecklichen Wort „nasad", das zurück heißt, wieder zurückgewiesen wurde. So sind allein von unserer Wagenbelegschaft nicht weniger als vier Kameraden, zurückgewiesen worden und, so kurz vor dem Abtransport, wieder für unbestimmte Zeit in Russland bleiben mussten. Die Gründe hierzu, sind uns nicht bekannt worden, sind aber der Meinung gewesen, dass es sich dabei um Angehörige der SS, oder um Polizeileute hätte gehandelt haben können. Von einem Kameraden ist bekannt geworden, dass sein Geburtsort Petersburg hieß, wobei es sich aber nicht um das jetzige Leningrad gehandelt habe, sondern um einen gleichnamigen Ort in Siebenbürgen in Rumänien. Die

Russen vermuteten aber einen Überläufer und stellten ihn aus diesem Grund zurück. Man kann sich nicht vorstellen, mit welchen Gefühlen und mit welchem Herzklopfen, wir am Tor gewartet und gebibbert haben, bis der Name aufgerufen wurde. Diese innere Spannung hat eigentlich die gesamte Zeit über, die wir unterwegs waren, angehalten, denn jeden Moment konnte es dem Russen wieder einfallen, nasad zu sagen. Als dann am Tor mein Name aufgerufen wurde, und ich auch nicht das furchtbare „nasad" vernahm, nahm ich schleunigst meine Beine in die Hand und verschwand schnellstens im Zug. Mit dieser überwundenen Hürde, hatte man praktisch schon die Fahrkarte, sagen wir mal, die halbe Fahrkarte, nach Hause. In unserem Güterwagen waren wir also nur noch mit 40 Mann. Wie war nun dieser Wagen ausgestattet? Es lagen Bretter und Balken herum, ein Ofen und ein Ofenrohr, aber kein Brennholz. Im Übrigen waren in dem Wagon nur Offiziere. Unsere erste Aufgabe bestand darin, unsere Schlafstätten herzurichten und auf dem Bahnhofsgelände nach Brennholz zu suchen, schleppten alte Bahnschwellen an, die wir dann mit unseren primitiven selbsthergestellten Messern, zu verkleinern versuchten. Nach geschätzten acht bis zehn Stunden des Wartens, hat sich dieser Zug schließlich gegen Abend in Bewegung gesetzt, die Reise in die Heimat, die wir sieben oder mehr Jahre, nicht mehr gesehen hatten, begann, ein erhabenes Gefühl, das aber im Unterbewusstsein immer wieder durch Zweifel und Unsicherheit begleite und gedämpft wurde. Aber welch ein Unterschied zu der Fahrt in die Gefangenschaft, wo wir 14 Tage lang in verschlossenen Wagons eingepfercht waren, hier blieben die Türen dagegen offen, so dass wir in den Türen sitzend, unsere Beine nach außen baumeln lassen konnten, konnten bei einem Halt des Zuges herauslaufen und uns Wasser und Trinkwasser besorgen. Damals gab es primitive Latrinen in Form einer Rinne nach außen, hier gab es jetzt zwar keine

Latrinen, die menschlichen Bedürfnisse aber wurden beim Halten des Zuges, vor oder zwischen den Wagons, erledigt. Die begleitenden Posten kümmerten sich so gut wie gar nicht um uns. Unser Aktionsradius war praktisch unbegrenzt. Jeder hätte sich aber auch gehütet, sich ganz oder allzu weit, zu entfernen, womit dann seine Heimreise doch hätte sehr in Frage gestellt gewesen sein können. Trotzdem ist es einmal auf dieser Fahrt geschehen, dass sich drei Kameraden bei einem Halt des Zuges sich entfernten, um Trinkwasser zu holen. In dieser Zeit aber fuhr der Zug ab, und sie mussten zurückbleiben. Nach ein paar Stunden überholten sie uns mit einem D-Zug, wo sie am Ende des Zuges auf der hinteren Plattform standen und uns beim Vorbeifahren, freundlich zuwinkten. Beim nächsten Halt des D-Zuges wurden sie abgesetzt, und unser Zug blieb eigens stehen, um die Ausreißer wieder aufzunehmen. Ich sagte schon, welch ein Unterschied zu der Fahrt in die Gefangenschaft.
Auch über die Verpflegung während der gesamten Fahrt, konnte man nicht klagen. Es gab die übliche Warmverpflegung und statt frischem Brot, ganz hart geröstetes Brot, in der Art eines gerösteten Zwiebacks. Aber keiner von uns hatte ja eigentlich Hunger verspürt. Auf der gesamten Fahrt habe ich das anfallende Brot, das ich normalerweise mit Heißhunger verschlungen hätte, in einem Sack gesammelt. Nur die Warmverpflegung und Wasser nahmen wir zu uns.
Den Weg unseres Zuges konnten wir zwar gut verfolgen. Da wir aber keine Karten besaßen, wussten wir aber doch nicht, wo wir eigentlich waren. Auf alle Fälle war es aber der direkte Weg von Stalinogorsk nach Brest, an der Grenze zu Polen, wo wir nach meiner Schätzung, am 26. Oder 27. 12. 49 angekommen sein müssen. Hier hieß es, alles aussteigen. Nun kamen wieder die Zweifel, sollte es das neue Lager sein. In dass wir jetzt wieder eingewiesen werden, oder, was würde wohl wieder gespielt?

Wir aber blieben die ganze Nacht und zwar bei eisiger Kälte, im Freien stehen. Vor uns stand eine größere Baracke, unmittelbar an den Schienen. Plötzlich wurden die ersten Namen aufgerufen und zwar die der Offiziere. Es waren, wenn ich nicht irre, nur zwei Wagons mit Offizieren. Wir mussten der Reihe nach in diese Baracke eintreten. Hier waren einige Russen, die nochmals unser Gepäck kontrollierten und uns Sachen abnahmen, die ihrer Meinung nach, nicht mitgehen durften. Danach mussten wir uns völlig nackt ausziehen, mussten die Arme heben, die Füße vorzeigen und suchte zwischen den Zehen nach dem Blutgruppenzeichen der SS. Wir mussten uns sogar bücken, unseren Po her strecken, wo man kontrollierte, ob sich hier solche Blutgruppenzeichen befänden. Verlief dies Fleischbeschauung negativ, konnten wir uns wieder anziehen und wurde zu der anderen Tür, wieder hinausgeschickt. Als ich mich gerade an der Ausgangstür befand, verspürte ich einen Griff im Nacken. Beim Umdrehen, blickte ich in das grinsende Gesicht eines Russen, der mich zu einer anderen Tür verwies. Beim Eintrete, steh ich wieder vor einer Anzahl, russischer Offizier. Wieder ein Verhör, wieder dieselben Fragen, dann wurde ich entlassen. Bei der Rückkehr stellten wir in unserem Wagen beim Durchzählen fest, dass einer der Kameraden bei dieser Aktion, auf der Strecke geblieben war. Wir haben nie den wahren Grund erfahren, nahmen aber an, dass man bei ihm irgendeine Narbe entdeck haben muss, die ein mögliches Blutgruppenzeichen vermuten ließ. Es waren schon aufregende Minuten, die wir da durchstehen mussten. Nun waren wir nur noch 39 Mann in unserem Wagon.

Bei der letzten Filzung, über die ich gerade berichtete, sind wir dann auch noch zu einem Tisch geführt worden, wo wir alle folgende Erklärung unterschreiben mussten: Ich erkläre hiermit, dass ich in der Zeit meiner Gefangenschaft, gut verpflegt und

gut behandelt worden bin. Wir haben das selbstverständlich, wenn auch gegen unsere Überzeugung, sofort unterschrieben, denn jedem von uns war klar, die Unterschrift zu verweigern bedeutet, zurückbehalten zu werden, aber keiner von uns wollte riskieren, seine langersehnte Heimreise zu gefährden.
Von Brest aus ging es in Richtung Frankfurt/Oder. Die Stimmung war ausgezeichnet, froh und fröhlich. Das allgemeine Thema war die Heimat. Am 30. 12. 1949 erreichten wir Frankfurt/Oder und wurden schließlich in einem der Außenbezirke der Stadt, ausgeladen und in das etwa einen Kilometer entfernte russische Entlassungslager geführt. Auf diesem Weg ist ein Kamerad zusammengebrochen, ein Kamerad aus unserem Wagon, von dem wir aber wussten, dass er herzkrank war. Die übergroße Freude über die Heimkehr, mag wohl der Anlass gewesen sein, brach zusammen und starb, so dass wir ihn ins Lager tragen mussten. Für seine Familie musste die Nachricht, ein fürchterlicher Schicksalsschlag gewesen sein. Im russischen Lager wurden wir wie in alten Tagen, erst einmal wieder entlaust, mussten wie gewohnt unsere Sachen abgeben, die wir nach der Prozedur, wieder zurückbekamen. Zu essen gab es die gleiche Verpflegung, wie in den sieben Jahren davor, jedenfalls denselben Fraß, wie wir ihn auch von der Gefangenschaft her kannten. Nach einem knappen Tag, brachte man uns in das deutsche Entlassungslager.

In der Heimat. Im deutschen Entlassungslager Frankfurt/Oder

Schon hier merkten wir den Unterschied zum russischen Lager. Endlich hörten wir wieder einmal, von uns als sehr wohltuend aufgenommen, nur deutsche Laute. Nach einer herzlichen Begrüßung, wurden uns von freundlichen Rotkreuz-Schwestern gute Betten zugewiesen. Die Verpflegung war ausgezeichnet und bestand aus einer tadellosen Mahlzeit, zu der ferner, Obst und Gebäck serviert wurden. Außerdem konnten wir unseren Angehörigen kostenlos ein Telegramm schicken. Nach Aushändigung unserer Entlassungspapiere, wurden wir mit anderen Kameraden auf einen Schnellzug nach Leipzig gesetzt, wo wir am 31. 12. 1949 gegen Mitternacht ankamen. Den Beginn des neuen Jahres 1950, haben wir im Wartesaal Leipzig erlebt. In den etwa zwei Stunden Aufenthalt wurden wir von allen bestaunt und saßen an einem Tisch, an dem auch ein altes Muttel platzgenommen hatte. Sie erzählte uns, dass sie Rentnerin sei, nur ganz wenig Geld bekäme, und sie sich aus diesem Grund, nicht einmal eine warme Stube leisten könne, weshalb sie hier auf dem Bahnhof säße, um sich ein wenig aufzuwärmen. Ich bot ihr das für die Fahrt gesammelte Brot an, das sie freudig nahm und noch in unserer Gegenwart, ein Stück davon verzehrte. Hier haben wir erstmalig mitbekommen. Wie groß die Not unserer Leute in der Ostzone war. Diese Not haben wir aber auch schon auf der Fahrt nach Leipzig und dann auch auf der Weiterfahrt bemerken können, denn, entlang der gesamten Eisenbahnstrecke, standen die Zivilisten nicht nur etwa um uns Heimkehrer zu begrüßen und uns zuzuwinken, sonder um zu betteln, betteln um eine Krume Brot, um die sie sich regelrecht prügelten, wenn wir Brot aus dem fahrenden Zug warfen. Gegen zwei Uhr nachts wurden wir auf einen Zug in Richtung Hof gesetzt. Hier gab es für uns wieder eine kleine Enttäuschung, weil uns beim Besteigen des Zuges, sämtliche Papier und Ausweise abgenommen wurden. Wieder hatten wir die Befürchtung, man würde uns irgendwohin in die Ostzone verfrachten und festhalten. Diese Furcht hielt an, bis man uns an der Grenze zur Ostzone auslud, wo wir zu unserer großen Freude, alle unsere Papiere und Ausweise zurückerhielten. Mit diesen Ausweisen durchschritten wir hier eine Sperre, die von russischen Soldaten besetzt war und verließen mit abgestempelten Papieren, damit letztmalig russisches Territorium. Hinter der Sperre, bestiegen wir den Zug in die Westzone. Und erst, als sich der Zug in Bewegung setzte, atmeten wir erleichterte auf und sagten voll Freude und dankbaren Herzens: „Gott sei, jetzt sind wir endlich zu Hause"!

Deutsche Post Telegramm

2063 RUHPOLDINGOBB 1 13-31 1829 =

NACHES. AUS FRANKFURTODER
EINZIEHET 1.95 DM =
ERIKA HABERSTROH
ROOSEVELTSTR 5 BADKISSINGEN =

FROHES NEUJAHR ERWARTET MICH AB DIENSTAG = VATI +

Im Entlassungslager Moschendorf

Nach nur wenigen Minuten hielt der Zug in Moschendorf, ein erhebender und überwältigender Moment, wir waren am Ziel. Am Bahnsteig standen Rotkreuz-Schwestern und Sanitäter, die uns überaus herzlich empfingen. Bei einzelnen Kameraden konnten wir die Freude des Wiedersehens nach so vielen Jahren der Trennung von ihren Angehörigen miterleben. Unter Freudentränen umarmte sich Mann und Frau, hier warf sich eine Mutter an die Brust ihres heimgekehrten Sohnes, dort begrüßte ein heimgekehrter Vater seinen inzwischen groß gewordenen Sohn, es waren Bilder ungetrübter Freude, Bilder der Herzlichkeit. Nicht Gehfähige wurden auf Bahren in das Entlassungslager getragen, wir, die wir laufen konnten, von freundlichen Schwestern ins Lager geleitet, wo uns saubere Unterkünfte angewiesen wurden und als Erstes, uns noch Riesenteller mit Weihnachtsgebäck überreicht wurden. Überall sah es noch weihnachtlich, und Weihnachtsbäume erstrahlten in den Anlagen und Baracken, ein Bild, das wir so viele Jahre entbehren mussten, und über das wir uns sehr freuten. Das war eben Deutschland, die Heimat, nichts mehr von Russland, das wir schnell, sehr schnell vergessen wollten. Es gab für uns Schokolade, Bonbons, Gebäck, alles Dinge, die wir noch vom Hörensagen her kannten und so viele Jahre entbehren mussten. Uns überkam ein Gefühl der Freude, wie es kaum zu beschreiben war.

Die Abwicklung der Formalitäten ging sehr rasch vor sich. Ärztliche Untersuchungen, Einkleidung, Ausgabe des Taschengeldes, Aushändigung der Fahrkarten nach Hause, all das wurde noch in der gleichen Nacht erledigt, damit wir so schnell wie möglich, zu unseren Familien kommen konnten. An Bekleidung gab es alles, was man so brauchte. Angefangen von der Unterkleidung bis zum neuen Anzug, neuen Schuhen, neuem Mantel, Handschuhen, eben alles. Neben dieser Einkleidung, erhielten wir auch 150,- DM Taschengeld, übrigens das einzige offizielle Geld, das ich nach siebenjähriger Gefangenschaft bekam. Bei der Einkleidung war ich aber doch auch sehr erstaunt, dass ich statt meiner Anzugsgröße 48, nun die Größe 54 hatte. Eigentlich hätte ich mich über die Konfektionsgröße nicht wundern müsse, zumal ich ja, wie ich schon erwähnte, stärker geworden war und 80 kg auf die Waage brachte. Mein Äußeres war aber nur scheinbar gut, denn das, was so voll und rund war, bestand aus Wasser, das ich glücklicherweise nach etwa einem halben Jahr verlor und dann wieder mein normales Aussehen hatte. In dieser Zeit wirkte sich das so aus, dass ich auch sitzend und nichts tuend, ganz furchtbar schwitzte und immer am liebsten hätte ein Handtuch mitführen sollen, um mir den Schweiß abtrocknen zu können. Letztlich erhielten wir auch die Papier, die wir zu unserer Heimkehr brauchten. Ich bekam eine Fahrkarte nach Ruhpolding/Obb., wurde am 2. 1. 1950 auf die Bahn gesetzt und fuhr von Moschendorf über Hof nach Ruhpolding.

Zu Hause in Ruhpolding/Obb.

Da ich meine genaue Ankunft nicht kannte, konnte mich auch niemand am Bahnhof abholen. Deshalb ging ich zum nächsten Kiosk und fragte dort den Herrn: „Können Sie mir vielleicht sagen, wo ich wohne"? Nach einem Moment der Verblüffung sagte er aber schlagfertig; „Natürlich, Herr Haberstroh, Sie werden schon erwartet. Mein Sohn wird Sie gleich hinführen!" Ich staunte nicht schlecht, dass der Herr, mich sofort mit Namen anredete, obwohl er mich eigentlich gar nicht kannte. Er sagte mir dann auch, dass er der Nachbar sei und Nitzlader heiße. Da auch niemand die genaue Ankunftszeit kannte, konnte auch nichts unternommen werden. Auch teilte man mir mit, dass meine Frau zur Kur in Bad Kissingen wäre, mein Schwager Helmut aber in der Wohnung sein dürfte. Nach kurzer Zeit stand ich nun vor meiner Wohnung im „Haus Steinbach", wo ich von meiner Schwägerin Liesel und meinem Schwager Helmut, recht herzlich begrüßt wurde. Ein erhebendes Gefühl, nach so vielen Jahren seine Angehörigen wiederzusehen und mit ihnen sprechen zu können. Herzlichste begrüßt wurde ich vor allen Dingen von unserem Hauswirt Sepp Zeller, seiner Frau und den Kindern, sowie von den Nachbarn Nitzlader. Ich wurde fürstlich bewirtet und wie ein neues Weltwunder, von allen bestaunt. Ihr herzlicher Empfang zeigte, wie sehr sie sich alle über meine Rückkehr freuten. Der Wunsch, mir nur alles möglich Gute erweisen zu wollen, ging schon mit dem Baden los. Unabhängig voneinander hatten Zeller und aber auch Nitzlader eingeplant, mir ihr Badezimmer zur Verfügung zu stellen. In einem folgenden Gespräch versuchten sich die beiden Parteien, ihre Vorrechte darzulegen. Nitzladers begründeten, dass sie mich als erste am Bahnhof in Empfang genommen und auch nach Hause gebracht hätten. Zellers konterten, dass der Heimgekehrte schließlich bei ihnen wohne und es selbstverständlich sei, dass damit der Hauswirt das Badezimmer zur Verfügung zu stellen hat. Dadurch, dass ich mich schließlich selbst entscheiden sollte, geriet ich in eine arge Zwickmühle, eine schwere Entscheidung, wenn man keinen kränken wollte. Ich entschloss, zum Baden ins Nachbarhaus, weil ich annahm, dass Zellers als Hauswirte es vermutlich nicht so tragisch nehmen würden.

Insgesamt war es ein herrliches Gefühl, seine Angehörigen um sich zu haben, deutsche Laute zu hören, sich bewegen zu können, wie man wollte und keinen Russen mit der Flinte hinter sich zu haben. Dieses Freisein war ein herrliches Gefühl.

Inzwischen hatte mein Schwager Helmut gute Vorarbeit geleistet, dass ich so schnell wie möglich zu meiner Frau und meinem Jungen nach Kissingen kam. Alle Unterlagen waren besorgt, um einen sechswöchigen Urlaub anzutreten. An sich hätte ich sofort abfahren können, wären da nicht die Vorschriften, dass jeder Heimkehrer sich den verschiedenen Formalitäten zu unterziehen hatte, so der polizeilichen Anmeldung und einer nochmaligen amtsärztlichen Untersuchung zum Zweck der Anerkennung der Kriegsleiden. Erst als das alles erledigt war, konnte ich dann zu meiner Frau und meinem Sohn nach Bad Kissingen fahren, wo ich am 6. Januar 1950 eintraf. Gegen Mittag war ich dann im Hotel, wo ich mich bei der Leitung anmeldete, wo man mich aber auch da schon kannte und mich erwartet hatte. Weil meine Frau und Armin jeden Augenblick aus der Kirche nach Hause kommen sollten. Ich sah sie dann von meinem Versteck aus, die Treppe hinaufkommen, wo sie von einem Arzt empfangen wurde, der ihr mitteilte, dass ihr eine neue Belastungsprobe bevorstünde. Nun, wie dann das erste Wiedersehen mit ihr und Armin ablief, brauche ich wohl nicht zu schildern, denn nach so vielen Jahren der Trennung ist

es ein unbeschreibliches Gefühl, seine Angehörigen in die Arme schließen zu können und sagen kann: „So, nun bist Du zu Hause!“
Mein Eintreffen hatte sich schnell herumgesprochen. Man wurde angestaunt und mir war es unangenehm, so im Mittelpunkt zu stehen. Zum Mittagessen wurde ich an einen Tisch geführt, wo ich von allen Tischnachbarn auf das Herzlichste begrüßt wurde, und dann gab es nach sieben Jahren das erste vernünftige Essen. Ich war selbst gespannt, wie ich den Wechsel aus der Unfreiheit in die Freiheit bewältigen würde, muss aber sagen, dass es mir nicht schwer gefallen ist, da ich mich gleich wieder heimisch fühlte, was man häufig von vielen anderen Kameraden nicht hat sagen können. Im Gegensatz zu diesen hatte ich sofort Interesse an allen möglichen Dingen. Sogar in Klavierspielen habe ich mich bald versucht und feststellen können, dass dies wieder verhältnismäßig gut klappte. In den folgenden Tagen habe ich die ersten Stunden meiner Freiheit dazu genutzt, alles das zu tun, was mir die letzten Jahre nicht vergönnt und nicht erlaubt war, ging spazieren, aß und trank, worauf ich gerade Appetit hatte, spielte Klavier, ging einkaufen, machte Besuche oder trank ein paar Glas Wein. Ich machte also wieder die ersten Schritte in einer zivilisierten Welt und lernte von neuem, mich in dieser zu bewegen. Manchmal war es aber nicht so ganz einfach, sich in dieser neuen Situation, zurechtzufinden. Das betraf vor allen Dingen das disziplinierte Essen. Da wir ja in all den Jahren nur einseitig ernährt wurden, hätte ein wahlloses Durcheinanderessen mitunter lebensgefährlich sein können. Dank des mich behandelnden Arztes, der mich auf diese Umstellung vorsichtig vorbereitet hat, habe ich es geschafft, dass ich über diese schweren Zeiten hinweggekommen bin.

Schlussbemerkung

Die Erinnerungen an mehr als zehn Jahre, sind nun an mir vorbeigezogen. Zum Schluss gedenke ich voll Wehmut und stiller Trauer all der Kameraden, die für die wahnsinnige Idee eines Mannes, ihr Leben geben mussten. Insbesondere gedenke ich der Leute meiner Einheit, die mit mir in Gefangenschafft gegangen sind, denen es aber nicht vergönnt war, ihre Heimat wiederzusehen. Ich Trauere um neu gewonnene Freunde in der Gefangenschaft, die dort verstorben sind. Auf der anderen Seite bin ich dem Herrgott dankbar dafür, dass er mich zehn Jahre lang geführt und beschützt hat. Dankbar bin ich dafür, dass es mir vergönnt war, meine Frau und meinen Sohn wiederzusehen und verhältnismäßig gesund, in die Heimat zurückzukehren. Dank sagen möchte ich meiner Frau, meiner Mutter, allen Verwandten, Bekannten und Freunden, die sich um mich gesorgt haben und mir nach meiner Heimkehr geholfen haben, wieder ins Leben zurückzufinden. Ich bin sogar dankbar für die Gefangenschaft, in der ich eine Prüfung erblicke und mir viel gegeben hat, die mich das Einordnen in die Gemeinschaft und das Verständnis für die Nöte, Kümmernisse und Sorgen des Mitmenschen gelehrt hat, und ihm zu helfen, wenn er in Not und Bedrängnis geraten ist.
So hat eine lange Leidenszeit ein Ende gefunden, eine Zeit, an die man nur sehr ungern denkt und damit begann, dass ein geltungsbedürftiger, wahnsinniger Mensch glaubte, die ganze Welt verändern und besitzen zu wollen, eine Zeit, die bei Millionen von Menschen und Völkern der Erde Wunden gerissen hat, die heute immer noch zu spüren sind.

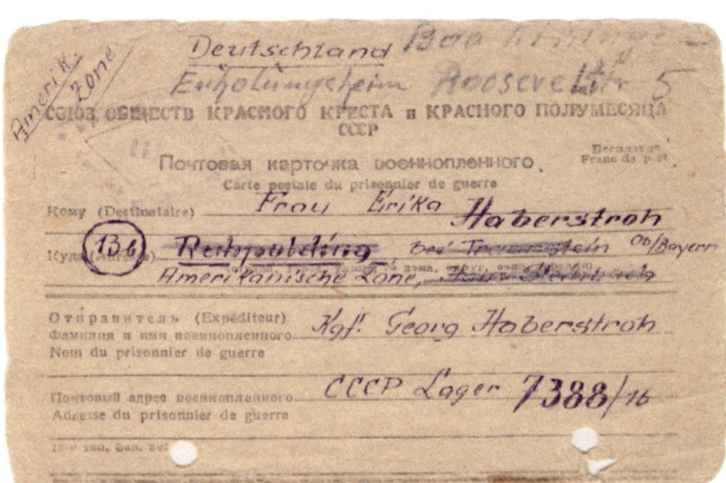

Deutschland Bad Kissingen
Erholungsheim Roosevelt Str. 5
Amerik. Zone

СОЮЗ ОБЩЕСТВ КРАСНОГО КРЕСТА и КРАСНОГО ПОЛУМЕСЯЦА СССР

Бесплатно
Franc de Port

Почтовая карточка военнопленного
Carte postale du prisonnier de guerre

Кому (Destinataire) Frau Erika Haberstroh

Куда (Adresse) 136 ~~Reitpolding~~ bei ~~Traunstein~~ Ob/Bayern
Amerikanische Zone, ~~[illegible]~~

Отправитель (Expéditeur)
Фамилия и имя военнопленного
Nom du prisonnier de guerre
Kgf. Georg Haberstroh

Почтовый адрес военнопленного
Adresse du prisonnier de guerre
CCCP Lager 7388/16

Nr. 23 23.11.49.

Meine liebste Mutti, lieber Armin!

Grosse Freude über 5 malige Post, 3 Briefe und 2 Karten. Ganz besonders habe ich mich über Armins und Mutters Karte gefreut und dass Du, liebste Mutti, so oft an Mutter denkst. Es war mir ganz eigenartig zu Mute, als ich zum ersten Male wieder die bekannte Handschrift von Mutter sah. Und nun was unsere Heimkehr betrifft, so kann ich Dir heute die erfreuliche Nachricht geben, dass uns offiziell mitgeteilt wurde, dass wir alle bis zum 25.12.49. heimkehren werden. Nun fallen uns die letzten Tage der Gefangenschaft nicht mehr so schwer, nachdem wir ein Ende vor uns sehen. Das wird eine Freude werden, Muttilein, nach 7¼ Jahren ein Wiedersehen!! Hoffentlich können wir das Weihnachtsfest gemeinsam begehen. – In Kissingen erhole Dich nur recht gut. Von Helmut habe ich auch eine Karte bei der letzten Post. Vielen schönen Dank. Auch Armins Schriftprobe ist mit dem Prädikat 2 bis 3 zu bewerten! Aber [illegible] ist zufrieden. [illegible] Lieben, bis zur Heimkehr [illegible] herzliche [illegible] Küsse von Eurem Vati.